Antonio Candido y los estudios latinoamericanos
Edición de Raúl Antelo

ISBN: 1-930744-05-6

© Serie *Críticas*, 2001
Instituto Internacional de Literatura Iberoamericana
Universidad de Pittsburgh
1312 Cathedral of Learning
Pittsburgh, PA 15260
(412) 624-5246 / (412) 624-0829 FAX

Colaboraron en la preparación de este libro:

Composición y diseño gráfico: Erika Braga
Correctores: Ana Paula Carvalho, Luis Delgado, Ana Miramontes, Alicia Ortega y Susana Rosano
Revisión: Eduard Marquardt

Antonio Candido y los estudios latinoamericanos

Introducción. Raúl Antelo 5
La construcción de una literatura. Ángel Rama 21
Antonio Candido: para una crítica latinoamericana.
   Beatriz Sarlo 35
Notas sobre el diálogo intelectual Rama/Candido.
   Pablo Rocca 47
Apéndice: una entrevista olvidada de Ángel Rama a
   Antonio Candido. 68
Ángel Rama y Antonio Candido: salidas del
   modernismo. Gonzalo Aguilar 71
Partir de Candido. Florencia Garramuño y Adriana
   Amante 95
"Uma história dos brasileiros no seu desejo de ter
   uma literatura": reflexiones tardías sobre
   Formação da literatura brasileira. Jean Franco 119
Antonio Candido, a *hybris* e o híbrido. Raúl Antelo .. 131
Em formação. A literatura brasileira e a
   "configuração da origem". Ettore Finazzi-Agrò 165
"O brasileiro abstrato": o malandro como persona
   nacional. K. David Jackson 183
Retrato de uma geração. Antonio Arnoni Prado 205
Os escritores e a ditadura. Antonio Carlos Santos 215
Crítica e grouxismo. Celia Pedrosa 231
Conflito e integração. A pedagogia e a pedagogia do
   poema em Antonio Candido —notas de trabalho.
   Italo Moriconi 249

Los colaboradores 283

Introducción

Antonio Candido es un crítico aislado. Su obra ensayística recién se traduce, orgánicamente, al español en 1991. Pero incluso en portugués sus escritos dispersos todavía forman legión. Hace tan sólo menos de una década que Candido ha consentido en reunir en un volumen, *Recortes*, sus escritos de circunstancia publicados a lo largo de toda su trayectoria crítica. Es útil volver a ellos. Nos ilustran bastante acerca de su método crítico. Antonio Arnoni Prado releyó con sutileza, para esta antología crítica, los tardíos *Recortes* de Candido pero creo que aún no se agotó el filón, y más aún, que podemos desentrañar de esos dispersos algunas líneas de fuerza que recorren los ensayos aquí reunidos.

En efecto, bueno es recordar que, ya en el prefacio de *Recortes*, Antonio Candido admitía haber postergado esos textos inmediatos en beneficio de los más elaborados o enjundiosos, de cuño analítico más sistemático. Valorizaba entonces, sin embargo, el carácter experimental de "livro solto", hecho de fragmentos, con textos numerosos y variados donde el tono personal, de evocación o registro, aflora más a menudo que en la crítica universitaria. En uno de esos recortes, precisa y sintomáticamente, el que abre la serie, se detenía el crítico a analizar la obra en prosa del gran poeta modernista brasileño Carlos Drummond de Andrade, extrayendo de la pericia individual de este autor una regla reiterada entre los escritores de renovación vanguardista:

> Quase todos os romancistas ficavam abaixo do que eram capazes de fazer no plano do imaginário, enquanto os poetas produziam prosa da melhor qualidade, desde a seca de Manuel Bandeira, até a úmida de Vinicius de Moraes,

passando pelo alto maneirismo de Mário de Andrade e a limpideza contida de Drummond.

De la de Drummond, en particular, Candido señala su parte diabólica, el gusto acendrado por el elemento narrativo, que abarca del caso popular hasta el poema-noticia, con detalles que pasan por una destacada fabulación hasta la proyección personal no disimulada. Para no mencionar la infiltración de crónica, que avecina la poesía de Drummond del testimonio, lo cual, lejos de darnos una versión más pedestre del poeta, nos obliga a reconsiderar lo que entendemos por testimonio, es decir, no ya la presencia de sí para consigo de un observador imparcial sino un relato de desubjetivación, a la manera de Pessoa o Borges.

En consonancia con tal idea, Candido se aventura a creer que esa característica de la escritura de Drummond provenga de la "matriz possivelmente mineira" del poeta, observación que cabe extender, no menos, al ensayista mismo, que la detecta, justamente, por compartirla. O sea que en esa fusión de horizontes, de sujeto crítico y objeto de análisis, palpita lo obtuso y asimismo algo de lo Real. Lo obtuso, aunque sea traumático y suplementario, no se vincula nunca a una política efectiva sino a una política futura. Como indicio de lo particular absoluto y de la contingencia soberana, inmortaliza una escena a cambio de asociar tiempo y sentido en un perpetuo *como si*. El *como si* de la figura. El *como si* de "La máquina del mundo", el famoso poema de Drummond, que en un camino secundario y provinciano de Minas se exhibe, "como se outro ser, não mais aquele/ habitante de mim há tantos anos" lo poseyese y lo dejase apático, "como se um dom tardio já não fora/ apetecível".

Es en ese *como si* que el imaginario modernista tropieza con lo Real: no hay salida en la disyunción nacionalista antropofágica pero puede haberla en la conjunción comunitaria. Esa salida es un *como si*, una máscara sustentada por el presente de una postvida (justamente la de otro poema de Drummond, "Elegia 1938") e incluso por el desafío de una tradición que no es indiferente al futuro.

Pero quizás otro recorte, en que Candido vuelve a leer a Drummond, nos pueda auxiliar a formularlo más cabalmente. Se trata en verdad de su primera lectura de *Confissões de Minas*, uno de los tantos textos dispersos y no reunidos en volumen. Allí, Antonio Candido supo destacar, como rasgo definitorio de la entonación de Drummond, una marca recurrente del yo, reveladora de su tendencia a la soledad. En ese sentido, el poeta

> coloca-se no centro da obra como que num desejo enorme de comunicar-se mais e mais com o leitor. Explica a sua tristeza, fala da sua infância, narra o seu conceito de solidão. Sente-se mais perdido no meio da aglomeração urbana, dentro dos grandes cubos de cimento que soube tão bem cantar. Talvez (*Che dubitar: scometto!*) porque os grandes centros importem na asfixia de tantos homens e são uma pirâmide social tão odiosa. No vértice dessa pirâmide, o poeta escorrega e procura isolar-se; concentra-se para poder ouvir e falar à base. Daí a sua necessidade de solidão,

justificándose, a continuación, que

> Se insisto no problema da solidão, é porque ele me parece não só a mola deste livro como de toda a poesia e mesmo da personalidade literária do sr. Carlos Drummond de Andrade — homem que é levado a sentir o mundo porque sentiu demais a si mesmo. No *Lucien Lewen*, há uma frase admirável, daquelas de que Stendhal possui a fórmula e que, ocorrendo-me sempre que leio o sr. Carlos Drummond, ocorreu-me uma vez mais ao ler estas *Confissões de Minas*: "... et croyant avoir entièrement rompu avec lui, madame de Chasteller *se trouva de mauvaise compagnie pour elle même*". Como o sr. Carlos Drummond que tendo esgotado a investigação do itabirano pelo itabirano, sentiu que não poderia mais viver de si mesmo, e aprendeu a extrair da sua solidão esse sentimento de fraternidade por via da fragilidade comum, tão nítida nas suas prosas.

En ese sentimiento anestético de no estar del todo, en esa sensación de mala compañía, la de una conciencia culpable, de sentirse blanco, *en blanco*, como diría Mário de Andrade, "fatalizadamente um ser de mundos que nunca vi", se revela la actuación de un fantasma que persiste más allá de la ingenua creencia de *avoir entièrement rompu avec lui*, fantasma que, arriesgaríamos una vez más, no es sólo de Drummond sino también de su analista, en quien la frase retorna y martillea obsesivamente en busca de sentido.

Ese sentido es el de sobrepasar el aislamiento en varias direcciones. No es mi intención proceder aquí a una psicología del creador, horizonte teórico muy apreciado por el joven crítico de 1944. Me interesa en cambio rescatar otra perspectiva, cultural, y para ello me valdré de otros dos recortes más elocuentes quizás para mi argumento.

El primero —"Tierra de desterrados natos es ésta, de nostalgiosos de lo lejano y lo ajeno"— lo sentencia Borges en 1926 y en la apertura de *El tamaño de mi esperanza*. Tras lo cual, diez años después, lo secunda Sérgio Buarque de Holanda en el *incipit* de *Raízes do Brasil*:

> Trazendo de países distantes nossas formas de convívio, nossas idéias, e timbrando em manter tudo isso em ambiente muitas vezes desfavorável e hostil, somos ainda hoje uns desterrados em nossa terra. Podemos construir obras excelentes, enriquecer nossa humanidade de aspectos novos e imprevistos, elevar à perfeição o tipo de civilização que representamos; o certo é que todo o fruto de nosso trabalho ou nossa preguiça parece participar de um sistema de evolução próprio de outro clima e de outra paisagem (3).

Con perspectiva de medio siglo, en el *Post-criptum* que redactó en 1986 para la edición de jubileo del clásico de Buarque de Holanda, Antonio Candido nos dio una sutil interpretación de lo que sería ese sentimiento de soledad y aislamiento que confesaba compartir con las mejores voces del modernismo de su país. A diferencia de *Casa Grande & Senzala*, de Gilberto Freyre, que mostró los avatares del liberalismo de elites, disociado entre un modernismo progresista y otro reactivo, o de *Formação do Brasil contemporâneo*, de Caio Prado Jr., lectura marxista del proceso de formación del mercado de trabajo, las *Raízes do Brasil* de Sérgio Buarque de Holanda probaron, según Antonio Candido, que una vez agotada la explicación localista para los *impasses* de la modernización, lo que llamaría, en el caso de Drummond, "a investigação do itabirano pelo itabirano", surgió la conciencia de imposibilidad de vivir de sí mismo y se concluyó por "extrair da sua solidão esse sentimento de fraternidade por via da fragilidade comum", comunidad que, en el *post-scriptum* jubileo, adquiere una inequívoca tonalidad política y, diría más, partidaria, la de un emergente "radicalismo potencial das classes médias" al que, en el Brasil post-dictatorial, el *Partido dos Trabalhadores*, fundado entre otros por Candido y Buarque de Holanda, daría no sólo voz sino tamaño a su esperanza.

Creo que esta resonancia aliancista, por así decir, "uruguaya", del último Candido, explica mucho de su aproximación a Ángel Rama y a la literatura latinoamericana a partir de los años sesenta. El reverso exacto del radicalismo potencial de los estratos medios, como así también su suplemento, está justamente en la ambición formalizadora, de vastos conjuntos y amplios procesos, que marca la obra en libro de Rama, toda ella caudataria del papel observador o lugarteniente del intelectual empeñado, esa conciencia crítica aislada en la modernidad periférica.

En las páginas de *Antonio Candido y los estudios latinoamericanos* buena parte de ese recorrido se vuelve más clara aún. Por un lado, al rescatar un texto disperso del autor de *La ciudad letrada*, constatamos que, junto a la reseña de un clásico como *Formação da literatura brasileira*, se diseña asimismo una trayectoria intelectual de amplios efectos, la de Rama y el modelo transculturador de modernidad latinoamericana, que puede datar su génesis en ese texto ignorado. El ensayo de Pablo Rocca ayuda a puntuar ese recorrido apoyado en la correspondencia inédita mantenida por los dos críticos. Llega así a hipotetizar, más que un nudo, que siempre remite al conflicto, un pliegue, que en cambio presupone desmaterialización de la forma. Así,

> en el terreno profesional donde comienza Candido concluye Rama; en la visión integradora donde comienza Rama continúa Candido. Pero —advierte Rocca— el universo de las ideas no admite divisiones tan rígidas. Hay, en el plano de la reflexión latinoamericana y cultural de los dos, un punto de corte, un nudo en el que las genealogías se confunden y las ideas se entrecruzan y fertilizan.

Una consecuencia no menor de ese diálogo con Rama sería el imperativo de invertir aquello que Candido observaba en la prosa de Drummond. En efecto, si los poetas-prosadores del modernismo afianzaban soberanía y producían la escritura más afiatada posible del momento, había sin embargo un *deficit*, el de que los mejores prosistas, puestos a poetas, "ficavam abaixo do que eram capazes de fazer no plano do imaginário", con lo cual se acentuaba una asignatura pendiente para la crítica, un desafío que era no sólo ético sino también estético, sofisticar en el plano de lo imaginario la intervención reflexiva latinoamericana.

Algo de eso se capta en el diálogo que Candido mantuvo con una crítica que no pertenece ni a su generación ni a la de Rama pero que, sin embargo, guarda estrechos vínculos con los presupuestos teóricos de ambos, Beatriz Sarlo. Es un diálogo muy esclarecedor, no sólo por la coyuntura que lo hizo posible, en medio del control dictatorial en toda la región, sino porque, en lo que atañe a las trayectorias individuales, revela una suerte de recambio generacional.

Candido hace seis años que ya no da cursos regulares en la Universidad de São Paulo y no más de diez que cuenta con algún texto suyo traducido, aun en forma fragmentaria y dispersa, a lenguas generales de cultura. Se va gradualmente jubilando. Sarlo tampoco ofrece cursos regulares en la Universidad de Buenos Aires. Su circuito es aún la alternativa cavernícola de resistencia y habrá que aguardar a la redemocratización, tres años más tarde, para ver su discurso institucionalizado y, en consecuencia, proyectado a la región y fuera de ella. Su evocación es precisa:

> Candido con un saco claro, con pliegue y traba en la espalda, perfectamente distendido, un aristócrata entre gente en cuclillas que sonreía casi demasiado. Debo confesar que ese reportaje, hecho de modo un poco irresponsable, fue más que la síntesis de mi conocimiento de Antonio Candido, el impulso para una larga relación con su obra.
> Pero esa relación quedó marcada por el Candido oral: la perfecta elegancia y la discreción extrema de su inteligencia que se ofrecía como un don de cuya riqueza creía participar su interlocutor. Candido me dio lo que, en esos años, andaba buscando por todas partes. Quien lea el reportaje sabrá de qué modo subraya la dimensión formal y estética en una visión que no dejaba de ser social e ideológica de la literatura.

Candido le da a Sarlo una dimensión formal y estética que, más allá de fundir lo social a lo ideológico, se orienta hacia el horizonte de una historia cultural, como análisis del trabajo de la representación en que las estructuras del mundo social ya no son un dato objetivo sino estructuras históricamente producidas por prácticas culturales articuladas que a la postre construyen esa figura. Es decir que la historia cultural de Candido y de Sarlo sería una forma de articular lo social, tradicionalmente identificado con lo visible y lo inmediato, que por sí mismo se impone, y las representaciones que, conforme a las circunstancias, lo reproducen o de él se desvían en virtud de infinitas mediaciones o distorsiones. En todo caso, permanece viva en ambos la idea normativa de la historia y de la experiencia.

Es interesante, por ese mismo motivo, ver la relación que establecen con Candido aquellos que leyeron la entrevista sin conocer al personaje. Es decir aquellos para quienes la figura y la experiencia ya son fruto de relato, efecto de discurso. Es el caso de los críticos más jóvenes, entre ellos, Florencia Garramuño, Adriana Amante, Gonzalo Aguilar, que no tienen en relación a Candido la mediación visual de su persona —la pulcritud, el decoro de un saco de *tweed* levemente *demodé*, el control obsesivo de los tiempos, la voz pausada pero que no desdeña el histrionismo, imitando, cuando es preciso, dicciones, acentos, énfasis o declamaciones, como para equilibrar los pesos de erudición y seducción expositivas—. Nos ofrecen estos jóvenes críticos, en pocas palabras, la lectura impaciente de una segunda generación sucesiva que usa el discurso de Candido con otras mezclas no menos instigantes.

Gonzalo Aguilar, por ejemplo, subraya que, recién a partir de "Literatura e subdesenvolvimento",

> el interés público de Candido por Hispanoamérica comienza a crecer tanto en el campo de la política (con sus viajes a Cuba) como de la literatura. Crea la revista *Argumento*, que trata de incluir aportes hispanoamericanos y donde reedita "Literatura y subdesarrollo" en portugués, y comienza a escribir una serie de textos preocupados por las problemáticas del continente. "El papel de Brasil en la nueva narrativa" en 1979, "Os brasileiros e a nossa América" en 1989, "Literatura, espelho da América?" en 1995, las exposiciones en las reuniones de Campinas de 1983, además de varias referencias desperdigadas en textos sobre literatura brasileña, como en el prólogo de 1969 a *Raízes do Brasil* de Sergio Buarque de Holanda. Hasta ese momento, eran escasas o inexistentes las intervenciones específicas de Candido sobre la literatura hispanoamericana, y la identidad de Brasil en su exterioridad era pensada básicamente en su vinculación con Francia u otros países europeos, por cuyas literaturas mostraba una mayor inclinación. En este punto, Candido continuaba la tendencia cultural brasileña, que se remonta al siglo XVIII,

de armar *corpus* con las literaturas metropolitanas y plantear la diferencia nacional en relación con éstas. "Literatura y subdesarrollo" representa un cambio de perspectiva que pone a Brasil en otra constelación y que permite concebir ese tiempo (el de su identidad como región) sin la instancia legitimadora y, a la vez, intimidante de las literaturas centrales.

Pero no es sólo una distancia temporal o generacional, como la que mantienen Aguilar o las autoras de *Absurdo Brasil*, con nuestro objeto de reflexión, la que signa a los colaboradores de *Antonio Candido y los estudios latinoamericanos*. Nos interesó en particular hacer resonar la obra del crítico brasileño en otros contextos culturales, como el europeo o el norteamericano. A veces —es la regla— esa resonancia se da en sintonía. Así, por ejemplo, su editor en Estados Unidos, el sociólogo Howard S. Becker, supo sintetizar el aporte metodológico de Candido diciendo que, de su punto de vista,

> Authors use the material of social observation and analysis as the basis of the *structure* of a work more than of its content. The most successful works, artistically, are those in which the form exemplifies the nature of the social phenomenon that furnishes the matter of fiction. Not reflection or congruence, but the active effort of an author to create a *form* that successfully embodies a social analysis or understanding. Not judgements based on a fiction's success in reporting facts that support an author's social theories, but judgement of how well the author has created a form that augments and complements our understanding of the subject matter. Candido gives a memorable example in his analysis of the fragmented narrative technique of Conrad's *Lord Jim*: "the effectiveness of Conrad's art is not due to the simple proposal of an attitude of life, but to the fact of translating that attitude into a method of narration, which becomes an indissoluble part of what the novelist means since, in the end, it is what he effectively says" (xiii-xiv).

Sin embargo, desde otro punto de vista, una de nuestras colaboradoras, Jean Franco, interpreta que la búsqueda de una forma es por el contrario uno de los desafíos más problemáticos y, al mismo tiempo, más políticos del método adoptado por Candido. Partiendo del perfil que él mismo traza de Sérgio Milliet, a quien ve como un intelectual fluctuante (Candido usa fluctuar no sentido do mudar livremente de posição e não de circular caprichosamente entre as idéias, esposando as mais diversas formas de interpretação e reivindicando o direito da diferença constante num momento como da Guerra e, depois, da Guerra Fria, quando toda a gente procurava se encastelar num dogmatismo que apoiasse a ação a qualquer preço),

Jean Franco observa que

> se nota aqui una sensibilidad, por parte de Candido, al ambiente conflictivo de este momento y una simpatía para con esta posición evasiva. No es de sorprenderse por lo tanto que al escribir la *Formação* se muestre consciente él mismo de navegar entre varios escollos al tratar de mantener una posición anti-dogmática y flexible. Inclusive se ve la necesidad de oponerse a las "pretensões excessivas do formalismo, que importam, nos casos extremos, em reduzir a obra a problemas de linguagem". El formalismo corre el peligro de convertirse en dogmatismo:

>> As orientações formalistas —dice Candido— não passam, todavia, do ponto de vista duma crítica compreensiva, de técnicas parciais de investigação; constituí-las em *método* explicativo é perigoso e desvirtua os serviços quando limitadas a seu âmbito [...] O imperialismo formalista significaria, em perspectiva ampla, perigo de resgresso, acorretando-a de novo a preocupações superadas, que a tornariam especialidade restrita, desligada dos interesses fundamentais do homem.

La referencia al "imperialismo" formalista no puede ser casual —evalúa Jean Franco— dado el recelo de la academia norteamericana ante cualquier asociación de la literatura con la sociedad, como no eran casuales tampoco las referencias a los dogmatismos de la guerra fría.

Otra aun es la perspectiva de Ettore Finazzi-Agrò, aunque el foco del problema sea todavía la forma y la figura. El crítico italiano, tras discutir el carácter ficcional de la noción de origen histórico, no deja de leer a Candido con Candido, es decir, desconstruye de su discurso crítico los elementos de una genealogía y no ya de una ideología:

> Antonio Candido tem sublinhado, com efeito, a "tendência genealógica" inscrita na origem da literatura brasileira — ou melhor, "na história dos brasileiros no seu desejo de ter uma

literatura" — e que ele considera "típica da nossa civilização". Tendência, essa, que ele liga ao afã em ter — ou melhor, em *inventar* — uma Tradição por parte dos intelectuais da colônia no séc. XVIII, mas que se transforma a meu ver (ou já o é, implicitamente, desde o início) em método de análise, na medida em que o próprio Candido, recusando o papel tradicional de historiador, enquanto investigador da Origem e defensor da continuidade entre passado e presente, se torna, afinal de contas, ele mesmo *genealogista* no sentido nietzschiano, tentando justamente fazer a história daquela *falta*, daquela *ausência* que Sílvio Romero assinalara em 1878. Paradoxo interessante este de construir uma história a partir de uma lacuna, de um vazio histórico, mas paradoxo que acaba por fazer sentido no momento em que consideramos a possibilidade — que é obrigação para um país colonial — de instituir um discurso e de seguir um percurso não na direção da homogeneidade e da unidade, mas no da heterogeneidade e da diferença, inventariando as *figuras* que aparecem no caminho, sem pretender descobrir nelas uma coerência necessária, uma continuidade lógica com uma suposta Origem — que não existe ou que, pelo menos, nunca está aí onde a procuramos —, mas considerando os eventos na sua dispersão, na sua singularidade e na sua irredutibilidade ao Uno da metafísica historicista. Para entender e re-conhecer a cultura brasileira, em suma, teremos mais uma vez que "pensar de outra forma", inventariando vagarosamente as diferentes *figuras* que nelas se inscrevem; aviando-nos pelo caminho íngreme de uma indagação a-sistemática de um objeto que se apresenta, já nas palavras de Romero, como a-sistemático, fora e longe de qualquer dialética histórica.

De resto — pondera, incluso Finazzi-Agrò —, no Prefácio à segunda edição da sua *Formação*, aponta, justamente, para o processo de constituição da literatura brasileira, definindo-o como uma prática de *con-figuração*: "[A literatura] brasileira não nasce, é claro, mas se configura no decorrer do século XVIII, encorpando o processo formativo, que vinha de antes e continuou depois".

A noção de Origem, como se vê, dilui-se e some na perspectiva dinâmica de um "processo formativo" sem começo nem fim, que, por sua vez, é incluído numa "configuração" instável dos fatos literários. Apontar para esta constelação *figural*, significa, com efeito, pensar a literatura não como continuidade, mas como acumulação *discreta* e aparentemente inconseqüente de "momentos decisivos" que se *entretêm* (e se *entretecem*) na sua natureza provisória e, ao mesmo tempo, dispersa, até formar, mas só depois de um lento e difícil caminho, um Sistema — isto é, o famoso "triângulo *autor-obra-público*".

A natureza não-dialética desta avaliação da história literária se mostra com clareza quando, um pouco mais adiante, Candido afirma a sua vontade de "jamais considerar a obra como *produto*", atento, por contra, a "analisar a sua *função* nos processos culturais". Essa sincronia contida na diacronia, ou melhor, essa *epokhé* em que se suspende por instantes a cronologia — entendida como acumulação de fatos ou de coisas, como irreversibilidade da "construção" —, reafirma, a meu ver, a importância da atitude "arqueológica" no estudo das *figuras* disseminadas ao longo da história.

Finazzi-Agrò repone así el vacío en el centro de la especulación de Candido, argumentando que el mismo hombre del *sertão*, protagonista del *epos* negativo de la configuración nacional, es un *mostrum*, tan fascinante como terrible, que ocupa un centro abismal donde se manifiesta y, al mismo tiempo, se oculta el pasado brasileño en la figura de un ser primordial postado *à margem da história* y que tan sólo un geógrafo disfrazado de cronista podría poner en relato —en *Iracema*, en *Os sertões*, en *Macunaíma*, en *Parceiros do Rio Bonito*— una *Wirkliche historie*, en suma, que nos cuenta, de hecho, una identidad que a rigor se muestra, como parodia de identidad, en su misma ocultación.

Por su parte, K. David Jackson aborda también esa oscilación entre vacío y plenitud, a la cual asocia con la condición de "brasileiro abstrato", a partir de la traducción propuesta por John Gledson para un concepto de Roberto Schwarz. Juzga así que Candido postula una dialéctica del orden y el desorden, caprichosamente entreverados en la sociedad brasileña. Se establece así una equivalencia relativa, cuando no rotativa, entre los mundos de la disciplina y la transgresión de la que resulta un mundo moral neutro, habitado por una sociedad sin culpa, remordimiento, represión o sanción, donde el valor depende tan sólo de logros pragmáticos: "Se a desordem é a expressão caótica de uma sociedade jovem e vigorosa, a ordem representa a sua tentativa de aculturação, seguindo o velho padrão de cultura colonial que serviu de regra".

Por otro lado, como el narrador-mediador entre las categorias dialécticas de esa sociedad es una entidad discursivamente porosa, la composición híbrida de la jerarquía social abre, en consecuencia, un espacio de mediación que, a veces, lleva a ese ser sin cualidades a una renuncia moral, la de una "tolerância corrosiva":

> Ao tentar participar na disciplina e na ordem da cultura convencional ou legítima, o herói é forçado a reprimir ou renunciar a sua personalidade de rua em favor daquilo que Candido denomina um ser alienado ou mutilado, automático. O malandro, entretanto, possui "uma liberdade quase feérica", porque identifica com as formas espontâneas das classes livres mais baixas, servindo de mediador na dialética social.

Pero la distancia no es prerrogativa espacial o cultural de los colaboradores. Algunas de las contribuciones del volumen se destacan por el efecto de singularización epifánica al que someten los materiales del autor, buscando una política de la forma. Antonio Carlos Santos, por ejemplo, rescata un texto disperso de Candido, sobre los escritores y la dictadura, que reputa

> exemplar, posto que chamava a atenção para o exemplo da experiência do passado, de um passado que, olhado a partir de hoje, nos parece já muito distante deste outro passado, o presente do texto, os anos 70, anos de consolidação de um mercado de bens simbólicos marcado pela expansão da indústria cultural e consequente enfraquecimento da figura do escritor e do intelectual, paulatinamente substituídos pelos astros da sociedade do espetáculo. Anos em que começa a se esboçar uma discussão ainda em curso sobre a mudança do papel do intelectual, se orgânico ou específico, se legislador ou intérprete, e sobre o alcance de suas reflexões, cada vez mais restritas aos *campi* universitários ou formatadas e editadas pela indústria cultural.

En ese sentido, bueno es leer los ensayos de Celia Pedrosa e Italo Moriconi como espejos recíprocos que reflejan el pasado aludido por Santos. Ambos críticos se interrogan sobre las grandes polémicas suscitadas por la articulación que Candido propuso entre arte y vida. Pedrosa lo hace rescatando un curioso discurso manifestario, el del *grouxismo*, pero, lejos de fetichizar la transgresión, nos alerta también que sólo una lectura superficial podría juzgar irreflexiva o jocosa

a entronização de Grouxo como um dos grandes heróis do século XX, comparável a Lênin e Freud e visto como modelo de uma prática transformadora mais produtiva que a deles. A carnavalizante aproximação de três personagens tão diferentes, e, através destes, de política, ciência, comicidade e indústria cultural, desmonta hierarquias e expectativas,

meramente oficiales, en una línea que llevará a la formación de la *Associação Brasileira de Escritores,* cuyo combate contra la dictadura culmina en el *I Congresso Brasileiro de Escritores* (1945) y en el manifiesto democrático analizado por Santos.

> No entanto —nos dice Pedrosa— uma leitura mais atenta pode identificar na irreverência aparentemente gratuita e episódica desse manifesto grouxista a figuração do movimento crítico que fundamentará a riqueza e o alcance do pensamento deste que é, sem dúvida, um dos mais importantes intelectuais brasileiros do século xx. De fato, e para nos atermos de imediato à prática engajada do pensamento, no momento político em que o manifesto vem à luz, tal irreverência pode ser considerada já uma manifestação da necessidade de infringir toda forma de sectarismo e, por isso, de repudiar, por exemplo, o "socialismo e o comunismo das internacionais numeradas" e "marxismos, leninismos, trotskismos ou stalinismos acadêmicos", conforme ele mesmo declara um pouco mais tarde, no décimo primeiro número da revista, publicado em agosto de 1942. É essa necessidade que vai levá-lo a ajudar a organizar o Partido Socialista Brasileiro, em 1947, opção depois justificada por nele se defender "a manutenção das liberdades essenciais no processo de construção do socialismo" e não se adotar "uma filosofia política obrigatória", acatando um "leque aberto de opiniões".

Ese rechazo del sectarismo, sustentado paradojalmente en la diseminación de sentidos de libertad que evocan los abanicos mallarmeanos, se extiende también, como nos dice Celia Pedrosa, al trabajo intelectual de Candido,

> pautado pelo empenho em organizar o pensamento sem deixar de acolher a diversidade, em articular valor social e literário e, mais ainda, em compreender de que modo o específico e o particular podem funcionar como resposta às aspirações de sua época. É nesse sentido que podemos

entender sua auto-nomeada "tendência para o concreto e para as coisas tal como se apresentam", da qual decorre também sua recusa em definir-se como teórico da literatura — categoria à que vai sobrepor as de crítico e professor.

Es justamente en ese pliegue pedagógico que reencontramos la reflexión de Moriconi, que quizás remita a un pliegue epistemológico todavía mayor, el que en los años de la guerra nos hace pasar de la *literatura*, tal como la define Sartre, al *texto*, del cual la exposición más articulada es aún la de Barthes. En la visión de Moriconi, que analiza al crítico como profesor, la salida de Candido opera con la tradición a través del fragmento colegial, comunitario y normativo, donde dos movimientos contradictorios se concilian: cortar (ya que todo poema es fragmento) y unir (ya que toda institución es social). Se trata de una alianza entre muerte y vida que expone las dos caras de la modernidad, el romanticismo y el liberalismo, razón por la cual se la podría juzgar una opción modernista normalizadora o, como el mismo Moriconi dice,

> neoclássica, na medida em que valoriza o movimento de busca de integração e equilíbrio com o passado por parte de toda e qualquer modernidade disponível. Mas ela é *quase* neoclássica na exata medida em que, a partir do ponto de vista da tradição, abre-se para acolher, filtrando-os, desafios e rupturas trazidos por toda e qualquer modernidade. Se o moderno representa em poética a eclosão do conflito de formas, o horizonte apontado pela pedagogia de Candido é a integração das forças conflitantes num cenário que comporta a presença das duas, desde que a força moderna se dobre e se submeta aos imperativos da tradição, vista como fator capaz de impor o equilíbrio onde havia desconforto. O moderno é desafogo que precisa ser domesticado pela tradição. Mas não se trata de sucumbir ou de voltar totalmente à tradição. Trata-se de adaptar a *matéria* moderna à *forma* da tradição. Candido não está com Mallarmé, pois este advoga uma *forma* moderna. Nem com Kristeva, pois para esta tanto *forma quanto matéria* são decorrentes da subjetivação.
> A pedagogia do poema em Candido corresponde à estética do modernismo canônico, ou alto modernismo, definido historicamente como aquele momento em que a geração dos pais modernistas se movimenta na direção de uma poesia mais tradicionalista, principalmente através da recuperação do decassílabo, de um tom meditativo e do soneto. [...] Trata-

se para Candido de uma questão de forma, de retornar ao império da forma. Portanto, não se trata de um conflito entre formalismo (russo, ou concretista, ou cabralino) e antiformalismo de Candido. Trata-se sim de um diferendo entre formalismos. Para Candido, trata-se de submeter excessos de qualquer tipo, assim como os expressivismos tanto romântico quanto modernista, ao critério de equilíbrio que está disponível para uso público desde sempre, porque representa um legado incontornável deixado pela tradição secular, multilíngüe e multinacional (ocidental, eurocêntrica) do verso tal como definido em função e em contraste com a retórica.

Para Moriconi, una elección periférica o menor, a los efectos de una intervención pedagógica, se orienta por un tema nada irrelevante ni marginal a la historia cultural, como lo es el lugar del crítico como sujeto de enunciación. Así, en sus lecturas, Candido buscaría "sacralizar o lugar do contraparente como lugar de uma origem", con lo cual en verdad se dicen dos cosas. Que Candido parte de un tópico de la modernidad, el de la letra sin filiación, en demanda de una paternidad textual. Y que, al mismo tiempo, el crítico obtura el lugar del origen, que había quedado vacante en su modelo de formación histórico-cultural, con la máscara del maestro y contrapariente. La primera consagra una imagen, la segunda abandona una norma. Si el *grouxismo* de Pedrosa puede ser pensado como índice de inmanencia, a la manera en que Agamben lee el rechazo de *Bartleby*, lo cual nos remite, incluso por paranomasia, al *gauchismo*, es decir, la inadaptación, soledad o aislamiento de Drummond, el contraparentesco, en cambio, se abisma en el goce no ya aislado sino deliberadamente celibatario, como diría Duchamp, de Mário de Andrade, un Mário —como añade Moriconi— "construído por sua leitura e por seu imaginário à cata de uma linhagem em que se ancorar".

En consecuencia, el *grouxismo* nos muestra, a la manera benjaminiana, que hasta los postulados más duros de la ciencia pueden ser modificados por el recuerdo y llegan tanto a transformar lo incumplido (la felicidad, la política) en algo efectivo, como tienden, en relación al hecho (el dolor, la historia), una fértil y solidaria sospecha. Como principio del *potest non fieri*, el *grouxismo* no es lo que ocurrió ni lo que dejó de ocurrir sino aquello que restituye posibilidad y potencia al pasado, a través de un *como si,* el contraparentesco, que no se limita a ser o no ser sino que se regodea en ser *gauche* y quedarse aislado en el mismo centro de la escena.

Merleau-Ponty decía que toda revolución es verdadera como movimiento aunque sea falsa como régimen. La idea cae como un guante para describir el método de Antonio Candido. Ojalá se aplique también a este conjunto de textos que miran, para adelante, hacia una comunidad que generosamente colaboró en el proyecto y a la que soy particularmente grato. En especial a la familia de Ángel Rama que consintió en el rescate de su lectura iluminadora. Pero los textos no miran sólo hacia adelante; retrospectivamente, miran, recuerdan, imaginan al maestro que una mañana de abril en 1973 supo acogerme en su pedagogía.

Raúl Antelo
Desterro, julio de 2001

Bibliografía

Becker, Howard S. "Introduction". Antonio Candido *On literature and society.* H. S. Becker, trad., ed. e intro. Princeton: Princeton University Press, 1995. xiii-xiv.

Buarque de Holanda, Sérgio. *Raízes do Brasil.* 18ª ed. Introd. Antonio Candido. Rio de Janeiro: José Olympio, 1986.

Candido, Antonio. *Crítica radical.* Márgara Rusotto, ed. y trad. Caracas: Biblioteca Ayacucho, 1991.

_____ "Drummond prosador". *Revista do Brasil* (1984). Recogido como preámbulo a sus *Recortes.* São Paulo: Companhia das Letras, 1993. 11-22.

_____ "Confissões de Minas". *Folha da Manhã* (São Paulo, 15 out. 1944).

La construcción de una literatura[*]

Ángel Rama

LOS PRESUPUESTOS CRÍTICOS

Partimos de varios presupuestos, como hipótesis de trabajo. En primer término que este año marcó un momento decisivo de nuestro desarrollo. Siendo un año de grave crisis en distintos órdenes —político, económico, moral y hasta institucional— no entendemos esa crisis como un intenso combate en el seno social dentro del que encontramos fuertes y tonificados valores positivos que tratan de crear nuevos y mejores sistemas. En cierto sentido el agravamiento de las condiciones en que se mueve la sociedad uruguaya ha servido para despertar de su letargo a muchas fuerzas, hacerles adquirir una óptica más aproximada de nuestra realidad histórica, y convencerlas de una beligerancia fervorosa. En este sentido vivimos un año de compromiso y decisión.

El segundo presupuesto registra la cada vez más estrecha interación de la civilización contemporánea, reconociendo que muchos sucesos importantes de la vida de este pequeño país responden originariamente a los problemas que se debaten a escala mundial, no sólo en los conflictos políticos de las grandes potencias, en la dinámica económica y social de los pueblos coloniales y subdesarrollados, sino específicamente en los planteos culturales que esas situaciones han deparado.

En tercer término, dentro de un plano más reducido al tema, conviene realzar que si escudriñamos con cuidado la mecánica generacional de nuestro país, registraremos que, a una preparación de varios años mojonada por obras literarias y más frecuentemente por una tarea polémica y crítica, sigue un período de plenitud creadora en que los integrantes de generación dan a conocer sus obras maduras marcando el cenit de su tarea positiva. Para la generación actuante hoy, que viene desarrollándose desde hace años, éste es uno de esos años de maduración. Es, por lo tanto, un momento crucial, donde juega su aportación original ante el país y las nuevas promociones que se encuentran en su período formativo y que han de juzgar en la realidad de sus vidas esa contribución artística e ideológica.

Construcción de una literatura

Si tuviera que decir con toda precisión cuál entiendo es la tarea más importante del momento actual y nuestra responsabilidad cultural, diría que es la construcción de una literatura. Estoy hablando aquí en el ámbito restringido de lo literario, y como la afirmación se puede prestar a interpretaciones equívocas es obligado fundamentar qué se entiende por "una literatura" y por su "construcción".

El espíritu sopla donde quiere, y si quiere en Nicaragua, sale Rubén Darío. Ese es el milagro de la más alta creación artística. Pero como nuestra capacidad de acción humana sobre él es prácticamente nula, salvo en la sensibilidad para registrar su aparición y celebrarla, no es a esa posibilidad de alto nivel creador que debemos referirnos, sino a un proceso en el cual podemos incidir con eficacia, que se encabalga sobre el arte y sobre la sociología, y que llamamos "literatura": una creación estética que promueve el desarrollo histórico de una sociedad merced a un conjunto de escritores que en ella actúan y a ella se dirigen. Es obvio que este planteo depende sumisamente de nuestra capacidad humana de hacer y en él nos instalamos porque lo que nos importa es hacer.

No basta que haya obras literarias, buenas y exitosas, para que exista una literatura. Para alcanzar tal denominación, las distintas obras literarias y los movimientos estéticos deben responder a una estructura interior armónica, con continuidad creadora, con afán de futuro, con vida real que responda a una necesidad de la sociedad en que funcionan. Desde luego no hablamos de una sociedad equiparándola a patria; el panorama americano muestra varias modulaciones literarias que responden a regiones que superan fronteras, y todo el fenómeno de la literatura americana se sostiene sobre el afán de la intercomunicación y hasta de la homogenización creadora.

Una buena definición de lo que entendemos por "literatura", la ha utilizado el crítico brasileño Antonio Candido, como base para su libro *Formación de la literatura brasileña* y el cotejo es útil ya que se trata de una literatura marginal, fruto de coloniaje, como la uruguaya. En su prólogo la define así:

> un sistema de obras ligadas por denominadores comunes que permiten reconocer las notas dominantes de una determinada fase. Estos denominadores son, aparte de las características internas (lengua, temas, imágenes), ciertos elementos de naturaleza social y psíquica, literariamente organizados, que se manifiestan históricamente y hacen de la literatura un aspecto orgánico de la civilización. Entre ellos distínguense: la existencia de un conjunto de productores literarios más o menos conscientes de su papel; un conjunto de receptores formando los diferentes tipos de público sin los cuales la obra no vive; un mecanismo transmisor (en forma general una lengua, traducida a estilos) que liga unos con otros. El conjunto de los tres elementos da lugar a un tipo de comunicación inter-humana, la literatura, que bajo este ángulo se nos presenta como un sistema simbólico por medio del cual las aspiraciones más profundas del individuo se transforman en elementos de contacto entre los hombres y en interpretaciones de las distintas esferas de la realidad.

Mientras que a las grandes creaciones sólo podemos esperarlas y desearlas, y responden a los dones íntimos de los individuos, en cambio podemos crear esto: una literatura. Desde luego, tal como aquí la encaramos, tiene poco que ver con ese criterio suntuoso del Arte con mayúscula que entre nosotros ha sido inoperante por cuanto ha estado más cerca de la retórica que del arte, y en cambio podría aproximársela a un servicio público muy *sui generis* donde el escritor cumple una tarea social. Distinguir aquí lo que nos separa de los criterios dogmáticos del marxismo contemporáneo, sería tarea larga; Sartre se ha encargado de una parte de ello en su *Qué es la literatura*.

SISTEMA LITERARIO EN EL URUGUAY

Si aplicamos la definición transcripta a nuestra historia literaria, encontraremos que si el sistema ha funcionado ha sido de modo fragmentario y con extremada precariedad. Tenemos obras importantes, excelentes creadores; tenemos un pequeño público; no tenemos un "sistema literario". No es para reprochárselo a nadie, dado que es tarea de largo alcance; pero es cuestión que nos debe preocupar activamente porque estamos visiblemente retrasados con respecto a otros países donde ya funciona —Argentina, México, Chile— y porque en los últimos decenios comprobamos un abandono de ésta que entendemos labor primera. Bastaría vincular la intensa producción editorial chilena y mexicana, absorbida casi exclusivamente por los propios países, con el desconocimiento generalizado que de las letras nacionales tienen los jóvenes y aun los escritores del Uruguay.

Estrictamente, en nuestra historia literaria hay un único sector donde el sistema ha funcionado con rigor y felicidad, un sector que es el más viviente aunque no sea siempre el más artísticamente elaborado con su correspondiente pléyade de imágenes, articulaciones temáticas y modos tonales.

Puede afirmarse que el sistema funciona regularmente desde hace ciento cincuenta años con un desarrollo y progreso interior manifiestos, habiendo tenido importantes creadores. Se le puede considerar como una literatura orgánica, se pueden distinguir períodos, acondicionamiento a los distintos momentos históricos de la realidad del país. Con desdén cultista a veces se ha tratado de menospreciar el género en bloque aunque en verdad hay aquí legítimos creadores en ocasiones superiores a sus congéneres urbanos: una "media caña" de Ascasubi (en *Paulino Lucero*) bien vale un poema de Adolfo Berro.

No ocurre lo mismo en lo que podemos llamar letras urbanas, a pesar de que entre ellas se encuentra mayor, más rico, más variado número de creadores. No intentamos una falsa posición, ya que las letras camperas tienen buena parte de su público en la ciudad, donde también viven sus autores. Por lo demás la distinción no se establece por los temas, sino por la incidencia intelectual del autor en él: Acevedo Díaz, que escribió largamente sobre temas camperos no pertenece a esa literatura, ni Reyles, autor de *El terruño*.

En las letras urbanas ha habido escritores de amplio público, ha habido incluso encadenamientos de épocas y promociones en materia estética, pero no ha llegado a existir una literatura. ¿Por qué esta diferencia? Habría que descartar previamente el criterio autoctonista o nacionalista que se ha manejado para la gauchesca: la mejor y la peor poesía española están detrás de la lírica gauchesca, y en su desarrollo histórico es perceptible, aunque con mayor debilidad por lo mismo que se mueve dentro de una tradición cerrada y resistente, la influencia de las estéticas extranjeras.

Su éxito se explica por la más pronta y feliz creación de "arquetipos literarios" —tuvo más tiempo para hacerlo— que ya aparecen establecidos hace un siglo, usando de la invención de un lenguaje y de una tonalidad expresiva. Pero aún por encima de esta admirable operación literaria hay una explicación más convincente: si los gauchescos pudieron crear una literatura lo debieron a que fueron casi los únicos que eligieron decididamente un público para proyectar en él sus creaciones. "Al elegir su lector, el escritor decide su tema" (y aun su estilo), decía Sartre. En nuestra letras son ellos los "situados" —en el sentido que da Sartre a la palabra— los que han hablado resueltamente a un público y en ese "otro" que no era un espejo sino hombres reales, se encontraron a ellos mismos.

La literatura urbana, en cambio, no sólo no logró constituir el "sistema", sino que se ha ido desprendiendo de su escaso público —los últimos decenios han sido trágicos—; así el escritor trabajó para la élite de escritores, con el ojo puesto en el "hombre universal" y en el "hombre del futuro". No obtuvo ni uno ni otro, y débese apuntar que entre los que así erraron sus caminos hay creadores de real talento y de aguzada capacidad artística. Un examen sociológico de este último período podría razonar la desorientación general, pero nos reduciremos ahora a un par de puntualizaciones literarias respecto a las exigencias de la definición de Candido.

La tradición

La primera tiene que ver con la tradición. El tema lo ha considerado —miméticamente— la crítica, pretendiendo aplicar los criterios peculiares de literaturas centrales y cerradas a un medio marginal subdesarrollado y discontinuo como es el nuestro y que sobretodo carece de una lengua propia. Ni es imaginable un sistema de autoabastecimiento tradicional en nuestro país —a no ser que se pretenda el suicidio de las letras— ni el mundo actual lo permite en ningún país. Nuestra tradición artística es la de la cultura occidental en distintos planos paralelos y escalonados: el de las letras universales, el de las letras de hablas españolas, el de las letras americanas, por último el de las letras nacionales, en este caso con particular referencia a los modos ya establecidos para la incidencia en un contorno, para el establecimiento de formas expresivas y el aprovechamento de un lenguaje circunstancial. De ahí que la tradición nacional enseñe más una "actitud", un "modo" de resolver problemas, que un canon estético. Con todo, hilando con cuidado podrían revelarse algunas constantes: la tenacidad realista —perceptible hasta en Julio Herrera y Reissig— la improvisación repentinista, que ha estudiado Visca, etc. Pero estas notas pueden referirse por un lado a una tradición mayor —la de la literatura española cuyos rasgos ya tipificaba del mismo modo Menéndez Pelayo— y por otra parte nuestra historia literaria demuestra tal labilidad y falta de decantación orgánica que cualquier nueva obra de arte que en ella aparece, no sólo abre un camino hacia el futuro, sino que al mismo tiempo nos permite desbrozar otro hacia el pasado al imantar una serie de creaciones que se le emparentan y que antes de aparecer el nuevo elemento catalizador estaban como perdidas en un confuso bosque. Así el surgimiento de una cuentística fantástica en nuestro vanguardismo ha permitido revalorizar la veta popular del cuento fantástico, las aportaciones similares del modernismo y los confusos intentos románticos.

Aunque parezca paradoja: es la literatura viva del futuro la que determina la tradición viva del pasado. La comunicación efectiva del escritor con su público a través de las diversas situaciones históricas, quizás pueda ir dejándonos, por debajo de la variabilidad de sus fases, las constantes que plasmen la esencialidad de una sociedad humana, recobrando también entonces las notas concurrentes del pasado.

Los públicos y el escritor

La segunda puntualización tiene que ver con la relación escritor-público. Las dificultades de esa vinculación, conocidas entre nosotros, han tendido a dos explicaciones contradictorias, más formuladas en diálogos que en textos críticos: la culpa la tiene el público que no lee (opinión habitual del escritor convencido de su talento y buena ubicación literaria); la culpa es de los escritores que no dan obras de calidad (opinión más perceptible en la crítica y en las nuevas promociones). Ambas posiciones llevaron a la sorprendente situación de dispersar de todo esfuerzo a quienes las sustentaban: ellos se decretaban inocentes por lo mismo que consideraban culpable al otro. Lo acusaban y aguardaban impasibles a que se enmendara. Sea cual fuere la ideología que los movía, en definitiva no salían del *turrieburnismo* especulativo que por lo demás los llevaba a una gruesa simplificación del problema.

Del mismo modo que existe una pluralidad de autores (estéticas, temas, estilos diferentes) existe una pluralidad de públicos reales y potenciales. No es, obviamente, el reino de la calidad y el arte más consumado el único que determina la demanda. En los distintos estamentos hay acondicionamientos a distintos géneros de obras y existen familias culturales que cortan transversalmente la sociedad. Tanto vale decir que no es el "arte" el que resuelve el problema de la comunicación escritor-público.

Pero al mismo tiempo, sea cual fuere el plano en que se mueve, el público responde a un criterio que llamaríamos de eficiencia literaria y que ha establecido como paradigma merced al libro extranjero que lee (novela policial, folletín rosa, literatura de vanguardia). Con este modelo establecido debe competir el escritor nacional. Generalmente se desprecia el género policial —incluso los mismos que leen— considerándolo una literatura bastarda. Aunque estamos muy lejos de pretender hacer de él un arte superior, debemos apuntar que no conocemos en nuestro país muchos escritores capaces de la eficiencia del oficio riguroso, de un Patrick Quentin, por ejemplo, para no citar ninguno de los mayores maestros. Eso es lo que debe poner el escritor si aspira a la comunicación.

En otros términos, abandonar el "amateurismo orgulloso" que le lleva a descontar que toda expresión espontánea suya tiene interés en sí —narcisismo estético— y proyectar esa expresión en un hecho objetivo de validez general como recomendaba, y nada menos que hablando de poesía, Luis Cernuda. Establecer el difícil pacto por el cual las vivencias originales, personales, de un escritor, alimentan la vida espiritual de una comunidad dentro de las formas más precisas.

LA RESPUESTA DEL PÚBLICO

Al problema, como a todos los problemas, se responde acometiéndolo, instaurando um quehacer dinámico por el cual el escritor se proyecta en el público. Las respuestas a nuestra encuesta anotan como hecho positivo el esfuerzo editorial del año. Conviene decir que, además de ser aún muy inestable, sólo vale como un paso experimental, diríase una cortesía del público que abre una nueva instancia a los escritores para que estos tomen consciencia de la realidad en que se mueven, es decir, de productores de objetos muy particulares —libros— que exigen sus consumidores.

Los esfuerzos de Alfa y Asir no son los primeros que producen en nuestro país, y Bertani, la Sociedad de Amigos del Libro Rioplatense, la Biblioteca Rodó, fueron intentos semejantes que no crearon la continuidad capaz de dar base al *"sistema literario"* que reclamamos. Pienso que el reiterado fracaso admite, por encima de otras causas particulares, la general que el escritor continuó moviéndose en la tesitura liberal que ya denunció Francisco Ayala (*El escritor en la sociedad de masas*) sin atender a las nuevas situaciones que le planteaba la sociedad en que vivía. Ir al encuentro del público, convencerse de que en él se realiza plenamente la obra, en ese movimiento de libertad de que ha hablado Sartre, es automáticamente tomar consciencia de que no es un segmento pasivo y amorfo de la estructura social, sino un complejo dinámico que reclama una orientación espiritual, una cosmovisión artística, una ubicación clara en un mundo confuso.

Nos sigue pareciendo el libro la piedra de toque de este proceso, pero no nos parece legítimo que esta consideración superior postule el desdén para los plurales sistemas de comunicación que ha desarrollado nuestra civilización: el diario, la radio, la televisión, el cine, los cuales el escritor debe tratar de usar y orientar. Toda actividad en este sentido resultará legítima si va justificada por un esfuerzo tenaz para aproximarse al público que ha elegido y al que tiene algo que decir.

Con precisión decía Ayala:

> ¿Quién sino él (el escritor) propondrá a las multitudes una interpretación congruente de las realidades en torno —realidades que, en nuestro tiempo, cambian vertiginosamente—; quién practicará los ajustes indispensables para mantener en pie una idea del mundo que les proporcione un común marco de referencias y les procure así algún asidero contra el caos mental y moral? La actividad del escritor consiste en la incesante referencia de

las realidades prácticas y cotidianas —sobre todo, las realidades que presentan un cariz nuevo — a principios y conceptos generales; consiste en la compulsa infatigable entre lo que es y lo que debiera ser, y, por consiguiente, en una revisión continua del sentido de la existencia para la comunidad entera.

El año 1960 nos importará retrospectivamente en la medida en que el escritor nacional haya sabido orientar los tímidos renaceres de la comunicación con el público para dirigirse a él, porque descontamos que la inmersión en las vivas aguas de nuestra historia espiritual, que es una dinámica de ideas y realidades concretas, modifique hondamente su captación del fenómeno literario. No pensamos exclusivamente en las ventajas que la comunicación deparará a un público; pensamos también en las que deparará al escritor que sea capaz de comprender esta nueva coyuntura. Es esta la verdadera felicidad a que aspiramos cuando reclamamos la creación de un "sistema literario".

Que el escritor pierda esa deletérea sensación de la "gratuidad" de su trabajo. Que se sienta en cambio condicionado y exigido, lo que sin duda planteará nuevos problemas a su actividad, pero problemas reales y no vanas sombras retóricas.

La crítica arraigada

Palabras, palabras, palabras... En un país donde los temas más serios y graves han sido manoseados hasta la fatiga, donde es costumbre hablar de ellos en una euforia palabrera como la de aquellos arbitristas de la decadencia española para compensar la pasividad con que se los considera, como cosa ajena que no importa en definitiva, en un país así es indispensable que toda teorización vaya acompañada de una actividad positiva de igual sentido, la que, como dicen los escribanos, dé fe. Por eso, el crítico debe empezar por su propio compromiso.

Una de las admoniciones más reiteradas de nuestra crítica ha sido reclamar el arraigo de novelas, cuentos y hasta poesía. Simultáneamente se instituía ella como la desarraigada por definición para cumplir de ese modo una tarea que debía ser fatalmente la del puro enjuiciamiento. Tal desarraigo era indispensable a su aspiración de devenir el juez universal, perfecto, y por lo mismo el tono prescindente, la mirada desde las alturas que recientemente ha atacado Benedetti. Mientras la literatura ingresaba a la circunstancia, la crítica se rehusaba a su imperativo. Quizás debido a su exclusiva naturaleza estética y su falta de formación histórica.

La crítica planearía así desde otro hemisferio, desde otro juego de coordenadas intelectuales, sobre una materia que, por un deslizamiento implícito, se transforma simplemente en eso, en la materia del juicio literario —¿no celebramos acaso la vana gloria de una generación crítica?—. No puede actuar de otra manera ya que no quiere o no puede ser servidora y orientadora. Incluso es bien significativo que el arraigo de las letras uruguayas se reclamara para y con "la realidad" —a veces descendida a mera escenografía folklórica—, que así enunciada, devenía otra abstracción más, maldisimulada por su disfraz concreto.

Oponiéndonos a tal actitud pensamos que el arraigo no es en la realidad —en el barrio, en el pueblo—, ni siquiera en la vida, sino en la historia. Es decir, en la instancia espiritual que un determinado tiempo y circunstancia —humanos, vecinales— opone al hombre creador, y en la que él se sumerge no ciega ni pasivamente, para elaborarla, artística, intelectualmente. Para recrearla.

La crítica desarraigada funciona, limpia y gozosa, en el campo de los universales, —esos ojos del año 2000 o esos ojos de Dios, cuya quebradiza pretensión motivara la cruel burla de Sartre en "La nacionalización de la literatura"— y de ahí extrae su aparente precisión, su impecable distancia que no le permite embarrarse y le hace operar siempre con guantes previamente esterilizados, esa eficiencia de previsible teorema matemático. Creo que es posible admirar esto como un armonioso espectáculo e incluso agradecer su higiénica tarea: creo también que debe reconocer su inutilidad última.

La crítica, como la creación literaria misma, junto a ella, está fatalmente arraigada en la historia, y es mejor reconocerlo y entenderlo bien para no malgastar energías y para aceptar humildemente la situación. No aspirar a una pretendida objetividad, que en el mejor de los casos podrá abrir la puerta de una crítica estilística cuyo rigor seudo-científico sólo prueba que se está trabajando sobre un cadáver y no sobre un cuerpo vivo; no dejarse estar tampoco en la crítica impresionista que apela a la simple subjetividad del gusto, ni satisfacerse en el inteligente uso de una tradición puramente estética que en Eliot o en Valéry alcanza su mayor y más feliz precisión. El planteo de Edmund Wilson en *La interpretación histórica de la literatura* y el ejercicio de aplicación a "Las ideas políticas de Flaubert" (en *Literatura y sociedad*) puede servir de precedente para el actual desarrollo de la crítica existencial tan interesada en la aportación de un marxismo menos dogmático a través de los libros de Lukács. Una crítica que se decreta historicista también, a pesar de saber que maneja el acceso a algunos hallazgos espirituales que establecen la esencialidad del hombre, y que entra en su tiempo dinámicamente, aportando ideas, sensibilidad, convicciones, como entra en su tiempo la creación artística, debe saber que puede devenir literatura. En todo caso se mueve como ella al encuentro del público, de sus inquietudes y de sus interrogaciones, y no quiere confundir este público con el sector de creadores literarios, sino con los consumidores de las letras.

La revolución y sus escritores

El acontecimiento cultural del año en nuestro país ha sido, como tantas veces, un suceso externo: la Revolución Cubana. Es, obviamente, un hecho político-social, pero sería miopía ignorar la repercusión de tales hechos en el mundo del espíritu —en la realidad civilizadora— y sería desconsideración y error creer a nuestros intelectuales tan desprendidos de la realidad histórica para que un fenómeno que ha puesto en América toda un ascua renovadora, no los afectara hondamente.

La Revolución no ha venido a traer paz, sino guerra, y ha servido de imprevista montaña que separó las aguas en sentidos distintos y opuestos. La elección de los intelectuales ha sido clara y mayoritaria en favor del movimiento; más fervorosa y mimética en los jóvenes; más reflexiva y problemática en los de mediana edad; más cauta y serena en los mayores. Pocos, muy pocos escritores han elegido el otro cauce y se han alineado entre los enemigos de la actual Cuba. Incluso los no partidarios de la Revolución han preferido un cauto silencio.

Este acontecimiento ha venido al encuentro de un deterioro progresivo de la situación político-social interna del país. Más difícil, porque aquí juega la malla de los intereses creados, la vanidad y las formas laxas del tradicionalismo, los intelectuales han debido asumir posición ante un gobierno que al tiempo que desatiende los criterios básicos de la instrucción mayoritaria se esfuerza por desarrollar una cultura de élites a cuyo esplendor consiente en la misma medida en que la castra previamente de su espíritu crítico, alerta, contemporáneo, de su sustrato social, político. El proyecto de una Universidad Católica tipifica esta dirección.

Los peligros siempre denunciados de un oficialismo esterilizador, se han agravado. Es significativo que la mayoría de los intelectuales que han caído en esta órbita y contribuido a esa supercultura aparatosa e inveraz, pertenezcan a una corriente de pensamiento fuertemente ahincado a un nacionalismo cultural, a veces en un mero tradicionalismo temático. Pero es también significativo que el sector que más pronto se independizó de ese oficialismo, rehusándole su colaboración cultural en cuanto comprobó el espíritu regresivo que lo animaba, sea aquél que sigue de modo alerta el proceso social e ideológico contemporáneo más avanzado, intentando la difícil operación de injertarlo en un movimiento nacional.

Decir que aquellos que están contribuyendo a la cultura oficialista y a la lucha contra la Revolución Cubana —y hablo de los mejores espíritus posibles— están entrando en un engranaje triturador que los aparta del contacto vivo con las necesidades de nuestra época y del país, es simplemente comprobar el efecto deletéreo que las formas de maccarthysmo han asumido ya, porque ellas son negadoras de todo libre pensamiento. Es necesario y es duro pensar desde ya en las consecuencias —similares aunque de signo opuesto— a que son conducidas las izquierdas en ese proceso de violenta ruptura.

Se han radicalizado las posiciones y al mismo tiempo se ha producido un deslizamiento hacia la izquierda: bastaría cotejar los partidarios de la República Española y opositores al gobierno en 1960. La radicalización ha derivado en una beligerancia violenta y eficaz —por los recursos de que dispone— de lo que llamaremos, usando el esquema tradicional, las derechas. Simultáneamente ha generado un reagrupamiento de izquierdas llevadas a la dispersión por la parálisis que introdujo en el país el anterior gobierno. No nos engañemos con las semejanzas exteriores: no repetimos pasivamente la lucha contra el fascismo, ni el Frente Popular de hace treinta años.

Radicalización, reagrupamiento de izquierdas, postulan desde luego un compromiso beligerante al que cada vez ven más difícil rehusarse los escritores entregados a la pura creación estética.

El año 1960 quedará marcado por esta exigencia de compromiso y los escritores por la respuesta que a él dieron.

De Cuba al Uruguay

Podría argumentarse que la Revolución Cubana, el gobierno nacional, han provocado una toma de posición en lo que un escritor tiene de ciudadano y no en su específica cualidad de intelectual y artista. No es así: si consideramos a la Revolución Cubana el hecho cultural del año es porque creemos discernir una remoción ideológica y psicológica de grandes proyecciones para la vida intelectual del país. Es evidente que la adhesión a Cuba ha sido más presta e indiscriminada entre los intelectuales de menor beligerancia en la realidad concreta del país: pelean "allá" lo que al parecer no pueden o no quieren pelear "acá" y en la medida en que "allá" se formula como un esquema limpio sin la realidad concreta y barroca que tendría "acá", como en verdad tiene "allá". Pero esto que para algunos puede ser un simple desahogo y una justificación de la conciencia inactiva, para otros más maduros y graves es la conyuntura para comprender algunas cosas: que un país no es una elite de intelectuales ni sería benificioso que lo fuera; que la realidad de una sociedad es un juego dinámico de fuerzas que pueden ser puestas en un movimiento creador —no merced al ajedrez político que acecha a nuestra izquierda nacional— sino por esas grandes creencias que son claras y hondas y arastran a los seres humanos capaces de creer; que es forzoso entrar bien pertrechado ideológicamente en ese mundo, no sólo por este limpio aparato crítico, sino con una creación que impulse y oriente; que hay una comunicación de pensamiento viable con nuestra juventud formada ideológicamente en uno de los peores momentos pedagógicos, el de la "guerra fría", y a la que esta revolución pintada al rojo se ofrece como una coyuntura decisiva, similar a la de la revolución española para la anterior generación; que la acción está abierta y que es imprescindible.

Vale obligación decir desde ya, que todo este fervor no servirá de mucho —aparte de una formación individual— si no efectúa dos operaciones: una que ascienda de la circunstancia emocional a un entendimiento de las ideas y los principios animadores; otra que lo revierte al contorno diferenciado en que vivimos. La atención con que seguimos hoy el progreso nuevo de la cultura cubana se origina en el valor pedagógico que otorgamos a la experiencia.

Un año grávido de futuro, en definitiva, un año en que los escritores se han sumergido voluntariamente en el fluir de su tiempo histórico —quizás porque ellos mismos tienen tiempo y esperanza creadora— descubriendo que son ellos quienes pueden hacer su tiempo, que la realidad no es fija e inmóvil, sino la consecuencia de las ideas dinámicas que ellos aportan yendo al encuentro, a la comunidad, con un pueblo.

Nota

* El 30 de diciembre de 1960, el semanario *Marcha* (a. XXII, n. 1041, 2ª sección, p. 24-6) emprendió un balance del año que entonces acababa. Decía el copete de la nota firmada por Rama:

> Al hacer las cuentas del año nada más fácil que la enumeración —de libros, de muertos, de homenajes, de premios—; nada más vano también. Es un modo de apresar el suceder menudo del año y dejar que se avente el espíritu que le animó. Además un año no es función de los que vienen. Es feliz si en él hay gérmenes que comienzan a crecer, porque de esos ínfimos nacimientos podrá salir el futuro; es feliz si decanta y perfecciona lo que ha recibido de los anteriores. Por eso la tarea de penetrar en la significación más profunda que el año cultural ha tenido es difícil y se inclina a un dulce engaño; identificar nuestros impulsos con los de la sociedad y pensar que ella responde armoniosamente a nuestro querer. Para no deslizarnos sobre la pendiente subjetiva hemos pedido a varios escritores, procedentes de muy distintas corrientes, que den una breve opinión sobre este año redondo y transcurrido. Lo que aquí intentaremos, en cambio, es una elucidación de los problemas que entendemos centrales de nuestro presente literario, sin eludir por lo tanto lo personal ni lo polémico.

Antonio Candido: para una crítica latinoamericana[*]

Beatriz Sarlo

Entrevisté a Antonio Candido en enero de 1980. Llegué a Brasil, sin una invitación oficial, a las Jornadas de Literaturas Latinoamericanas (nótese el plural, que venía directamente de la problemática desarrollada en la reunión), que se realizaban en Campinas. Me sentía una intrusa, aunque la buena voluntad de algunos asistentes atenuaba los efectos de este "fuera de lugar", en especial la cordialidad de Susy Sperber que me llevó a su casa para que no gastara en un hotel imposible para mí que había viajado en ómnibus desde Buenos Aires.

Me había enterado de la reunión por Ángel Núñez, un exiliado argentino que me entusiasmó para que intentara el viaje. Con estos detalles, penosamente biográficos, quiero simplemente subrayar que yo era una supernumeraria en esas Jornadas donde se discutirían los grandes lineamientos de un proyecto de historia de la literatura latinoamericana. Para eso, estaban presentes también Antonio Cornejo Polar y Ángel Rama, que desembarcó en las sesiones, un día después de su comienzo, con un bolso al hombro, radiante, como siempre iba a verlo hasta su muerte. Mi timidez me descolocaba. Sabía que tenía poco en común con esos grandes nombres, a pesar de la apertura de Ana Pizarro, que terminaría dirigiendo el proyecto, y del activismo de quienes me presentaban como la directora de *Punto de Vista* (no había muchos otros datos que agregar y, además, casi todos se enteraban de la existencia de la revista en ese mismo momento). Sin embargo, era imposible quedar al margen en un lugar donde otro argentino, Jorge Schwartz, y un ya reconocidísimo crítico brasileño, Roberto Schwarz, practicaron una discreta pero eficaz integración de esta *outsider*.

Ni qué decirlo, caí rendida ante la cortesía exquisita y la agudeza resguardada por la discreción de Antonio Candido.

Entre las misiones imaginarias que yo me había fijado para esa reunión (que justificaban el viaje) estaba la de entrevistar a Candido, Cornejo y Rama. Les mostré la revista, especialmente el número en que aparecían reportajes a Raymond Williams y Richard Hoggart. Accedieron.

Con Antonio Candido hicimos la entrevista, en un aula de la Unicamp, vacía, con una ventana que daba hacia un espacio verde. Tengo fotos tomadas algunas horas después. Candido con un saco claro, con pliegue y traba en la espalda, perfectamente distendido, un aristócrata entre gente en cuclillas que sonreía casi demasiado. Debo confesar que ese reportaje, hecho de modo un poco irresponsable, fue más que la síntesis de mi conocimiento de Antonio Candido, el impulso para una larga relación con su obra.

Pero esa relación quedó marcada por el Candido oral: la perfecta elegancia y la discreción extrema de su inteligencia que se ofrecía como un don de cuya riqueza creía participar su interlocutor. Candido me dio lo que, en esos años, andaba buscando por todas partes. Quien lea el reportaje sabrá de qué modo subraya la dimensión formal y estética en una visión que no dejaba de ser social e ideológica de la literatura. Viajé de vuelta a Buenos Aires con todos sus libros.

Muchos años después, tuve la fortuna de que Candido comentara, en una reunión en el Memorial de São Paulo, un trabajo mío. Me regaló unos versos de Emile Verhaeren, por completo afines a mi tema, en los que yo sola nunca hubiera pensado: el crítico como mejor lector.

BEATRIZ SARLO: *Para comenzar, le pediría que nos refiriéramos a un campo de problemas: el de la relación entre la literatura y la realidad, o el medio social, o el referente (según sea la teoría crítica desde la que se la piense). En su libro* Literatura y sociedad *usted plantea esa relación superando la dicotomía entre factores internos y externos al texto literario. Y para ello elabora un concepto descriptivo: los "formadores de estructura". Me gustaría que usted definiera esta operación, en cuyo proceso la realidad ingresa en la obra literaria.*

ANTONIO CANDIDO: Tradicionalmente, la teoría y la crítica literarias se han propuesto identificar lo que puede denominarse 'especificidad de la forma'. Ello generó un interés muy grande por la estructura literaria. Pienso, en cambio, que más importante que la estructura es el proceso estructurante. Desde esta perspectiva no puedo seguir considerando al texto como producto acabado, aunque se me presente como tal. ¿Cuáles son los elementos que entran en este proceso? Podría imaginar una obra literaria de la que, al abrir las páginas del libro, saliera una persona de carne y hueso: de *Guerra y paz* podría salir el emperador Alejandro I y ponerse a conversar conmigo. Sin embargo, ello es imposible. Pero de esta ilusión se nutre muchas veces la crítica de orientación sociológica e histórica. Para evitar esta ilusión, me desplazo hacia el extremo contrario y afirmo: el emperador Alejandro I no tiene la menor importancia en *Guerra y paz*. Son importantes las estructuras narrativas, en las que el emperador es una mera formación verbal. Y esto es y no es verdad. Porque si yo abstraigo por completo a la identidad del emperador Alejandro no puedo entender su participación formal en el contexto del relato, en el que desempeña una determinada función. Mi obsesión ha sido penetrar este aparente misterio: de qué modo la realidad psicológica y social se transforma en algo que la expresa admirablemente pero que es otra cosa: una estructura de palabras. Esta perspectiva me condujo a reflexionar sobre el proceso que estructura a la estructura, que convierte a determinado aspecto social en obra literaria, y no sólo en calidad de documento. La capacidad que los escritores tienen de captar aspectos significativos y diferenciales es, podría decirse, intuitiva, relativamente independiente de una deliberación racional. Esa capacidad poderosa de discernir cuáles serán los elementos significativos, se llama inspiración. Ella no existe sin un discernimiento psicológico y social completo. Constituye un momento fundamental en la creación de estructuras verbales que resultan de la actividad de una serie de elementos mediadores. La comparación de estos elementos con una estatua de Jano podría dar una idea aproximada: de un lado, son parte de la realidad social; del otro, pura estructura literaria. Comprobamos que la obra funciona cuando el escritor ha descubierto una de estas estatuas de Jano, es decir: las mediaciones correctas. En un ensayo que escribí sobre *Memorias de un sargento de milicias* (novela de 1853), y que fue reproducido en español precediendo la traducción de esta obra en la Biblioteca Ayacucho, me planteé algunas de estas cuestiones. La novela había sido tradicionalmente considerada como texto documental: mostraba, se dijo muchas veces, las costumbres de Rio de Janeiro en tiempos en que la corte portuguesa estaba radicada allí. Incluso, muchos investigadores describen la realidad social de aquella época tomando a este libro como autoridad; críticos marxistas han afirmado su documentación precisa de las costumbres y relaciones sociales. Yo creo que se equivocan. La fuerza de este libro no proviene de su carácter estrechamente documental, sino de su extraordinaria solución literaria: la novela está construida en torno a una dialéctica del orden y el desorden. Es una historia de malandrines, de pícaros, de mujeres de vida fácil, de padres que tienen amantes... Ahora bien, puede detectarse una división muy nítida: las personas que pertenecen al hemisferio del orden y las que se ubican en el del desorden. Pero todo el texto muestra que su personaje central está exactamente en el medio y la dinámica se establece entre la atracción del hemisferio del orden y el destino que lo arroja al del desorden. Toda la estructura del libro se construye teniendo como eje esta oscilación, que aparece también en los menores detalles. Consideremos un episodio: el personaje cae preso. Su madrina, acompañada de una dama de condición más elevada y de una tercera que había sido amante de un mayor de policía en su juventud, va a solicitarle su libertad. El mayor se muestra inflexible hasta que su vieja amante se le acerca y le dice algunas palabras al oído. De inmediato, el mayor concede. Para recibir a las señoras, el mayor se había vestido de prisa: se había puesto la casaca azul con dorados de su uniforme, pero había conservado un pantalón de casa y tamancos. En esta situación el representante máximo del orden va a tomar una resolución de acuerdo con el desorden, como la de libertar a un malandrín por pedido de una vieja amante. El orden y el desorden están ligados dialécticamente incluso en la propia vestimenta del personaje: de la cintura para arriba, una correcta casaca militar; de la cintura para abajo, desarreglado y con tamancos. Esta misma dialéctica atraviesa a todos los personajes centrales, que oscilan entre el orden y el desorden. ¿Cómo era la sociedad brasileña de entonces? Si considero a la novela como texto documental tengo que admitir que es un fracaso completo; no habla de los esclavos, cuando eran la base de la economía brasileña; no habla tampoco de la profunda transformación de Rio de Janeiro con la llegada de los 15.000 hidalgos y funcionarios portugueses de la corte. Me pregunto entonces de dónde viene la fuerza de vida que caracteriza al libro. Mi respuesta es que surge de la actuación de ese principio estructural intuido por el autor: el juego entre el orden y el desorden, que configura a los personajes, define las acciones y organiza el espacio de la novela. Orden y desorden son datos fundamentales de la sociedad brasileña de entonces y deciden también la estructura del libro: es su principio estructural, ni estético, ni sociológico, sino elemento mediador que hace funcionar a la estructura estética en correspondencia simbólica con la estructura social.

BEATRIZ SARLO: *Usted ha usado, hace un momento, una palabra maldita y desterrada de la crítica contemporánea, la palabra inspiración. Junto con ella ha señalado el peso que la experiencia tiene en este proceso formador. Mi pregunta apunta a conocer cuál es la naturaleza social de inspiración y experiencia.*

ANTONIO CANDIDO: Llamo inspiración a la capacidad que tiene el escritor de descubrir, intuir, analizar en la materia que quiere escribir, cuáles son los elementos mediadores que le van a permitir configurar una imagen válida y elocuente de la realidad, encarnada en soluciones formales eficaces. Mi tesis es que esa visión, cuando se la logra, parece verdad, aunque no lo sea desde el punto de vista estrechamente documental.

BEATRIZ SARLO: *En su exposición me parece ver una doble polémica. Por un lado con la crítica que, en nombre de una concepción empirista ingenua, rastrea las relaciones puntuales entre la obra literaria y la realidad. Por el otro, con un sociologismo abstracto que reencuentra en la obra las categorías con las que va a analizarla, categorías muy generales que no alcanzan su especificidad. En su libro* Literatura y sociedad *encontré indicaciones precisas para superar estas dos perspectivas: pensaba en su concepto de "función ideológica" y de "función social".*

ANTONIO CANDIDO: Me parece peligroso, e incluso desagradable, un hecho frecuente, el de la elaboración de hermosas teorías críticas, formalmente perfectas, pero que no pueden ser aplicadas. Temo, por otro lado, al análisis puramente descriptivo que no se propone generalización alguna. Pienso que la teoría no tiene sentido si no ayuda a resolver los problemas concretos del análisis. En este libro, *Literatura y sociedad*, que usted mencionó, hay un ensayo, el último, al que nadie presta atención, nadie lo lee; sin embargo, para mí es el más interesante, porque es una demostración práctica de los puntos de vista teóricos. Es sobre un viejo poema épico del siglo XVIII que no gusta a nadie, una epopeya aburridísima: *Caramuru* de José de Santa Rita Durão. Yo me pregunté por qué este poema tedioso tiene tanta importancia en la literatura brasileña. Comencé a analizarlo y llegué a la conclusión de que el poema fue construido sobre una estructura ambigua: describe las peripecias de un héroe portugués que llega al Brasil y después de diversas aventuras se casa con una india. En determinado momento del texto no se sabe si él es indio o portugués, si ella es portuguesa o india. Al escribir estas aventuras, Durão está escribiendo el problema del Brasil: si es europeo o autóctono, de este lado o del otro, de dentro o de fuera. Y tal es su ambigüedad que durante el siglo XVIII el poema fue considerado en Portugal como glorificación de la colonización portuguesa; y, después de la independencia, en Brasil, como precursor de la autonomía brasileña. La ambigüedad fundamental del país colonial se manifiesta en la estructura de los comportamientos personales. La función ideológica del poema, la apuntada por su autor, es la glorificación de la fe católica en el Brasil, considerando como función ideológica al objetivo conciente del escritor. Hoy no me gusta este nombre, pero conservaría sin duda el concepto para describir el designio ostensible que aparece en el nivel aparente de la obra. La función social es la que se ejerce independientemente de la voluntad del autor: en el caso del Caramuru, la primera función social fue parecer a los portugueses una justificación de la colonización; la segunda, en la época de la independencia, fue de carácter opuesto. Me pregunté entonces por qué un mismo texto puede ejercer dos funciones sociales distintas. La respuesta es: a causa de la función total, que sólo puede ser captada en relación con la concepción estética que dota de universalidad a la obra.

BEATRIZ SARLO: *La función total sería entonces la específicamente literaria.*

ANTONIO CANDIDO: Es la que hace de un texto un texto literario. Para dar un ejemplo: la función social de un poema de Homero actúa poco sobre nosotros, pero era importante para los griegos, ya que, entre otras cosas, reforzaba su sentimiento de solidaridad grupal. Su función ideológica puede actuar más, porque da curso a valores que impregnaron la conciencia del mundo occidental. Pero si los poemas homéricos pueden actuar con fuerza sobre nosotros hasta hoy, es a causa de su función total, que engloba las anteriores y depende de las mediaciones simbólicas que el poeta encontró para dar relativa intemporalidad y alcance universal a la materia narrada.

BEATRIZ SARLO: *Usted es autor de un clásico de la historia literaria brasileña:* La formación de la literatura brasileña. *¿Cómo podemos pensar los problemas de la historia literaria con estos conceptos que usted acaba de exponer?*

ANTONIO CANDIDO: Estos conceptos los elaboré después de terminado ese libro, y en parte como resultado de su experiencia. Es un libro de juventud en el cual trabajé diez años, pero que hoy ya no me gusta. Yo no hice toda la historia de la literatura brasileña sino sólo la de dos períodos: el neoclasicismo y el romanticismo. Intenté intervenir en la polémica sobre si una obra es europea o americana. Entre nosotros, pienso que esta cuestión es enteramente secundaria. No acepto la división de las obras de la literatura americana en libros que son 'alienados', porque son 'europeos', y libros 'nacionales' porque se habrían conformado a las particularidades de esta región del mundo. Tanto las obras más 'cosmopolitas' como las más 'localistas' deben ser estéticamente eficientes. Una literatura latinoamericana no existe a partir del momento en que pueda estilizar la realidad de América. Este es sólo un presupuesto básico. Existe desde el momento en que se demuestra capaz de fecundar los instrumentos de otras culturas matrices y aplicarlos a América. Creo que la literatura nacional comienza cuando se inaugura una tradición de producir, de manera sistemática, obras estéticamente válidas. Pero una obra solo puede ser estéticamente válida si, además de incorporar una función social adecuada, practicando una elección adecuada de los elementos de la realidad, logra por lo menos algo de la universalidad propia de la función total. Quise mostrar en ese libro que era ridículo afirmar que el neoclasicismo era Europa y que el romanticismo era América. El neoclasicismo es el trasvasamiento en América de una cultura que es también nuestra, aunque sea europea. No hagamos demagogia. Existe un momento fundamental en el proceso cultural americano: es el momento en que podemos apropiarnos de las culturas de los que nos dominaron, de los que aplastaron las culturas anteriores. Puede no gustarnos, pero los indios brasileños no vencieron al conquistador sino que fueron vencidos y la cultura que se instaló en el Brasil fue la ibérica, europea. Crear una literatura significa pensar y trasmitir esta inmensa realidad nueva, los nuevos sentimientos que suscita, con instrumentos creados para una realidad muy diferente. Por eso decía —aunque pueda sonar a paradoja— que lo más importante para mí no es saber cuándo la literatura brasileña se convierte en brasileña, sino cuándo alcanza a ser una literatura: un conjunto de obras con función total. Consideré dos momentos que parecían como opuestos en la tradición crítica brasileña: el neoclasicismo (1750-1830) y el romanticismo (1830-1870). Se decía que el neoclasicismo fue una especie de esclavización de la literatura brasileña a la moda europea y que el romanticismo significó la afirmación de un modelo nacional. Quise demostrar que, en el proceso de formación histórica de la literatura en el Brasil, hay un momento en que ésta empieza a articularse: sólo a mediados del siglo XVIII se formó algo así como un sistema literario, con una interrelación entre obras y autores, un esbozo de público, y la constitución de una tradición. Es el momento en que el escritor local puede comenzar a inspirarse en los que lo precedieron. Y, por paradoja, la literatura neoclásica, esa literatura de griegos, de pastores, bucólica, fue en el Brasil un extraordinario factor nacional porque permitió juntar la tradición europea con el país en formación. El hecho de haber utilizado instrumentos 'convencionales' de expresión: odas, epístolas, sonetos, ditirambos, no importa. Fue una generalización del lenguaje literario. Yo hubiera quizás preferido que el pueblo brasileño hubiera creado una literatura autóctona, indígena, pero ningún pueblo de la América atlántica creó esa literatura y los que tuvieron una literatura, en la América andina, fueron aplastados. En Brasil, Argentina, Uruguay, Venezuela, transplantamos literaturas europeas y a través de ellas conseguimos crear una expresión que reconocemos como local en el momento en que comenzamos a practicar una literatura estéticamente correcta, en la que la función social y la ideológica se articularon con la función total. Por eso yo traté de demostrar que el neoclasicismo fue un movimiento que se entretejió íntimamente con el romanticismo: la ruptura estética entre ambos tiene que ser vista en un proceso de solidaridad histórica en cuyo trascurso se conforma la literatura nacional. Cuando arribamos al fin del romanticismo, puede hablarse ya de una literatura brasileña constituida, porque surge entonces un gran escritor de caracteristicas universales que tiene conciencia exacta de este proceso: Machado de Assis.

BEATRIZ SARLO: *Entonces es en esta alternancia, a veces altamente conflictiva, que se van construyendo las líneas de la literatura americana. De este proceso, las teorías que señalan el problema de la dependencia cultural privilegian casi exclusivamente un momento. Al respecto quería preguntarle si las fórmulas elaboradas alrededor de la dependencia cultural no funcionan más como teorías estéticas que como explicaciones críticas.*

ANTONIO CANDIDO: Creo que la distinción que usted hace es importante. Creo también que una literatura necesita que sus escritores experimenten la presencia de la la nacionalidad: en el nivel de la función ideológica, la voluntad de ser nacional, de ser específico, es muy productiva. Si una de nuestras literaturas dijera: quiero ser europea, estaría perdida. El movimiento debe afirmar: nada tengo que ver con Europa, soy un escritor brasileño, canto al indio. Y lo canta efectivamente en estrofas italianas, o imitando la prosa poética de Chateaubriand. Lo que quisiera demostrar es que el proceso literario, en un mundo regido por la interdependencia de los pueblos, engloba tanto el punto de vista cosmopolita como el local. Y, por razones estéticas, es necesario que los escritores sean radicales. Fue importantísimo que los románticos brasileños afirmaran que no querían saber más nada con Europa, que eran descendientes de los indios y que harían una literatura sobre ellos. ¿Cuándo? En 1836. ¿Dónde? En París. Por eso creo que debemos hacer el esfuerzo de reconocer al mismo tiempo nuestra militancia política antiimperialista y el carácter cosmopolita de nuestra cultura. Creo que debemos percibir un movimiento dialéctico, que se da en nuestra historia, entre lo local y lo universal; creo que este movimiento es más importante que las divisiones estáticas: nacional/cosmopolita; alienado, colonizador/progresista. Por eso en mi libro sobre la formación de la literatura brasileña yo no opongo el romanticismo, como etapa nacionalista, al neoclasicismo, como momento 'alienado'. Creo que la etapa llamada 'alienada' es tan indispensable como la que le siguió.

BEATRIZ SARLO: *Quizás sería necesario explicar sociológicamente la emergencia y la propagación de este sistema dicotómico. Esa explicación ocuparía un lugar en la historia de las ideologías literarias. Creo que es, como usted dice, políticamente indispensable y que tiene razones económicas y sociales: la situación dependiente de América Latina, dependiente a menudo también en el circuito cultural, los grandes centros intelectuales, el camino de los escritores viajeros y las traducciones...*

ANTONIO CANDIDO: Más aún. En un ensayo que escribí en 1966 para una publicación norteamericana, me planteé la cuestión de cómo la literatura brasileña, vista desde la perspectiva politico-sociológica, ha servido a un inmenso proceso de compresión mental y de imposición de la cultura del colonizador, esclavizando y destruyendo la cultura del colonizado. Pero ello no debe conducir a un juicio de condenación estética, y tampoco de condena histórica, en la medida en que la cultura que poseemos se fue construyendo así. Cuando los poetas del neoclasicismo ponían ninfas en el paisaje brasileño de sus poemas, no estaban simplemente importando una mitologia. Esos hombres eran "muy nacionalistas" a su modo: en aquella etapa de una colonia dependiente por completo, intentaron demostrar que aquí también era posible hacer literatura y traducir nuestra realidad al lenguaje de la cultura. Por supuesto que este movimiento no agotaba el problema. Después, con el romanticismo, surgió la cuestión de una lengua literaria local.

BEATRIZ SARLO: *Todo esto complica bastante el modelo más simple de la dependencia cultural. Le he escuchado decir que la inferioridad de Portugal respecto de España proyectó sus consecuencias en las relaciones, difíciles, de las literaturas hispanoamericanas con la brasileña, por ejemplo.*

ANTONIO CANDIDO: No existe, en efecto, desconocimiento voluntario, por así decirlo, entre la literatura hispanoamericana y la brasileña. Ello es más bien la resultante de una situación previa. El español es una lengua universal; el portugués, aunque lo hablen más de cien millones de personas, no lo es: en América Latina, sólo un país lo habla. Dentro del ciclo de civilización al cual pertenecemos, España tuvo una producción cultural que forzó el reconocimiento del resto de Europa. Ningún europeo culto de las grandes metrópolis puede desconocer a Cervantes, al teatro español, a su mística, a su novela picaresca. Portugal nunca protagonizó un fenómeno de esta índole. Durante el período de nuestra formación histórica, tuvo solamente un gran escritor de dimensión europea, Camoens, a quien, por lo demás, nadie lee fuera de los países de habla portuguesa. Este es un dato histórico de la mayor trascendencia, que se proyectó sobre el curso de la cultura latinoamericana: en América, quien habla español está atávicamente colocado en una posición superior respecto de quien habla portugués. Pasó a América la situación de país secundario que tiene Portugal en la Península Ibérica.

Pero ésta, que es una de las raíces de nuestro desconocimiento, deberá ser superada históricamente.

NOTA

* Publicado en *Punto de Vista* 3/8 (marzo-junio 1980): 5-9.

Notas sobre el diálogo intelectual Rama/Candido

Pablo Rocca

Encuentros/desencuentros en Montevideo

A principios de 1960 Antonio Candido estuvo una semana en Montevideo invitado para dictar una serie de cuatro conferencias en los cursos de verano de la Universidad de la República.[1] Por entonces, Ángel Rama se desempeñaba como profesor de Literatura en Enseñanza Media, era crítico de teatro en el diario *Acción*, comenzaba a dirigir la colección "Letras de hoy", de la editorial Alfa.[2] Por sobre todas estas actividades, ejercía la dirección de la página literaria del prestigioso semanario *Marcha*, al que se había integrado en marzo de 1959, aunque en realidad se había reintegrado, puesto que diez años atrás había asumido esa misma responsablidad. Esta era la más febril de sus ocupaciones y, como se sabe, la de mayor incidencia en el medio cultural rioplatense y, pronto, en el ámbito latinoamericano.

Desde cierta mirada, la visita de Candido a Montevideo fue providencial para los objetivos críticos del joven Rama. Significó la posibilidad de acercarse al más renovador de los estudiosos de una literatura desconocida para los hispanoamericanos y, de paso, le posibilitó el aprendizaje directo de algunas nociones que contribuirán a un método que, muy especialmente en esa época, se empeñaba en edificar, consciente de las limitaciones que la vorágine del periodismo cultural y el registro de la novedad imponía a su tarea bajo el riesgo de devorarlo, de perpetuarlo sólo como un gran divulgador.

Poco tiempo atrás, cuando inició su gestión en *Marcha*, a la luz del nuevo proceso político cubano, Rama bregaba por la promoción y difusión de la literatura latinoamericana, que no podía dejar de pensar fuera de un contexto transformador y revolucionario al que adhería sin fisuras.³ En ese plan, Brasil era un inmenso espacio vacío. Nunca las páginas de este semanario habían dispensado mayor atención a una literatura en su propia lengua, si acaso consiguieron lecturas circunstanciales de algunas pocas traducciones argentinas de Jorge Amado y Graciliano Ramos, pero nunca la reseña de las ediciones en su lengua original. Jamás se llegó a establecer un real diálogo fluido, como el que sí existía con las letras anglosajonas, por ejemplo, y eso aunque Emir Rodríguez Monegal —quien dirigió la sección entre 1945 y 1958— tenía una amplia familiaridad con Brasil, donde había pasado algunos años de su infancia;⁴ eso, pese a que este crítico esporádicamente se dedicó a leer algunos sectores de su narrativa como lo prueba su conferencia de 1952 acerca de Lins do Rego y un reducidísimo puñado de notas.⁵ Este panorama no cambiará mucho cuando se produzca el relevo de la dirección de "literarias" en *Marcha*. Por lo menos hacia fines de los sesenta Rama, quien durante una década comentó decenas de libros hispanoamericanos y trazó vastos recuentos generales sobre literaturas nacionales, casi no se ocupó de Brasil. Para verificarlo alcanza con revisar su bibliografía.⁶

En un cuadro como este, la brevísima entrevista de Rama a Candido, publicada en *Marcha* el 19 de febrero de 1960, funciona como el fugaz reconocimiento de una limitación y como muestra cabal de las dificultades en el relacionamiento de Hispanoamérica (o más específicamente de Uruguay) con Brasil, que se expresaba en el mediano o nulo conocimiento de la significación del modernismo; en el manejo de un escaso repertorio bibliográfico que permitiera interpretar el enorme vecino norteño; en la ignorancia de las tendencias de la crítica contemporánea, a las que Candido repasa con espíritu didáctico; en la celebración de una poesía brasileña como la más importante del momento en Occidente sin que se aporte un solo ejemplo concreto, ni siquiera el nombre de un autor. Seguramente en términos casi idénticos podría haberse planteado el problema observando Hispanoamérica desde Brasil y, mucho más, la situación uruguaya, esta última quizá algo familiar para los vecinos *gaúchos* pero muy remota para un paulista o un carioca. Sea como fuere, tanto uno como otro advirtieron que era necesario remover estas enormes barreras. La iniciativa correspondió al uruguayo, tal como lo testimonia la evocación-evaluación de la tarea crítica de Rama por Antonio Candido:

Cuando en 1960 conocí a Ángel Rama en Montevideo, me declaró su convicción de que el intelectual latinoamericano debería asumir como tarea prioritaria el conocimiento, el contacto, el intercambio con relación a los países de América Latina y me manifestó su disposición para comenzar este trabajo dentro de la medida de sus posibilidades, ya fuese viajando, o carteándose y estableciendo relaciones personales. Y esto fue lo que pasó a hacer de manera sistemática, coronando sus actividades cuando, exiliado en Venezuela, ideó y dirigió la Biblioteca Ayacucho [...] proyecto que resultó ser una de las más notables empresas de conocimiento y fraternidad continental a través de la literatura y del pensamiento. Incluso porque fue la primera vez que Brasil figuró en un proyecto de este tipo y de manera representativa.[7]

La correspondencia de Candido a Rama, hasta ahora inédita —y que se conserva en Montevideo en el archivo de este último,[8] confirma y expande este compromiso. A lo largo de casi un cuarto de siglo se va tonificando una amistad y un diálogo como pocas veces se había cumplido con el vigor que involucra a dos intelectuales clave del mundo hispanoamericano y brasileño. Ese diálogo que empieza en el verano de Montevideo continúa de inmediato con la mutua remisión de algunos libros. El 26 de abril de 1960 Candido se excusa por haber demorado en cumplir con las obligaciones del intercambio en esa relación "tão bem começada e tão grata para mim", y comenta sus propios envíos:

> [...] estou em falta com V., que me escreveu tão gentilmente há um mês e meio. Os livros que mandou chegaram, e eu os agradeço muito. Mandei há mais ou menos um mês os que prometi, salvo as *Poesias*, de Mário de Andrade, esgotadas no momento. Chegaram? Tive também grande prazer com os números de *Marcha*, que li fielmente. A sua *entrevista* comigo é generosa e simpática. Obrigado. As suas produções críticas são excelentes, pelo discernimento, a contida energia e a economia de expressão.[9]

Aquel era, como dijo Candido en otro texto de homenaje, "el momento exacto en que [Rama] tomó una decisión que, en el curso de los años, se transformó en misión".[10] Y fue el crítico brasileño, es seguro, quien le indicó a Rama la importancia de la renovación modernista, lo cual puede deducirse fácilmente de la entrevista de *Marcha*, y este aspecto configurará, una década larga después su interpretación de la literatura brasileña del siglo XX; fue Candido quien le procuró algún ejemplar de la poesía de Mário de Andrade y, tal vez, las de muchos otros escritores de aquel movimiento que, en el mejor de los casos, el uruguayo había leído sin mucho cuidado, y sobre el cual en 1973 escribiría un artículo fundamental para la valoración de las vanguardias latinoamericanas.[11] Fue Rama quien lo proveyó de la nueva literatura uruguaya,[12] materiales con los que Candido estaría en condiciones de abordar el proceso de la literatura uruguaya y aun rioplatense de los años 1939-1960, algo que en un futuro próximo le permitirá tratar el problema en relación con el caso brasileño y confrontar con las de su colega sus propias hipótesis sobre la contemporaneidad. En 1960 Rama poseía una sola herramienta con la que aspiraba a contribuir al debate de la *inteligentsia* a escala latinoamericana: las páginas literarias de *Marcha*, y la oferta a Candido de que se incorpore a ellas. Este se excusa:

> Quanto a seu gentil convite para colaborar em *Marcha*, guardo-o para o momento oportuno. *Estou mergulhado em certos trabalhos universitários que contaminariam, como o seu pêso, qualquer coisa que escrevesse.* Quando me sentir mais apto, não deixarei de comparecer. (énfasis nuestro)

En el punto había marcadas asimetrías. Candido estaba envuelto en la actividad universitaria y en los pliegues de su discurso que concebía apartado de los intereses de un público de clases medias, o de lo que entendía que podía ser su correcta adecuación a los receptores del semanario montevideano. Fuera de las preocupaciones más urgentes que pudo percibir en la sección comandada por Rama, su desvelo de esa hora, la teoría literaria, se desarrollaba en el ámbito universitario.[13] Pero no sólo los separaba las formas de producción de los discursos sino también las condiciones en que cada uno de ellos se desempeñaban. La especialización de Candido y la concentración en su objeto de trabajo chocaba con la dispersión antes señalada del montevideano (crítico teatral y literario, profesor, editor). Este no vacila en señalar ese desencuentro en la entrevista que se apresura a publicar en *Marcha*:

[Candido] vuelve a Assis, un lugar de 25.000 habitantes donde se ha creado hace un año una Facultad de Letras y que es "el lugar ideal para estudiar". "Imagínese —dice, previendo la envidia— tengo que dar tres horas de clase por semana, nada más; de ocho a doce estudiamos en absoluto silencio, como en un convento benedictino, y de tarde auxiliamos a los estudiantes que no pasan de tres o cuatro".

El contraste no podía ser mayor. Además de tener que desempeñarse en condiciones nada ideales —lo que no empece la provocativa riqueza de sus aportes—, Rama poseía una formación de autodidacta, la única que hasta mediados de los cincuenta ofrecía Uruguay en el territorio de los estudios literarios superiores, y sólo llegará a la cátedra universitaria de Literatura Hispanoamericana (y la dirección del Departamento) en 1966. Años después, cuando todo esto aparecía como la prehistoria, la larga prehistoria, recordó en una página autobiográfica la honda huella que le dejó ese movimiento en el mundo de la cultura, ese "sistema de muñecas chinas, unas dentro de otras que es la norma del trabajo de los intelectuales en los países subdesarrollados".[14] Esta quizá no había sido la norma para su nuevo amigo, por lo menos en las proporciones que le había tocado a él. Tampoco la conclusión a la que llegaría en el prólogo a *La novela en América Latina*, libro dedicado a Antonio Candido y a José Luis Martínez, podía incluir taxativamente al profesor brasileño: "escribimos en Nuestra América sobre el papel del tiempo, sobre el tiempo perecedero, escribimos sobre la urgencia del lector y el medio y la hora que vivimos o nos vive".[15] Es verdad que Candido nunca desdeñó colaborar en revistas y *cadernos* culturales de su país y del extranjero, a los que había entregado mucho de su tiempo, así en 1945 cuando era "crítico titular, como se dizia, do *Diário de São Paulo*", en el que publicó una serie de notas dedicadas a Graciliano Ramos que después pasaron al libro.[16] Pero hacia 1960 su perfil de escritura estaba interiorizado con las cuestiones y los ritmos de la vida académica. Escribir para *Marcha* le hubiera demandado someterse a la implícita tensión del presente, incluso cuando tratara de cosas del pasado más o menos inmediato, ya que en la década del sesenta el tiempo latinoamericano del semanario se articulaba pensando la emergencia en una red que incluía la cultura como derivada de la serie política.

Con el paso de los años las diferencias se van puliendo, las distancias formativas y las formas de producción se van acortando, cuando a fines de los sesenta Rama se desplaza de la crítica en el periodismo cultural al territorio universitario, aunque nunca deje algunas de sus peculiaridades de trabajo y, de hecho, nunca abandone la participación con artículos en periódicos de amplia circulación y revistas destinadas a un público más amplio que el propiamente académico. En suma, mientras Candido es el autor del ineludible *Formação da literatura brasileira*, que conoció su primera edición en 1959 y que, como se verá, incidió decisivamente en las ideas de Rama sobre la literatura en América Latina, este último no contaba más que con artículos y prólogos. Eso sí, eran varios centenares de artículos, algunas decenas de ellos con un fuerte desarrollo crítico-teórico y, sobre todo, con un propósito de conocimiento pleno e integrador de las letras de América Latina, como ningún especialista de la Academia podía llevar adelante con tanta velocidad y tanta eficacia reproductiva. Este *modus operandi* hará ver a Candido la pertinencia de esa meta y la simultánea dificultad y urgencia de crear un dispositivo (revistas, jornadas universitarias, congresos, bibliotecas) que permitiera reorientar el examen de las letras latinoamericanas esta vez como tarea colectiva encarada por los intelectuales de la América hispana y la América lusitana.[17] A su vez, cuando los mecanismos de este dispositivo se encontrasen suficientemente aceptados, Candido pretenderá quebrar la hegemonía de los estudios nacionales en Brasil, proponiendo en Campinas, como se lo comenta a su amigo en carta del 27 de marzo de 1979:

> […] a idéia de organizar uma unidade de estudos hispano-americanos, sem pressa e ainda sin fisionomia claramente prevista. Pode ser que acabe no futuro como um Departamento; pode ser que fique como mero centro de estudos; pode ser que não passe do hábito de ter sempre aqui professores hispano-americanos.[18]

Ya a fines de la década del sesenta podrán dialogar en pie de igualdad. Cuando el crítico brasileño recibe el n. 1 de la *Revista de Literatura Iberoamericana*, publicación universitaria dirigida por Ángel Rama, comenta:

> Fiquei muito satisfeito por ver que você está regendo a Cátedra de Literatura Hispanoamericana; pelo seu estudo, pelo noticiário das atividades e pela excelente revista, vejo que o seu trabalho é de primeira ordem. *Agora, você está num posto em que pode trabalhar no sentido do seu velho ideal de entrosamento entre os países da América Latina,* de conhecimento múto e indispensável. O que seremos se não estivermos unidos, diante do nosso terrível vizinho setentrional? A união se processa em todos os níveis, e o da literatura tem um valor que não se pode menosprezar.[19]

Aunque en aquella instancia Candido se empeñase en desconocerlo, fue la labor de *Marcha*, aun dentro de la fragmentación, la que permitió a Rama empujar y aun sintetizar la nueva literatura hispanoamericana. Sólo en los últimos años de su vida pasará de los congresos de escritores a los congresos de especialistas en literatura latinoamericana y alcanzará un último resto de serenidad como para escribir los libros unitarios, no necesariamente armados en base a un conjunto de artículos de distintas fechas y procedencias (*Transculturación narrativa en América Latina*, los póstumos *La ciudad letrada* y *Las máscaras democráticas del modernismo*). Podría pensarse: en el terreno profesional donde comienza Candido concluye Rama; en la visión integradora donde comienza Rama continúa Candido. Pero el universo de las ideas no admite divisiones tan rígidas. Hay, en el plano de la reflexión latinoamericana y cultural de los dos, un punto de corte, un nudo en el que las genealogías se confunden y las ideas se entrecruzan y fertilizan.

LOS CIRCUITOS DE UN PROYECTO

Si en la entrevista de 1960 Candido podía autodefinirse como un crítico que "cree combinar diversas direcciones, dentro de una formación humanista con su atemperado ingrediente marxista", el entrevistador uruguayo no estaba lejos de esta opción. Esto no sólo se aclara a lo largo de una práctica que, justamente, en el caso de Rama comienza a crecer y a consolidarse por esa fecha —con lecturas que dejan a la vista las marcas de Adorno, de Benjamin, de Luckacs, de Della Volpe y entonces, sobre todo, de Hauser—, sino que se hace explícita en un texto central aparecido en *Marcha* unos meses después de la visita del profesor brasileño: "llamamos 'literatura' [a] una creación estética que promueve el desarrollo histórico de una sociedad merced a un conjunto de escritores que en ella actúan y a ella se dirigen".[20] Esta afirmación supone la apropiación del concepto de "sistema literario" al que Candido había rediseñado seguramente partiendo de Jakobson y Tiniánov, aunque no los cite en la introducción a su libro. Rama leyó la introducción a *Formação da literatura brasileira* en la que se reflexionaba sobre este problema en la primera mitad de 1960, según se desprende de una carta del autor,[21] y sólo llegó a los formalistas rusos una década después.[22]

En adelante el diálogo Rama/Candido funcionará como un circuito donde uno y otro toman en préstamo las ideas que se amplían, se proyectan, van y vienen, retroalimentan cada una de las obras críticas, se expanden hacia afuera en busca de un proyecto que no admite un anclaje en lo propiamente cultural, sino que es indisociable de lo político como macrotexto, en el que se encastra, finalmente, lo educativo y lo institucional: los coloquios y cursos universitarios en Brasil a los que Candido invita a Rama, los prólogos y ediciones que Rama le pide a Candido para la monumental Biblioteca Ayacucho, etc. Ese juego de canjes teóricos y prácticos va, en principio, de Candido a Rama, como se visualiza en el artículo de 1960 "La construcción de una literatura". En este artículo para fundamentar su plan de trabajo sobre la producción literaria de su país, el crítico uruguayo recurre a dos nociones manejadas por Candido en *Formação da literatura brasileira*: primero, la problematizada definición de literatura; segundo, el concepto de "sistema", sobre el cual trabajará hasta el final de su carrera. En esa ocasión inaugural Rama traduce *in extenso* un fragmento de la introducción del libro de Candido:

> un sistema de obras ligadas por denominadores comunes que permitan reconocer las notas dominantes de una determinada fase. Estos denominadores son, aparte de las características internas (lengua, temas, imágenes), ciertos elementos de naturaleza social y psíquica, literariamente organizados, que se manifiestan históricamente y hacen de la literatura un aspecto orgánico de la civilización. Entre ellos distínguense: la existencia de un conjunto de productores literarios más o menos conscientes de su papel; un conjunto de receptores formando los diferentes tipos de público sin los cuales la obra no vive; un mecanismo trasmisor (en forma

general una lengua, traducida a estilos) que liga unos con otros. El conjunto de los tres elementos da lugar a un tipo de comunicación inter-humana: la literatura, que bajo este ángulo se nos presenta como un sistema simbólico por medio del cual las aspiraciones más profundas del individuo se transforman en elementos de contacto entre los hombres y en interpretaciones de las distintas esferas de la realidad.[23]

Con algunos pequeños ajustes el mismo pasaje será transcrito cuatro años después en "Diez problemas para el novelista latinoamericano", momento hasta el cual puede considerarse, sin error posible, que el crítico uruguayo seguía en el punto fielmente las ideas de su colega. Hay más: en el artículo de 1960, inspirado en esta larga cita, Rama concluye que el "sistema literario" uruguayo sólo ha funcionado plenamente en "un único sector [...] que es el más viviente aunque no sea siempre el más artístico: la literatura de tema campesino y gauchesco". Una vez que se apropia y procesa la noción de "sistema" Rama está listo para plantear su proyecto crítico inicial que consiste, como hemos examinado en otro lugar, en la recensión-promoción de lo presente y la revisión del pasado y de lo inmediato a través de la escritura del "panorama".[24] Pero nunca como en sus estudios sobre gauchesca, que en esa época se volverán un motivo recurrido de su labor, en particular en el último de ellos[25] la eficacia de la noción de "sistema", que entrevió en 1960, fue empleada como vector fundamental del análisis. Justamente porque entendió que en la gauchesca, como lo había pensado Candido en un sentido general, el triángulo autor-obra-público se entrelazaba con persistencia y coherencia interna como en ningún otro segmento articulado de la literatura rioplatense.

Pese a la notoria sujeción de Rama a las incitaciones del contexto, a su rechazo de cualquier tendencia crítica que se separara de lo histórico —otro punto de encuentro considerable con Candido—[26] en cierta medida no es arriesgado sostener que el conocimiento de la obra del brasileño lo salvó de transformarse en un discípulo algo epigonal de la crítica marxista y de la sociología de la literatura. Sin dejar de acudir a estos aportes, que estudió con cuidado (de lo que hay constancia por una serie de notas aparecidas en *Marcha* en la primera mitad de la década del sesenta), es seguro que un libro como *Formação da literatura brasileira* debió estimular la necesidad de extender la noción de autonomía literaria americana desde el vasto recorrido que ya tenía en la poesía, el teatro o la narrativa hasta la reflexión teórico-crítica. O, dicho en otros términos, en el Rama posterior a 1960 hay una preocupación mucho más teórica en lo específicamente latinoamericano, hasta en sus artículos de mediana extensión, que en el que se podía leer antes de esa fecha.

Por otra parte, la advertencia en el prefacio a la 2ª edición, de 1962, sobre que la "consideração dos fatores externos [...] só vale quando submetida ao princípio básico de que a obra é uma entidade autônoma no que tem de especificamente seu" (*Formação* 16), sintoniza con la preocupación de Ángel Rama por insertar el texto en la vida social sin olvidar que el mismo es el primer objetivo, tarea que por su lado Candido rescata en su evocación-evaluación, como un esfuerzo que "lo inmunizó contra el peligro de las generalizaciones esquemáticas e impidió que el interés por el conjunto matase lo esencial del trabajo crítico: la concentración en los textos" (*La mirada crítica* 356). Esa era la manera apropiada, en la visión común, de trenzar literatura y realidad a través de lo que en otro sitio Candido llamó la "formalización o reducción estructural de los datos externos" (*Dialéctica del malandrinaje* xx).

El problema de las literaturas nacionales y su inscripción en un espacio subcontinental se intensificó como motivo de debate por esta época. Si en el universo hispanoamericano el crítico rioplatense podía encontrar un conjunto de soluciones comunes, la frontera de la lengua y de la historia no le permitían incorporar al tan diverso Brasil, sobre el cual también Candido enfrentó la dificultad de la regionalización interna. Antes que nada, para el brasileño el estudio de la formación de la literatura de su vasto país sólo podía entenderse como síntesis de tendencias "universalistas y particularistas" (*Formação* 23), dentro de la dialéctica del relacionamiento con lo europeo. Desde el mismo principio en "Diez problemas para el novelista latinoamericano" Rama entiende que América Latina "es parte del fenómeno civilizador occidental"[27]; pero, en esa ocasión, concibe a Brasil en una relación paralela a la América hispana y no como dos fenómenos vinculables de modo simultáneo (*La novela* 34). Sus posteriores estudios sobre el modernismo hispanoamericano y una previsible frecuentación mayor de la literatura brasileña le harán llegar a la conclusión de que "hacia

1910 América Latina había constituido ya un sistema propio, dentro del cual se había alcanzado un grado de eficiencia considerable en las relaciones de la creación con las estructuras generales" (*La novela* 111). Y pronto entenderá que esa tendencia homogeneizadora se agudiza y se complejiza en las vanguardias, cuando la absorción particular que acontece en esta zona del mundo consigue adecuar la estética y la técnica metropolitanas fundiéndolas en una producción propia, intercomunicada, en una lengua común, con la tarea colectiva de derribar el realismo y, a la vez, de encontrar nuevos caminos para el regionalismo, lo cual será particularmente firme en Brasil a través del proyecto literario de Oswald de Andrade, de *Macunaíma* y del regionalismo de Gilberto Freyre. Sobre una hipótesis como esta, que tan bien dialoga con las ideas de Candido sobre modernismo brasileño, quedaba soldada la unidad de las letras del subcontinente dentro de un "sistema único [...] lo bastante diferenciado como para constituir una estructura dual" (*La mirada crítica* 363).

Si la vanguardia le hizo notar a Rama

> una riqueza de posibilidades y adecuaciones que, si en una visión nacional puede de pronto parecernos reducida, recobra su importancia cuando la apertura focal nos permite ingresar a toda América Latina como un único sistema literario común, (*Las dos vanguardias* 145)

el otro polo en el que se dirime el problema de la autonomía literaria americana reside en el regionalismo.

Hispanoamérica tenía una larga tradición crítica sobre la novela regionalista engendrada, *grosso modo*, entre 1900 y 1940, desde Pedro Henríquez Ureña a Arturo Torres Rioseco, desde Alberto Zum Felde a Luis Alberto Sánchez, pero la situación de fines de los sesenta se enfrentaba a otros problemas. Uno, teórico-crítico, que consistía en el reexamen y la eventual superación de las categorías metropolitanas con que los maestros precedentes habían observado el regionalismo (en términos de descripción y oposición entre realismo y naturalismo, entre campo y ciudad); otro, de la producción narrativa última que dejaba obsoleto el aparato retórico anterior ante la novedad que representaban *Pedro Páramo*, de Rulfo; *Grande sertão: veredas*, de Guimarães Rosa; *Los ríos profundos*, de José María Arguedas o *Cien años de soledad*, de García Márquez. Rama se apresuró a reseñar extensamente en *Marcha* casi todos estos libros y llegó a cerrar, a principios de los ochenta en su libro *Transculturación narrativa en América Latina*, una categorización que superaba los esquemas interpretativos de los años cuarenta y cincuenta. Quizá, otra vez, el origen de sus soluciones sobre el caso esté en la frecuentación de los escritos de Candido, en el diálogo con ellos, en el esfuerzo común por capitalizar la crítica latinoamericana antecedente, discutiéndola a fondo con el cometido de crear, ahora, algo más: una teoría literaria latinoamericana. Cuando dirige la *Revista Iberoamericana de Literatura*, Rama invita a su amigo a colaborar y esta vez la respuesta es afirmativa. En el primer párrafo de la contribución del crítico brasileño sobre Guimarães Rosa se lee algo que podría considerarse un primer ensayo de la noción de lo "superregional", interpretación de la nueva narrativa que toma como punto de partida el referente regional y lo trasciende:

> *Grande Sertão: Veredas*, de João Guimarães Rosa, pertenece aparentemente ao gênero regionalista, habitual nas literaturas latinoamericanas, que ainda não puderam superar a apresentação pitoresca da realidade. Mas o seu significado é mais largo, porque nele o quadro local e sua côr, apesar de expostos com uma capacidade prodigiosa de observação e informação, servem de veículo para dramatizar aspectos que não são próprios de um determinado tipo de homem brasileiro do sertão de Minas Gerais; mas formam a textura da alma de todos os homens. *Êste livro baseado na documentação mais real, atira prolongamentos para uma esfera super-real* [...]. (*Ser jagunço* 61)

Antes, en "Diez problemas para el novelista latinoamericano", Rama había enfocado las diferencias entre el regionalismo y las nuevas (novísimas) expresiones sólo como una cuestión de lengua dentro del área castellana, notando la creación —en Roa Bastos, en Arguedas y ningún otro— de "una sintaxis del idioma en América hispana que poco, o nada, tiene que ver con la de España" (*La novela* 65). Y muy poco más que esto. En "Medio siglo de narrativa latinoamericana (1922-1972)" hay, otra vez, un vuelta de tuerca. En este ensayo el regionalismo se le aparece como una de las fuerzas motrices de la literatura latinoamericana, algo más que un movimiento restringido a una época fija más bien una firme corriente interior autonómica que asume nuevas formas a medida que la lengua y los problemas sociales, estéticos y políticos van rotando. El texto fue escrito en 1972. Pocos meses antes, por sugerencia de Ángel Rama, Candido redactó un artículo sobre "Literatura y subdesarrollo" para el volumen colectivo *América Latina en su literatura*. Ángel Rama debió conocer ese texto antes de que saliera en libro,[28] en el que su autor investiga más a fondo la idea de la suprarregionalidad como un rescate, rectificación y avance del regionalismo de los años veinte y treinta en el que podría identificarse, dice, una "forma aguda de dependencia en la independencia", en la medida que la generalizada explotación del color local había implicado la sumisión a las exigencias representacionales de América Latina desde una mirada eurocéntrica y colonial.[29] Sorteando el obstáculo del anacronismo, de la nostalgia por una pastoral, se encuentra un nuevo tipo de literatura, la superregionalista, que "corresponde a la conciencia lacerada del subdesarrollo y opera una superación del tipo de naturalismo que se basaba en la referencia a una visión empírica del mundo" (Pacheco, *La comarca oral* 353). Arguedas, Rulfo, García Márquez, Roa Bastos y Guimarães Rosa sirven a efectos de ejemplificar la recuperación del regionalismo como indagación de lo propiamente americano, pero con una conciencia política del subdesarrollo y una conciencia de la "universalidad de la región". Exactamente los mismos autores son elegidos por Rama en "Medio siglo de narrativa latinoamericana (1922-1972)", llamados entonces "los aculturadores narrativos", los "sostenedores y recreadores del sistema literario propio" (Rama, *La novela* 185).

En síntesis, dos ideas de Candido ("sistema" y "suprarregionalidad") proveen al crítico uruguayo las bases para la fundación de uno de sus mayores aportes a la comprensión y la teorización de/sobre la literatura latinoamericana. En su caso, está el considerable agregado del diálogo con otras disciplinas (la antropología, la etnografía), mientras el pensamiento de Candido se limitaba a circuir la literatura en relación con los aspectos económicos y políticos de la sociedad, con las tendencias retóricas dominantes en la metrópoli y con algunos problemas lingüísticos. De ahí el entusiasmo del brasileño por las formulaciones últimas de Rama, a las que dispensa grandes elogios en dos textos testimoniales y críticos;[30] de ahí, tal vez, su silencio o sus elípticas referencias a *Transculturación narrativa en*

América Latina, un libro en el que Rama epitomiza las ideas de Candido y, simultáneamente, construye su crítica al adoptar otro punto de mira, con base en las ideas de originalidad, autenticidad y representatividad. Con ellas, y ahora pasando del concepto de "aculturación" que usara en 1972 al de "transculturación" (es decir, de la pérdida de rasgos propios de una cultura a la mezcla, el pasaje y la hibridación de las formas sociales y culturales), regionaliza América Latina poniendo en tensión lo universal y lo local, vanguardia y criollismo, modernización otra y modernización propia.[31] Logra, así, superar "el sociologismo lukacsiano tanto como [...] ciertas modalidades de formalismo ahistoricista",[32] con el primero estaba emparentado, con las segundas, sin embargo, nunca tuvo vinculación por más que apelase a sus aportes siempre al servicio de la lectura del texto en el medio social.

Utopía y realidad

A diez años de la muerte de Rama, Antonio Candido elegirá homenajearlo deteniéndose en tres de sus textos: los artículos "Diez problemas para el novelista latinoamericano" y "Medio siglo de narrativa latinoamericana (1922-1972), el libro *La generación crítica*. Los dos primeros permiten examinar las relaciones entre Brasil y América hispana o, mejor, al compararlos puede mostrar la evolución desde el referido pasaje de una posición excluyente de los dos términos (Brasil/Hispanoamérica) a una integración dualista de los mismos, dentro de las cuales el concepto de "sistema" ocupa un espacio privilegiado para la delimitación de dos variables esenciales de la literatura latinoamericana: vanguardia y regionalismo.

Más curiosa, en principio, resulta la elección de *La generación crítica*, un libro que enfoca la literatura y la cultura uruguaya en el período 1939-1969 como estudio nacional. Pasada la febril utopía de los sesenta a Candido le interesa explorar la relación entre literatura y sociedad, entre literatura politizada y asunción del intelectual de su papel activo en la transformación social y, en ese contexto, le importa tratar lo singular uruguayo en el conjunto de la experiencia de radicalidad latinoamericana (país fuertemente urbanizado, predominio de las clases medias, "*excelente educación secundaria*", amplia horizontalidad de la difusión cultural). En ese marco, el libro uruguayo se le aparece como el único estudio, o el más apto, sobre el período en un caso nacional de toda América Latina, en el que Rama consigue escapar de la trampa de una identificación de la literatura realista con el erizado medio en que se engendra y, a contrapelo de esa fácil traslación mecánica, concibe las nociones complementarias de *"imaginación creadora"* y *"conciencia crítica"*. En una de las últimas cartas que le escribe a Rama, fechada el 30 de setiembre de 1982, Candido indica:

> Esses tempos convivi muito com os seus escritos, pois dei um breve curso sobre teorias da literatura da América Latina na Universidade Federal de São Carlos (100 kms. além de Campinas), no cual comentei alguns deles. Inclusive *La generación crítica*, que tomei como ponto de apoio para analisar o tema do intelectual comprometido, num contexto de comprometimento tão intenso quanto foi o do Uruguai.

En ese libro y en lo que Rama denomina la *"función intelectual"*, puede hallar una superación del concepto sartreano de *"intelectual comprometido"* o un ajuste del mismo en virtud de las peculiaridades americanas, en la medida que en la hipótesis del uruguayo corresponde al intelectual la "planificación" del proyecto liberador y una consiguiente participación activa en ese proyecto. Como Rama dirá bastante después en *La ciudad letrada*, luego del intelectual que de la colonia a la modernización es cómplice del poder, sobrevendrá el de la *"ciudad revolucionaria"*, el que continuará diseñando modelos de discurso pero para la participación de las mayorías y no para su sujeción.[33] Este libro tan datado pudo conducir a Candido hacia una revisión de sus prevenciones sobre el concepto de generación, del cual había dicho en *Formação da literatura brasileira* que a pesar de ser "fecundo, pode facilmente levar a uma visão mecânica, impondo cortes transversais numa realidade que se quer apreender em sentido sobretudo longitudinal" (*Formação* 36). O, aun en el caso de que haya mantenido esa postura, la flexibilidad con que Rama trabaja el concepto de generación, tan manoseado desde los años cuarenta en el Río de la Plata — y especialmente en Uruguay —, le permitió a Candido enriquecer su propia noción de "sistema" con la que Rama implícitamente sigue operando, en cuanto alterna y combina con naturalidad el hecho cultural con el político y el económico.

Literatura/política/América Latina: este trinomio había regido una interpretación común. Sólo con esa fe —con esa "misión" como dice Candido—, era posible construir un proyecto porque, al fin de cuentas, aun en la cartografía más elaborada, como la de *transculturación* en Rama, en ese "diagrama modelador (integrativo, modernizador) calcado nas idéias de autonomia, originalidade y, acima de tudo, representatividade", prevalece una operación con la que se "busca, em última análise, legitimar uma utopia" (Antelo 80-81). No muy lejos de este modelo se encuentra Candido, para quien —como ya lo decía en las notas liminares a *Formação da literatura brasileira*—, el escritor

> contribui e se inscreve num processo histórico de elaboração nacional. [...] A literatura do Brasil, como a dos outros países latino-americanos, é marcada por este compromisso com a vida nacional no seu conjunto, circunstância que inexiste nas literaturas dos países de velha cultura. (*Formação* 17-18)

Por eso su recuerdo siempre vuelve a Montevideo, 1960. Allá lejos estaba la posibilidad de un origen, en el encuentro de un profesor ya maduro y consagrado con un crítico algo más joven y en ascenso; ese era el recuerdo imborrable de un comienzo en el que la revolución cubana empezaba por ser un entusiasmo hasta la percepción —veinte años después— de un proceso que Candido juzgaba consolidado y en marcha. De hecho, Rama había concluido su primera reflexión sobre la constitución de un "sistema literario uruguayo" con un apartado que tituló "De Cuba al Uruguay", en el que proponía que por causa (y efecto) de la revolución isleña los intelectuales uruguayos se sacudieron "la extroversión europeizante" para "contemplar el drama verdadero de América Latina en términos mucho más crudos que los del planteamiento arieliano" (Rama, *La construcción* 26). El 27 de marzo de 1979, en pleno apogeo de las dictaduras militares del cono sur, Candido le comunicó a su amigo exiliado que acaba de llegar de la isla y que

> A impressão causada por Cuba foi extraordinária. Quase um mês cheio de coisas novas e o sentimento de estar vendo o socialismo realmente se construir, entre tropeços e perigos, mas indo para a frente. Espero daqui por diante ampliar o conhecimento da América Latina e trabalhar um pouco, na

velhice, pela aproximação cultural entre os nossos países, à qual você se dedicou desde moço. Lembro que quando o conheci em 1960, esta ja era uma obsessão sua.[4]

NOTAS

[1] Véase la entrevista de Ángel Rama a Antonio Candido en el Apéndice de este artículo.

[2] En esta colección aparecerán *La cara de la desgracia*, de Juan Carlos Onetti y *La casa inundada*, de Felisberto Hernández, entre una decena de títulos uruguayos de narrativa y poesía.

[3] Cf. FERNÁNDEZ RETAMAR, Roberto. "Ángel Rama y la *Casa de las Américas*" *Casa de las Américas* 192 (julio-setiembre 1993), p. 48-63. (Reproducido en MORAÑA, Mabel (ed.). *Ángel Rama y los estudios latinoamericanos*. Pittsburgh, Instituto Internacional de Literatura Iberoamericana, 1997, p. 295-317.)

[4] Cf. RODRÍGUEZ-MONEGAL, Emir. *Las formas de la memoria. I. Los magos*. México: Vuelta, 1989.

[5] Cf. IDEM. *José Lins do Rego y algunos problemas de la novela brasileña*. Montevideo: Instituto de Cultura Uruguayo-Brasileño (Serie "Conferencias"), 1952. (Integrado a *Narradores de esta América*. Montevideo: Alfa, *circa* 1964, p. 121-38.)

[6] Cf. BLIXEN, Carina y BARROS-LÉMEZ, Álvaro. *Cronología y bibliografía de Ángel Rama*. Montevideo: Fundación Ángel Rama, 1986. Aparte de la reseña de algunos espectáculos teatrales de grupos brasileños en festivales organizados en Montevideo, a lo largo de toda su carrera crítica, iniciada en 1947 y hasta su definitiva inserción en el medio académico extranjero hacia 1973, Rama no llegó a escribir ni siquiera media docena de artículos sobre libros y problemas brasileños. Se trata de los siguientes: "Nueva poesía brasileña", en *El Nacional*, Montevideo, marzo 17, 1954 [Reseña de M. Bandeira, C. Meireles y C. Drummond de Andrade. *Tres edades en la poesía brasileña actual*, antología, traducción y prólogo de Cipriano Vitureira. Montevideo, Acebu, 1953]; "La nueva crítica brasileña: Antonio Candido" [entrevista], en *Marcha*, Montevideo, n. 998, febrero 19, 1960 [véase en Apéndice]; "Otro juglar: Chico Buarque de Hollanda", en *Marcha*, Montevideo, n. 1504, julio 31, 1970; "Las dos vanguardias latinoamericanas", en *Maldoror*, Montevideo, n. 9, noviembre de 1973 [artículo en el que incorpora una reflexión sobre el modernismo brasileño]. En "Diez problemas para el novelista latinoamericano", publicado en *Casa de las Américas*, 26, octubre-noviembre de 1964, dedica unos pocos párrafos al caso brasileño y articula su interpretación en base a las ideas de Candido en *Formação da literatura brasileira*.

[7] CANDIDO, Antonio. "La mirada crítica de Ángel Rama" Trad. María Teresa Celada. *Ensayos y comentarios*. México: Fondo de Cultura

Económica, 1995, p. 355. [Reproducido en MORAÑA, Mabel (ed.). *Ángel Rama y los estudios latinoamericanos*. Op. cit., p. 287-94. Originalmente en CHIAPINI, Ligia y AGUIAR, Flávio Wolf de (ed.). *Literatura e história na América Latina*. São Paulo: EdUSP, 1993: p. 263-270.]

[8] Se trata de 18 piezas, una de ellas un telegrama, redactadas entre el 26 de abril de 1960 y el 6 de marzo de 1983 (Archivo Ángel Rama, caja 3, carpeta 8). Debo a la generosidad de Amparo Rama Vitale y a la de su esposo, el profesor Juan Fló, la posibilidad de la consulta de las cartas de estos materiales.

[9] Carta datada en "Assis, 26 de abril de 1960", en papel formato carta con el membrete "Govêrno do Estado. Assis, São Paulo, Brasil. Facultade de Filosofia, Ciências e Letras de Assis".

[10] CANDIDO, Antonio. "Lucidez latinoamericana" *Casa de las Américas* 192 (julio-setiembre 1993), p. 14-5.

[11] Cf. RAMA, Angel. "Las dos vanguardias latinoamericanas" *La riesgosa navegación del escritor exiliado*. Montevideo: Arca, 1998: p. 135-148. [Originalmente en *Maldoror*, Montevideo, 9, noviembre de 1973.]

[12] Para empezar con los libros de poemas de Ida Vitale (por entonces su esposa), a los que el brasileño comenta en el segundo párrafo de la mencionada carta inicial.

[13] En nota fechada en "Assis, 22 de novembro de 1960", le comunica:
Esta carta tem a finalidade de lhe participar que dentro de poucos dias retorno a São Paulo, para a Universidade, como Professor de Teoria Literaria [...] Dêste modo, termina, para mim, a experiência de Assis, que foi excelente. Creio que nunca mais terei na vida condições materiais tão favoráveis para o trabalho.

(Mecanografiada en papel con el membrete "Govêrno do Estado. Assis, São Paulo, Brasil. Facultade de Filosofia, Ciências e Letras de Assis".)

[14] RAMA, Ángel. "Página de vida: La lección intelectual de *Marcha*" *Cuadernos de Marcha* 19, (mayo-junio 1982), p. 55.

[15] RAMA, Ángel. *La novela en América Latina. Panoramas 1920-1980*. Xalapa: Fundación Ángel Rama/Universidad Veracruzana, 1986, p. 9. [Incluye "Diez problemas para el novelista latinoamericano", originalmente de 1964 y "Medio siglo de la narrativa latinoamericana (1922-1972), originalmente de 1973.]

[16] CANDIDO, Antonio. *Ficção e confissão. Ensaios sobre Graciliano Ramos*. Rio de Janeiro: Ed. 34, 1992, p. 7. [Originalmente notas aparecidas en *Diário de São Paulo* em 1945.]

[17] El 1° de enero de 1979 Candido escribe a Rama:
Estou saindo para Havana, a fim de atuar no prêmio da Casa das Américas. [...] Depois pretendo ir ao México e ao Perú. E mais adiante, pretende, ainda este ano, fazaer nova viagem. Tenho em mente aquele projeto de um núcleo de atividades na Universidade de Campinas. Para começar, encontros, troca de idéias, seminários, visitantes, esboço de biblioteca. No futuro, quem sabe algo mais importante. Conto muito com você, e espero que possa passar pelo menos um meio mês conosco, em maio, já que em

abril está ainda ocupado. [...] Quais são as pessoas que você acha interessante contactar, para convites eventuais? Jitrick (sic), Vargas Llosa, Canclini, Benedetti? Gostaria de palpites seus. Outra coisa. Não poderia mandar todos os volumes da Ayacucho para Campinas, como contribuição á futura biblioteca hispano-americana?
(Mecanografiada en un folio).

[18] El 12 de diciembre de ese año insiste y aclara:
Quero informar que não é preciso trazer nunhum "paper" para a reunião de Campinas, que esta concebida como troca de idéias e conversa, en torno dos temas, como base para colher sugestões destinadas a definir o projeto que se tem em mente. Projeto inicialmente modesto, que não prevê licenciatura, Instituto nem mesmo Centro. Mas um Programa de estudos hispano-americanos, a fim de promover a presença no Brasil da literatura e da cultura dos países de língua espanhola do continente [...] Pensamos no começo em cursos, formação de biblioteca, intercâmbio, etc.
(Mecanografiada en papel formato oficio).

[19] Carta mecanografiada, dos folios, datada en "São Paulo, 27 de novembro de 67", en papel con el membrete "Universidade de São Paulo. Facultade de Filosofia, Ciências e Letras. Caixa Postal, 8105. São Paulo (Brasil)". (Subrayados: P. R.)

[20] RAMA, Ángel. "La construcción de una literatura" *Marcha* 1041 (2ª sección) (30 de diciembre 1960), p. 24.

[21] "Não recebeu os dois volumes da minha Formação da Literatura Brasileira, remetidos em fins de Fevereiro?", escribió Candido desde Assis el 25 de mayo de 1960.

[22] "Retomando un esquema que en 1928 trazaron agudamente Tynianov y Jakobson [...] podemos razonar que toda obra literaria es [...] un "mensaje" que funciona dentro de un "sistema" que lo hace comprensible y trasmisible [...] El sistema literario dentro del cual se formula la obra es lo "dado", aquello que el escritor recibe como herencia y que fácilmente puede confundir con la naturaleza porque sólo puede presentársele visiblemente cuando se opone a su obra, no reparando en su existencia cuando la propicia y autoriza. La obra se le presenta al escritor como lo único verdaderamente nuevo y original [...] sólo ella regenera el sistema".
("Medio siglo de narrativa latinoamericana (1922-1972)", en *La novela en América Latina. Panoramas 1920-1980*. Op. cit., p. 110-11).

[23] RAMA, Ángel. "La construcción de una literatura" Op. cit, p. 24.

[24] RAMA, Ángel. Ibidem.

[25] RAMA, Ángel. *La novela en América Latina. Panoramas 1920-1980*. Op. cit., p. 50-1.

[26] RAMA, Ángel. "La construcción de una literatura" Op. cit, p. 24.

[27] Cf. ROCCA, Pablo. 35 años en *Marcha* (Crítica y literatura en el semanario *Marcha* y en el Uruguay). Montevideo: División Cultura I. M. M., 1992.

[28] RAMA, Ángel. "El sistema literario de la poesía gauchesca". *Poesía gauchesca*. Jorge B. Rivera (edición y antología). Caracas: Biblioteca Ayacucho, 1978. (Incluido en *Los gauchipolíticos rioplatenses*. Buenos Aires: CEDAL, 1982.)

[29] "[...] ao contrário do que pressupõem os formalistas, a compreensão da obra não prescinde a consideração dos elementos inicialmente não-literarios. O texto não os anula, ao transfigurá-los e, sendo um resultado, só pode ganhar pelo conhecimento da realidade que serviu de base à sua realidade própria. Por isso, se o entendimento dos fatores é desnecessário para a emoção estética, sem o seu estudo não ha crítica, operação, segundo vimos, essencialmente de análise, sempre que pretendemos superar o impressionismo". (CANDIDO, Antonio. *Formação da literatura brasileira (Momentos decisivos)*. [1959] 7ª ed. Belo Horizonte/Rio de Janeiro: Editora Itataia Limitada, 1993, p. 34.)

[30] "[...] forzoso es aceptar esta situación como típicamente americana: al menos, una modulación regional americana que consiste en la reelaboración refinadísima —llevada intelectivamente a sus últimas consecuencias—, de los productos estéticos de la cultura europea". (RAMA, Ángel. "Diez problemas para el novelista latinoamericano" in *La novela en América Latina. Panoramas 1920-1980*. Op. cit., p. 52.)

[31] RAMA, Ángel. "Las dos vanguardias latinoamericanas" *La riesgosa navegación del escritor exiliado*. Op. cit, p. 145.

[32] RAMA, Ángel. *La novela en América Latina. Panoramas 1920-1980*. Op. cit., p. 65.

[33] En carta datada en "São Paulo, 15 de novembro de 1971", Candido anuncia:

> escrevi sôbre o tema "Literatura e sub-desenvolvimento" que, segundo o Sérgio Buarque de Hollanda, você sugeriu para mim naquele projeto da Unesco. O artigo já saiu antes do livro, retraduzido pésimamente do espanhol, na revista de história da Unesco. Você viu? Se não, mandarei com prazer uma separata.

(Mecanografiada en un folio).

[34] Cf. CANDIDO, Antonio. "Literatura y subdesarrollo" en MORENO, César Fernández (coord.). *América Latina en su literatura*. México: Siglo XXI/UNESCO, 1972, p. 349. Hasta donde hemos podido indagar, el primero en advertir la relación de contigüidad entre el artículo de Candido y las reelaboraciones posteriores de Rama ha sido Carlos Pacheco en su excelente libro *La Comarca oral. La ficcionalización de la oralidad cultural en la narrativa latinoamericana contemporánea*, (Caracas: Ediciones La Casa de Bello, 1992, p. 57-62), aunque sin tomar en cuenta los precedentes aquí analizados.

[35] RAMA, Ángel *La novela en América Latina. Panoramas 1920-1980*. Op. cit., p. 185.

[36] CANDIDO, Antonio. "Lucidez latinoamericana" Op. cit., 14-5; y "La mirada crítica de Ángel Rama" Op. cit., p. 355-64.

[37] Cf. RAMA, Ángel. *Transculturación narrativa en América Latina.* Montevideo: Arca/Fundación Ángel Rama, 1989. [1ª ed., México: Siglo XXI, 1982.]
[38] MORAÑA, Mabel. "Ideología de la transculturación" *Ángel Rama y los estudios latinoamericanos.* Op. cit, p. 137-45.
[39] CANDIDO, Antonio. *Formação da literatura brasileira (Momentos decisivos).* Op. cit., p. 36.
[40] Carta datada en "São Paulo, 27 de março de 1979", mecanografiada en dos hojas tamaño oficio.

Apéndice:
una entrevista olvidada de Ángel Rama
a Antonio Candido*

Antonio Candido
La nueva crítica brasileña

"*Yo pertenezco a la generación de los 'chato-boys' como los llamó Oswald de Andrade,*[1] *el modernista que fue nuestro mayor enemigo-amigo*", confiesa el profesor brasileño Antonio Candido, esforzándose por encontrar la equivalencia española más eufemística del término, que podría ser "tedioso" o "cargoso", en fin, los intelectuales que se adhieren a los temas y los problemas como algunos molestos parásitos al hombre.

Siendo estudiante de filosofía en San Pablo, integra el grupo de la revista *Clima* —catorce números entre 1941 y 1944— con otros tres amigos hoy muy conocidos. "*Sí, críticos, todos críticos* —certifica— *y para mejor amistad nos repartimos equitativamente las disciplinas de la crítica: Dorival Gomes Machado las artes plásticas; Décio de Almeida Prado el teatro; Paulo Emilio Salas Gomes el cine; a mí me quedó la literatura.*"

Tuvieron una formación intelectual europeísta, con influencia predominante de Francia e Italia, en primer término, y en segundo Inglaterra y España. "*En la Facultad de Letras sólo se dictaba en portugués el curso de literatura brasileña: todos los demás eran profesores extranjeros contratados, franceses, italianos, alemanes.*" Esto es ya una tradición de la enseñanza superior brasileña; sus institutos distribuyen actualmente su personal por mitades iguales entre profesores brasileños y extranjeros. A eso no debe ser ajeno el alto nivel que ha alcanzado la docencia superior y la crítica literaria: testimonio, piensa Candido, el último libro de Sergio Buarque de Holanda —recuérdese su excelente *Raíces del Brasil* que publicará Fondo de Cultura Económica— minucioso análisis de los motivos edénicos en la colonización del Brasil bajo el título *Visión del paraíso*.

Los "chato-boys" vienen después de los negativistas del modernismo, comprueban sus excesos, la necesidad de una reintegración de la cultura incluyendo las oposiciones dialécticas, se aplican a una tarea más oscura de análisis atento de la realidad intelectual, a una comprensión más que a una polémica beligerante. Ejemplo, su gran libro *Formação da literatura brasileira (Momentos decisivos)* que a lo largo de dos tomos (uno sobre el período neoclásico y otro sobre el período romántico) estudia la formación de un sistema literario propio en el Brasil, entendiendo por eso, más que el problema de la independencia de una literatura, que considera un problema superado, la articulación dinámica de un conjunto de autores y de un público consumidor real que actúan dentro del funcionamiento eficaz de la vida nacional, con un repertorio de temas y de planteamientos que aseguran la continuidad regular, en una palabra, la tradición verdadera de una literatura.

"*Estudiando a los románticos, y viendo cómo se desprenden, aunque oponiéndose, de los neoclásicos, recogiendo de ellos los grandes temas fecundos de entonces — el indio, la religión, la descripción de la naturaleza— comprendí la importancia de la creación de un sistema literario, que es el que ha permitido la continuidad creadora de una literatura y su gran auge en este siglo*", afirma Candido, quien cree, con toda imparcialidad, agrega, que el movimiento poético del Brasil de hoy es único en el mundo occidental.

Un repaso de la literatura vigente en su país, de la pluralidad de tendencias y del esfuerzo creador que muestra cada una, vienen en apoyo de su optimismo en particular observando la revolución de la crítica en los últimos años, que ha deparado una enorme producción. "*Yo creo que hay dos líneas nítidas: una que viene del 'new criticism' norteamericano, y cuyo mejor ejemplo son los cuatro volúmenes de* La literatura del Brasil *que promovió Afrânio Coutinho; otra, de inclinación estilística, filiada en la corriente alemana — Spitzer, Vossler — y en la subsidiaria española de Dámaso Alonso y C[arlos] Bousoño, y que alcanza su expresión más exacta en un discípulo de los españoles, Eduardo Portela.*"

En cuanto a sí mismo cree combinar diversas direcciones, dentro de una formación humanista con su atemperado ingrediente marxista, y después de su semana montevideana donde ha dictado cuatro conferencias en los cursos de verano de la Universidad, se vuelve a Assis, un lugar de 25.000 habitantes donde se ha creado hace un año una Facultad de Letras y que es "*el lugar ideal para estudiar*". "*Imagínese* —dice, previendo la envidia— *tengo que dar tres horas de clase por semana, nada más; de ocho a doce estudiamos en absoluto silencio, como en un convento benedictino, y de tarde auxiliamos a los estudiantes que no pasan de tres o cuatro.*" De este recoleto clima de estudio espera extraer una antología comentada de las letras brasileñas y encarar una obra mayor sobre el primer narrador de su país, Machado de Assis.

Notas

* Apareció en el semanario *Marcha*, Montevideo, Año XXI, N. 998, 19 de febrero de 1960: 23. No lleva firma, pero en carta de Candido a Rama, fechada en Assis el 26 de abril de 1960, el crítico brasileño menciona "A *sua* entrevista *comigo é generosa e simpática. Obrigado*". [Subrayado en el original.]

[1] En el original dice "Osvalde Andrade", evidentemente más que por errata o distracción al transcribir el pasaje oral, responde a una equivocada audición (o mejor, una errónea descodificación) del nombre del modernista brasileño. El detalle es relevante, ya que habla con elocuencia de la distancia que Ángel Rama tenía entonces de la literatura de Brasil y, en particular, su escaso conocimiento del movimiento modernista.

Ángel Rama y Antonio Candido:
salidas del modernismo

Gonzalo Aguilar

Latinoamericanismo como vanguardia

En las reuniones realizadas en Campinas en 1983, Ángel Rama sostuvo que "América Latina sigue siendo un proyecto intelectual vanguardista que espera su realización concreta". Hoy, la frase suena algo anacrónica y todo indica que ya no cabe esperar el cumplimiento de semejante proyecto. Las mismas reuniones de Campinas son un testimonio del debilitamiento de esta propuesta y de la dificultad para constituir —en la década del ochenta— un latinoamericanismo integrado y vigoroso. La historia de la literatura latinoamericana que se discutió y esbozó en esas reuniones, y cuyo objetivo era incorporar a las subliteraturas y a las culturas subalternas en los sistemas literarios respetando las diferentes temporalidades, nunca llegó a escribirse.[1] Aunque todavía comprendida dentro de la órbita del modernismo vanguardista (tal como puede deducirse de las palabras de Rama), esta historia se proponía invertir o reformular varios de los tópicos dominantes de esta tendencia (cosmopolitismo, optimismo urbano, predominio de los letrados). A este movimiento lo denomino "salida del modernismo" en tanto ensaya una transformación profunda de este proyecto con el fin de introducir criterios no excluyentes y menos comprometidos con las esferas de poder, y posibilitar así su continuidad.[2]

El latinoamericanismo al que se refiere Rama se remonta, por lo menos, a la década del veinte y al surgimiento de las vanguardias. Antes, el latinoamericanismo había tenido su primera inflexión fuerte con una marcada impronta espiritualista, antimercantilista (y, por lo tanto, antinorteamericana) y racial; de todos modos, las formaciones discursivas que emergieron en los años veinte constituyeron un latinoamericanismo de nuevo tipo que se continuó —con variantes más o menos importantes— hasta la década del ochenta. Sin duda, no es lo mismo la eclosión vanguardista que el ciclo institucional que se abre en 1948 con la creación de los organismos latinoamericanos,[3] ni el optimismo de la unidad durante la década del sesenta que las diferentes salidas alternativas que se intentan en los años posteriores. Sin embargo, algunos núcleos se mantuvieron con una gran persistencia, como el imperativo de la modernización cultural (que en literatura suele expresarse en el prestigio de lo nuevo y de la evolución de la serie artística), la necesidad de la actualización (en un sistema de intercambios que algunos han querido ver como meras importaciones), la referencia al universalismo (en un sistema de inclusiones y de obstáculos regionales a despejar) y la función de la producción artística e intelectual como modernidad compensatoria.

Todos estos elementos parecen resumirse en la idea de América Latina como "proyecto intelectual vanguardista". Sin embargo, Rama se inserta en esta tradición de un modo ambiguo porque, si al usar el término "vanguardista" parece poner a esta tentativa en la órbita del largo ciclo modernista, introduce complementariamente una nota disonante desde que, con su ensayo "Las dos vanguardias" (1973), había usado el término no para continuar la línea cosmopolita sino para pensar temporalidades heterogéneas entre sí y recuperar las tendencias regionalistas. Con este ensayo (uno de los antecedentes directos de los trabajos sobre transculturación), Rama incorpora las propuestas que el crítico brasileño Antonio Candido hiciera en su ensayo "Literatura y subdesarrollo" (1970), en el que ofrecía algunas claves para articular esa multitemporalidad e iniciaba una vindicación del regionalismo contra las posturas cosmopolitas. El problema central de estos artículos es cómo pensar los objetos literarios excluidos del sistema de dominación político y cultural sin subordinarlos a las formaciones existentes y sin caer en la tentación populista de su autonomía absoluta: para esto, es necesario articular una serie de temporalidades diferentes que permitan la incorporación de lo subalterno con su lógica propia y, a la vez, relativa.[4] En el momento de la redacción de esos textos, tanto Candido como Rama identifican al cosmopolitismo con ese sistema de exclusiones y valoraciones erradas (en 1972, Rama declara que "el boom establece expresamente un recorte empobrecedor de nuestras letras, que las deforma y traiciona").[5] Esta convergencia de Rama y Candido en un mismo conjunto de preocupaciones teóricas no es casual y puede decirse que, desde principios de los años setenta, ellos son los ensayistas latinoamericanos más consecuentes en el cuestionamiento de algunos de los núcleos del modernismo desarrollista. En este sentido, el encuentro de ambos en Campinas a principios de los años ochenta es el resultado de un largo proceso de elaboración de estas salidas del modernismo y la posibilidad de concretar un programa crítico conjunto para los países hispanoamericanos y Brasil.[6]

CERRADO POR BALANCE

"Literatura y subdesarrollo" de Antonio Candido forma parte del libro *América Latina en su literatura*, de 1972.[7] Este volumen, coordinado por César Fernández Moreno, cumple, para la crítica literaria latinoamericana, las mismas funciones que la historia proyectada en Campinas: quiere ser una síntesis de lo realizado y un programa para el futuro. Pero así como la historia de Campinas nunca llegó a escribirse, también los resultados de *América Latina en su literatura* están lejos de ser los deseados: antes que un programa para la crítica del continente, el resultado involuntario es más bien el de un texto de clausura o de balance de los modos de lectura desplegados durante la década anterior. Pese a su pretensión de dar cuenta panorámicamente de los problemas literarios más acuciantes de ese momento, la compilación no incluye trabajos sobre el género testimonial (categoría que había sido propuesta por Ángel Rama en 1969 para el concurso de *Casa de las Américas*) ni sobre cuestiones que ya en ese momento eran medulares, como los medios masivos.

El optimismo que marcó a fuego todas las intervenciones intelectuales posteriores a la Revolución Cubana se filtra no sólo en los artículos del volumen sino en su concepción general: América Latina es una totalidad, una "entidad todavía no definida, pero que presenta a simple vista la consistencia de lo real".[8] En tanto región que posee señas de identidad propias y estables, las diferencias son procesadas como mezclas (y el concepto clave de mestizaje venía una vez más a atenuar toda anomalía) y los procesos culturales vistos como resoluciones armoniosas de los conflictos.

Las dos corrientes dominantes de la crítica latinoamericana durante los años sesenta (la sociológica y la textualista) están representadas en el libro y, aunque ofrecen posiciones encontradas, conviven apaciguadamente y comparten una zona común que es la concepción de América Latina como parte del *proyecto modernista*. No en vano, Fernández Moreno inicia su introducción con el epígrafe de Hegel sobre "América como país del porvenir" y observando que aquello que en el filósofo alemán era profecía y futuro, ahora era presente y realidad. Este tiempo modernista que planteaba Hegel en sus *Lecciones sobre la filosofía de la historia universal*, se manifiesta en los trabajos de corte sociológico en la idea de una teleología que convierte al continente en el terreno señalado para la Revolución y para la implantación de una nueva sociedad. Para los trabajos de crítica textual, en cambio, este tiempo se internaliza en la idea de novedad, ruptura, evolución y cuestionamiento de las tradiciones literarias. El prestigio de lo nuevo y de lo revolucionario (se encuentre en los textos o en los movimientos sociales) atraviesa casi todas las intervenciones.

Dentro de esta tonalidad modernista que recorre el libro hay, de todos modos, algunas notas disonantes: la preocupación de Severo Sarduy por buscar una nueva decodificación de la escritura latinoamericana con el concepto de "neobarroco", la defensa de Haroldo de Campos de los lenguajes de los medios masivos y la reflexión antievolucionista (o, mejor, paraevolucionista) de "Literatura y subdesarrollo" de Antonio Candido. Este ensayo, escrito a fines de la década del sesenta, fue compuesto paralelamente con otro de los textos fundamentales del crítico brasileño: "Dialética da malandragem".[9] En ambos, Candido cuestiona las construcciones que, desde una perspectiva evolucionista, se habían hecho de la literatura: en el primero, sosteniendo la persistencia del regionalismo en la literatura latinoamericana; en el segundo, recuperando una tradición satírica que estaba excluida de la formación de la literatura brasileña que había descripto en su libro de 1957, *Formação da literatura brasileira*. "Literatura y subdesarrollo" y "Dialética da malandragem" se detienen sobre aquellos objetos que son opacos para las "racionalizaciones ideológicas reinantes": la de la modernización cosmopolita y la del moralismo decimonónico de la norma burguesa.[10]

En una entrevista que concedió en 1979, Antonio Candido periodizó su trayectoria intelectual en tres fases: una primera fase marxista-positivista que se preocupa por la causalidad y los condicionamientos y que está representada por la *Introdução ao método crítico de Silvio Romero* (1945); una segunda que gira alrededor del concepto de funcionalidad según el planteo de la antropología social inglesa (*Formação* se incluye en este periodo), y, finalmente, una tercera fase, a partir de *Literatura e Sociedade* de 1965, que se caracteriza por su interés en la estructuración, es decir, por cómo lo externo se torna interno y por "cómo se estructura la estructura".[11] Pese a que según Candido las modificaciones o cambios posteriores a estas fases de "formação" no revisten grandes innovaciones, creo que "Literatura y subdesarrollo" y "Dialética da malandragem" —ensayos que hay que leer en paralelo— inauguran una cuarta fase que, a diferencia de las anteriores, pone el acento en aquellas zonas que se resisten a las formas de estructuración dominantes, insinúan un linaje alternativo y exigen un nuevo aparato conceptual.[12] Aunque con antecedentes en algunos estudios anteriores, esta fase se articula más programáticamente en estos dos ensayos en los que se propone una reflexión sobre la coexistencia de estructuras diversas, con temporalidades diferentes y que se vinculan de un modo singular con los poderes dominantes (no se integran en la "formación" sino que irrumpen en los márgenes).

Además de inaugurar una nueva etapa, "Literatura y subdesarrollo" tiene además otros aportes significativos: a partir de su redacción, el interés público de Candido por Hispanoamérica comienza a crecer tanto en el campo de la política (con sus viajes a Cuba)[13] como de la literatura. Crea la revista *Argumento*, que trata de incluir aportes hispanoamericanos y donde reedita "Literatura y subdesarrollo" en portugués,[14] y comienza a escribir una serie de textos preocupados por las problemáticas del continente. "El papel de Brasil en la nueva narrativa" en 1979, "Os brasileiros e a nossa América" en 1989, "Literatura, espelho da América?" en 1995, las exposiciones en las reuniones de Campinas de 1983, además de varias referencias desperdigadas en textos sobre literatura brasileña, como en el prólogo de 1969 a *Raízes do Brasil* de Sergio

Buarque de Holanda. Hasta ese momento eran escasas o inexistentes las intervenciones específicas de Candido sobre la literatura hispanoamericana, y la identidad de Brasil en su exterioridad era pensada básicamente en su vinculación con Francia u otros países europeos, por cuyas literaturas mostraba una mayor inclinación. En este punto, Candido continuaba la tendencia cultural brasileña, que se remonta al siglo XVIII, de armar *corpus* con las literaturas metropolitanas y plantear la diferencia nacional en relación con éstas. "Literatura y subdesarrollo" representa un cambio de perspectiva que pone a Brasil en otra constelación y que permite concebir ese tiempo (el de su identidad como región) sin la instancia legitimadora y, a la vez, intimidante de las literaturas centrales.

Otro interés del ensayo radica en que es el primer testimonio público del encuentro entre Antonio Candido y Ángel Rama, y este último fue quien propuso el título y sugirió que fuera el crítico brasileño el encargado de escribirlo.[15] Pese a que se conocieron en 1960 en Montevideo y que, a partir de entonces, tuvieron una correspondencia sostenida, fue recién en la época de "Literatura y subdesarrollo" cuando comenzaron a concertar un programa crítico común. La verdad es que las vidas de Candido y Rama están muy lejos —pese a lo que pretenden algunos abordajes que gustan de la homogeneización— de ser paralelas; son, más bien, *vidas cruzadas*, trayectorias diversas entre sí que, en algún momento de sus recorridos, se encuentran transitando por un mismo derrotero. A principios de los años setenta, el cuestionamiento del modernismo cosmopolita y la necesidad de construir un relato alternativo transformaron esas afinidades en una confluencia programática y por primera vez entre los dos críticos surgió la posibilidad de encarar algunas tareas conjuntas. En 1973 Rama visitó y dictó cursos en la Universidad de San Pablo (y colaboró, además, con un texto sobre Cortázar en la revista *Argumento*),[16] y en 1979, Antonio Candido fue invitado por Rama a concurrir a las reuniones de Washington sobre la narrativa de los años sesenta. Finalmente, a principios de los ochenta, ambos críticos debatieron la escritura de una historia de la literatura latinoamericana en los encuentros realizados en Caracas y en Campinas. Lamentablemente, Ángel Rama murió en 1985, antes de que este proyecto llegara a realizarse.

Aquello que los unía era la realización de un mismo movimiento de *inversión radical* de la jerarquía entre cosmopolitismo y regionalismo y el cuestionamiento del privilegio que —desde la euforia modernizadora de los años cincuenta — se le otorgaba al primer término, convirtiéndolo en el depositario de un tiempo universal y deseable con sus sucedáneos de crecimiento urbano y desarrollo económico-social. En Rama, este desplazamiento se produce con su abandono de la defensa del "boom" narrativo y el emprendimiento de una serie de estudios de literaturas marginales o de "subliteraturas", como él mismo las denominó: la gauchesca rioplatense, el testimonio y la narrativa de la transculturación, cuyos primeros esbozos se remontan a 1974. Las dos líneas básicas de la postura teórica de Rama —con los referentes explícitos de Gramsci y Bourdieu— se perfilan en esos años: en primer lugar, la construcción de dos formaciones culturales a las que llama "dominada" y "oficial", y la inclusión en esta última de los letrados, más allá de su posible heterodoxia. La segunda pieza de este esfuerzo por salirse del modernismo "tradicional" está en la impugnación del modelo derrideano que lleva a cabo con el fin de demostrar que, en la historia cultural latinoamericana es la escritura, y no la oralidad, la que está aliada al poder (operación que abre el camino para la vindicación de las culturas orales regionales). Esta empresa crítico-teórico que Rama inicia a principios de los años setenta llega por lo menos hasta la década siguiente cuando en 1982 publica *La transculturación narrativa* y concluye con éxito el armado de un relato coherente, alternativo y relativamente emancipado de las valoraciones que había sostenido el cosmopolitismo, que en este libro es presentado como el antagonista.[17]

Nos encontramos ante una nueva distribución de los enunciados de la crítica que, si en un primer movimiento *invierte* el paradigma modernista impuesto desde la década del cincuenta, en un segundo movimiento ensaya una *salida*: esto es, cómo construir un sistema crítico que articule su *propia* serie de un modo coherente y positivo y ya no como oposición o contranarrativa. El fin del ciclo modernista sería, entonces, en estos críticos, su reformulación a gran escala con el fin de mantener sus elementos emancipadores en un contexto de crisis.

Cuatro cuestiones recorren "Literatura y subdesarrollo": la necesidad de abandonar el tiempo modernista, la inversión radical de la jerarquía cosmopolitismo/regionalismo, la construcción de un relato alternativo al evolucionismo modernista y la postulación de los escritores canónicos del superregionalismo.

La elección que hizo Ángel Rama del título "Literatura y subdesarrollo" y el hecho de que haya propuesto a un crítico brasileño pueden leerse como la creencia de que era en Brasil donde podía surgir algo equiparable a lo que había sido la "teoría de la dependencia" para las ciencias sociales. Por un lado, el término "desarrollismo" (o "desenvolvimentismo") fue el que prevaleció en las teorías sociales y económicas de la modernización en los años cincuenta, y fue en Brasil donde estas teorías encontraron una elaboración más vigorosa y una inserción institucional (sobre todo en el periodo 1956-1964) que faltó en otros países del continente. Pero por otro lado, y tal vez como consecuencia de lo dicho anteriormente y del golpe de Estado de 1964, fue también en este país donde la crítica a los ideales desarrollistas alcanzó un grado de mayor sistematicidad y radicalidad.

La crisis institucional desatada por la dictadura brasileña puso en evidencia las falencias de varios núcleos ideológicos de las posiciones desarrollistas. El voluntarismo y el planeamiento tecnocráticos —dos elementos articuladores— perdieron toda viabilidad en el marco de un Estado autoritario y hostil, aunque mucho más fuerte que esto fue la evidencia de que el subdesarrollo sólo iba a desaparecer con un cambio profundo de las estructuras existentes. Tal como lo interpretaba el número especial dedicado a Brasil en 1967 por la revista francesa *Temps Modernes*, en el que participaron los cientistas más importantes de la "teoría de la dependencia", la nueva situación política ponía en escena el carácter ilusorio del ideario liberal y democrático burgués.[18] Aquellos agentes en los que el desarrollismo depositaba sus esperanzas (principalmente la burguesía nacional pero también las elites letradas y tecnócratas) se habían revelado profundamente comprometidos con una estructura de poder en la que el subdesarrollo era una consecuencia necesaria y no simplemente un obstáculo a ser despejado. Además de que el golpe de Estado subordinaba el crecimiento a una situación de dependencia, lo que caía era la idea dominante de que, como escribió Celso Furtado, "o grande atraso que acumuláramos podia ser corrigido se adotássemos uma política voluntarista de industrialização" y, en palabras de Theotônio dos Santos, "a visão do subdesenvolvimento como uma ausência de desenvolvimento".[19] El subdesarrollo no anuncia el desarrollo y, por lo tanto, no puede verse como transición o insuficiencia. A partir de estas constataciones, y tal como lo observa Roberto Schwarz, el concepto de "subdesarrollo" adquirió, a mediados de los años sesenta, "una representatividad contemporánea inédita".[20]

Desde un punto de vista cultural, las consecuencias de esta caída de los postulados desarrollistas eran de gran importancia, sobre todo en lo que respecta al optimismo urbano que estaba implícito en sus enfoques.[21] Para una posición que postulaba una equivalencia entre modernización e industrialización, las realidades rurales no podían menos que aparecer como índices de atraso y regresión. Sin embargo, hacia mediados de los años sesenta los resultados limitados de la industrialización eran tan evidentes, que la mirada crítica comenzó a desplazarse de los "beneficios" de la cultura urbana hacia las producciones supuestamente "atrasadas", que ya no eran observadas como remanentes del pasado sino como posibles salidas —de mediar una elaboración artística— para significativos capitales simbólicos y materiales del continente.

El acento puesto en el subdesarrollo antes que en el desarrollo, la desconfianza hacia el cosmopolitismo de los sectores urbanos y la búsqueda de una literatura que dramatizara no mecánicamente estas tensiones son los núcleos de este desplazamiento posicional del cual trata de dar cuenta Candido en su ensayo. El subdesarrollo, antes que una instancia económica, era un dato cultural duro que proporcionaba el rasgo diferencial de las zonas periféricas y que exigía resoluciones formales inéditas sobre todo en dos campos: en la temporalidad y en la temática. La persistencia de este dato duro exige un nuevo tipo de estructuración temporal que dé cuenta de una actualidad compleja que se construye con la perduración de elementos arcaicos, la introducción de partículas novísimas y las combinaciones que surgen de este encuentro (este desafío se presenta tanto para la narrativa ficcional como para la crítica).

Pero, en otro plano, el subdesarrollo trae consigo el problema de la representación y del estatuto de lo documental: ¿hay que abandonar los materiales que remiten a la región sólo porque éstos han sido el núcleo del desprestigiado nativismo? Una cuestión que, según Candido, es regresiva en las literaturas centrales (y urbanas), pero que en las periféricas retorna con fuerza y pertinencia.

Para resolver críticamente este surgimiento de lo intempestivo y lo temático, Candido recurre al oxímoron conceptual: la universalidad de la región y la presentización del pasado. Es como si la única posición posible para pensar el surgimiento de ese nuevo regionalismo fuera la de construir un lugar paradojal.

OTRO TIEMPO

Este otro tiempo que trae el subdesarrollo para la literatura establece una zona de contacto entre la literatura brasileña y la hispanoamericana: como si el drama de la modernización que el atraso pone de relieve fuera la posibilidad de buscar vínculos entre las culturas periféricas. En el momento en que Candido se plantea el problema del atraso, se dirige al corpus hispanoamericano con una intención muy precisa: confirmar el vigor del tema regional en la narrativa contemporánea.

Este regionalismo de nuevo tipo emerge, según la periodización de Candido, en la década del cincuenta, cuando el concepto de "regionalismo" parecía haberse vuelto caduco y predominaban las tendencias "antinacionales, antiregionales y antitemáticas".[22] En contraste con las posiciones cosmopolitas puras, se erige una narrativa que, sin ignorar los aportes vanguardistas o modernistas, puede recuperar la zona de lo particular, de lo local, de lo "subdesarrollado". Para apoyar su hipótesis, Candido cita *La transculturación narrativa* de Ángel Rama: "a fusão difícil e *paradoxal* das técnicas de vanguarda (que são cosmopolitas e olham para o futuro) com o mundo regional (que é local e tradicionalista, olhando para o passado)".

Para Candido, esta nueva etapa del regionalismo es una *superación* del binarismo entre la "expressão de cunho universalista" y el "exprimir os traços particulares característicos", aunque esta distribución binaria se halle en su base y sostenga todo el argumento. La tesis central de los ensayos "latinoamericanos" de Candido es que "parece, portanto, que nos países onde há zonas de atraso econômico e social não é possível anular a sua representação literária".[23]

Sin embargo, por "representación literaria" no hay que entender el modo de escritura decimonónico en el que se basa el estilo realista. Más bien, lo que parece estar en juego aquí es un rasgo mimético y hasta documental que se fusiona con un mundo posible más próximo a la fabulación folclórica que al verosímil realista: algo así como la "anatomía espectral" que Candido encuentra en *Memórias de um sargento de milícias* o la "sobriedad fantasmal" de *Pedro Páramo*, como si la supervivencia del pasado desbordara las representaciones convencionales y exigiera la referencia a un tipo particular de imaginación. De este modo, el crítico brasileño quiebra la unidad falsa entre estilo realista y tema regional, y libera a éste de una codificación preexistente. Por esto, no en vano el autor que elige para sostener su posición no es un escritor testimonial o realista sino João Guimarães Rosa, narrador que no es ajeno a la experimentación de vanguardia. En 1970 esta elección tenía una fuerte carga polémica.

João Guimarães Rosa: una posición sintético-antagónica

"Literatura y subdesarrollo" construye un canon superregionalista con varios escritores hispanoamericanos: Juan Rulfo, Gabriel García Márquez, José María Arguedas y Mario Vargas Llosa. Las narraciones de estos autores son leídas por Candido como la confluencia de un tema regional y una técnica cosmopolita a partir de la figura de João Guimarães Rosa, que oficia de puente entre las dos literaturas, la brasileña y la hispanoamericana. La originalidad de su propuesta radicaba en que, al leer a Guimarães como un superregionalista, contradecía u objetaba (implícitamente) el modo en que el escritor minero había sido incorporado a la literatura hispanoamericana.

La historia de esta recepción literaria comienza en 1967, año de su llegada 'oficial' a la literatura en castellano: traducción de *Gran Sertón: Veredas* por Seix Barral (una de las editoras protagonistas del *boom*), un capítulo dedicado a él en un importantísimo libro para la conformación del canon latinoamericano (*Los nuestros* de Luis Harss)[24] y su difusión en revistas y congresos por uno de los críticos más importantes del periodo: el uruguayo Emir Rodríguez Monegal. En su lectura, Guimarães Rosa era utilizado para demostrar la futilidad del regionalismo y su superación en una zona mucho más determinante para el canon modernista: el lenguaje narrativo como técnica. Se construye así a un Guimarães joyciano para el cual lo central es el "papel creador y hasta revolucionario del lenguaje" y el uso rupturista del cuento popular. En el prólogo que escribió para la edición en castellano de *Primeras historias*, publicado por Seix Barral en 1969, Rodríguez Monegal cuenta que "una vez, en el salón ducal de la municipalidad de Génova (era en enero 1965), sentado en esos grandes sillones incómodos [...] Guimarães Rosa me habló de Joyce y de su influencia sobre su obra. Reconoció entonces que tanto *Ulysses* como *Finnegans wake* habían sido un modelo, un paradigma, a los que él quiso acercarse".[25] La anécdota, que está narrada con exageración, sirve para apoyar la tesis de que el espacio del escritor no es la región sino el lenguaje. Para Monegal, la literatura de Guimarães Rosa muestra el anacronismo de cualquier propuesta estética que tenga su núcleo en la región, desde el momento en que la línea evolutiva de las técnicas literarias había adquirido una validez universal (la idea del carácter de modernidad compensatoria del arte en América Latina está en la base de su planteo).

La lectura de Antonio Candido es diametralmente opuesta a la de Rodríguez Monegal: la región es una nota distintiva de la escritura de João Guimarães Rosa y proporciona estructuras narrativas y aspectos temáticos. Confrontados con los experimentadores del lenguaje, Guimarães es una figura híbrida que combina la radicalidad más audaz en el ámbito del lenguaje con la supervivencia de estratos culturales que pueden entenderse tanto desde una teoría del subdesarrollo como de la modernidad paradojal que vive Brasil. En esta línea de lectura que inaugura Candido es donde se ubica Ángel Rama quien ya venía polemizando con Monegal a propósito del "boom" narrativo de los años sesenta. *La transculturación narrativa en América latina* es el resultado del debate de Rama con las tendencias cosmopolitas de la década del sesenta y de su acercamiento a una comprensión más culturalista y antropológica de la literatura del continente. Mientras para Rodríguez Monegal el escritor brasileño es cosmopolita y experimentador (sin dejar de nutrirse de las narraciones populares), para Ángel Rama es transculturador y mediador (sin desconocer los aportes de la narrativa moderna universal). Rama considera a Guimarães como un *etnógrafo* de la narración y lo incluye en el corpus de la *transculturación narrativa* que se nutre de la tradición oral y no cosmopolita.[26] No habría que buscar a Guimarães en James Joyce o Virginia Woolf (con quienes hay una "sutil oposición") sino "en las fuentes orales de la narración popular": Guimarães Rosa es "un continuador-transformador del regionalismo" (p. 46).

Esta conversión de Guimarães Rosa en una suerte de Jano hispanoamericano (y de ahí que puede hablarse, a propósito de él, de una posición sintético-antagónica) tuvo como resultado una oposición binaria que primero fue una salida al modernismo pero luego se transformó en una dicotomía simplificadora. En un artículo de 1995, Carlos Pacheco escribe:

> En una nueva dicotomía emparentada con las fronteras campo/ciudad y oralidad/escritura, a ese "nosotros", identificado como los "rulfianos" opone Arguedas al grupo de los "cortázares", los profesionales, citadinos y cosmopolitas. La distinción arguediana —llamada a la vez instintiva y certera por Rama, quien vendrá a certificarla años después— llama la atención hacia una de las más evidentes manifestaciones de la oralidad en nuestra literatura.[27]

Sin embargo, autores como Guimarães Rosa y aun el mismo Rulfo, pueden servir de base a una impugnación de esa "manifestación evidente" que, para erigirse, debería negar su única materialidad comprobable, la escritura. La inversión radical de Candido, que alienta esta tendencia que acentuó el propio Rama, avanza, en realidad, en otra dirección y hacia ese lugar paradojal en el que los binarismos son cuestionados. En esa "anatomía espectral", escritura y oralidad están en un punto máximo de elaboración y fuera de cualquier exigencia de realidad (la lengua de Guimarães no existe en el sertão pero tampoco en Joyce y tampoco es utópica porque está en el presente de la escritura). La región proporciona un tema y subsiste por causa del subdesarrollo, pero la sofisticación de esta literatura no incorpora estas matrices según una representación realista sino en el orden de la organización estructural y narrativa (lo fantasmal, más bien, impide la reducción de lo narrado a una representación convencional).

Más que las filiaciones (a las que llevan los enfrentamientos alrededor de las opciones del cosmopolitismo o la transculturación), lo que le interesa plasmar a Candido es una estructura en donde la paradoja sea posible. En un ensayo de 1966, "Jagunços Mineiros de Cláudio a Guimarães Rosa", Candido concluye que una "primeira pessoa conduzindo a uma *presentização do passado*, a uma simultaneidade temporal que aprofunda o significado de cada coisa, parece a condição formal básica de *Grande sertão: veredas*".[28] Con estas propuestas, Candido avanza en la búsqueda de una tercera orilla: frente a las oposiciones modernistas cosmopolita/regional y presente/pasado, el lugar de su crítica parece querer ubicarse en el lugar paradojal de la barra que separa (o une) y que es la que hace mover al texto y sus antagonismos. Un *transregionalismo*, si queremos establecer un eslabón con la propuesta posterior de Rama, quien continúa varios de sus desafíos.[29] Lo notable de todo este esfuerzo conceptual es que Candido lo realiza sin abandonar uno de los núcleos más fuertes de ese "proyecto intelectual" latinoamericanista: el universalismo.

LATINOAMÉRICA: DE LO UNIVERSAL A LO REGIONAL

Para alguien formado en los patrones de la intervención universalista y modernizadora de los años cuarenta no podía resultar sencillo, con una obra ya realizada, *salir* del modernismo. Por eso, lo que los textos "latinoamericanos" de Candido muestran no son soluciones fáciles y abruptas, sino las posibilidades de llegar al límite y de reflexionar sobre la elasticidad de la herencia recibida, sin ceder en ciertas convicciones. La conservación dialéctica y la recuperación de lo que se supera se producen, en "Literatura y subdesarrollo", en la instancia del universalismo. Tal vez una de las ideas más originales del texto de Candido (y más aún si la pensamos en su contexto histórico) radica en su propuesta de que el regionalismo es un camino más genuino hacia el universalismo que el cosmopolitismo. El reconocimiento y la reintegración del atraso en una dimensión cultural y artística nueva y original no significa recluirse en la particularidad ni, mucho menos, caer en un nacionalismo regresivo.[30] La "universalidad de la región" de la que habla Candido implica un sistema de inclusiones que se legitima, en última instancia, en un modelo actuante que debe ser reabierto para que América Latina "sea parte" de esa totalidad.³¹ Es verdad que ya no hay un tiempo universal que haga de paradigma, pero la universalidad como horizonte persiste.

Esta operación se aprecia claramente en su análisis de la irrupción de los medios masivos, a los que rechaza por ser los continuadores acríticos de la tendencia cosmopolita y del avance urbano. En una mirada que sigue siendo modernista en sus clasificaciones (alto/bajo) pero que no lo es en sus contenidos, la "cultura masificada" aparece como "folklore urbano" que, al modo de las catequesis colonizadoras, convierte a los pobladores de las zonas rurales en habitantes de las metrópolis imponiéndoles "valores dudosos y bastante distintos de los que el *hombre culto* busca en el arte y en la literatura".³² Aunque el marco teórico es el de los medios como manipulación, la oscilación entre "hombre culto" (paradigma universal sobre el que descansa el texto) y hombre regional descarta la salida convencional del modernismo instructor y letrado (el "mito de la instrucción redentora" es sometido a crítica al principio del texto).³³ El corolario de este argumento es la exigencia de una nueva síntesis que, al recuperar la aspiración más noble del modernismo (su universalismo), pueda trasladarlo a nuevas constelaciones (el retorno a la pastoral de la región se hace en otras condiciones).

En la literatura, que conserva más que los medios masivos los valores del pasado, el contraste con el modelo universal es fuerte pero eso no implica una pérdida sino una modalidad diferencial: "Nos países da América Latina há uma equação constante entre a gratuidade e o empenho, bem clara na persistência do regionalismo em sucessivas modalidades, mesmo quando as literaturas que servem de modelo (européias, norte-americanas) já não praticam mais o regionalismo em obras de alta qualidade".³⁴ La formación moderna irrumpe con todos sus requerimientos: la universalidad aparece como fin y el subdesarrollo como un tema contaminante y particular. Pero ¿existe una literatura sin localización, una literatura puramente universal? ¿Existe este "hombre culto" y universal como paradigma del comportamiento ilustrado? ¿Hay que ver a Guimarães Rosa como una universalización de la región o como una escritura que muestra la localización de toda petición de universalidad?³⁵ En este punto, la paradoja es producida por el modelo, pero éste, en sí, no se ve afectado. Es como si el universalismo continuara incólume y sólo encontrara en el subdesarrollo un desvío o una variación. El interrogante que surge de los textos latinoamericanos de Candido es si no hay que cuestionar, en última instancia, la equivalencia entre universalidad y modelo, y si las realizaciones regionales y cosmopolitas de lo universal no deben dar lugar a nuevas lógicas en momentos en los que la actualización ya no es un imperativo y la región no es un impedimento.

Recuperaciones

La crisis de los procesos de modernización y de sus agentes, el agotamiento de un tiempo universal único y homogéneo, el eclipse del hombre culto o letrado como paradigma, el declive del poder mágico de la instrucción, y el fin de la literatura como lugar de la compensación emancipatoria son algunos de los tópicos del latinoamericanismo modernista que fueron sometidos a crítica por Ángel Rama y Antonio Candido. Frente a la crisis de una modernización que, en varios países del continente, estaba en manos de las dictaduras militares, ambos se preguntan sobre las posibilidades de que el proyecto intelectual vanguardista latinoamericano todavía tenga lugar. En varios de sus textos críticos de la década del setenta, ellos se desplazan hacia nuevas constelaciones conceptuales, emprenden tareas en común e imaginan salidas para el modernismo. Pero el modo en el que concretan estas salidas varía en cada caso: la radicalización del imaginario popular y antiletrado llevó a Rama a posiciones mucho más extremas y a cortes mucho más abruptos que los que se perciben en Candido, siempre más dispuesto a la transición y a la superación (*Aufhebung*) dialéctica. Rama, en cambio, adopta una posición más intransigente con la modernidad tal como se había dado en Latinoamérica y, en un gesto que suprime las *nuances*, celebra que "los prestigios de la *modernización* hayan sufrido diversas mermas".[36] La misma invención del término *superregionalismo* muestra cómo se mantiene y se incorpora el antecedente, mientras el concepto de *transculturación* implica una lógica nueva que no necesariamente debe leerse en continuidad con los regionalismos anteriores. Ciertos motivos modernistas encuentran, en las elaboraciones de Candido, una persistencia mucho mayor y una especie de muerte por metamorfosis o por incorporación dialéctica. Mientras, por detrás, la instancia universalista se mantiene como el objetivo último que sustenta todas sus posiciones. Las palabras que él mismo escribió a propósito de Mário de Andrade se le pueden aplicar a su trayectoria: "era capaz de pasar del *modernismo* propiamente dicho a la *modernidad,* que recupera la tradición al superarla".[37] En este contexto en el que la modernización exige nuevos caminos y nuevos mapas, Ángel Rama y Antonio Candido nos entregaron no solo escritos decisivos sino la forma de un pensamiento que no se consuela con las salidas convencionales.

Notas

[1] La misma compiladora del volumen, Ana Pizarro, reconoce este 'fracaso' en el prólogo a la historia de la literatura que surgió de las reuniones de Campinas (Pizarro, Ana (coord.). *Palavra, literatura e cultura.* São Paulo: Memorial/UNICAMP, 1995, 3 v.). La obra consta de tres volúmenes (*A situação colonial, Emancipação do discurso, Vanguarda e modernidade*) y cuenta con la participación de más de sesenta especialistas. Las ponencias y las discusiones de estas reuniones fueron recopiladas en Pizarro, Ana (coord.). *La literatura latinoamericana como proceso.* Buenos Aires: CEAL, 1985.

[2] Con "modernismo" me refiero, principalmente, al sentido que el término adquirió en los últimos años en la literatura crítica anglosajona y brasileña y que hace referencia a una formación amplia cuyos inicios pueden datarse a fines del siglo XIX y que continúa, aproximadamente, hasta los años ochenta, momento en el que tiene lugar una nueva articulación de transición que, hasta ahora, se ha dado en llamar "posmodernismo". La concepción del modernismo que predominó durante los años sesenta tuvo, como elementos centrales, el apego a la evolución y a la novedad, la aspiración al universalismo, el privilegio otorgado a la instrucción y a los letrados como agentes del cambio y la postulación de la forma artística como lugar privilegiado de la reflexión social y, en el caso latinoamericano, como modernidad compensatoria. Trato estos temas en la entrada "modernismo" incluida en *Términos críticos. Diccionario de sociología de la cultura.* Compilación de Carlos Altamirano (Buenos Aires: Paidós, en prensa).

[3] En 1948, se crea la OEA (Organización de los Estados Americanos) en la línea de lo que se conocía como "panamericanismo", y la CEPAL (Comisión Económica para América Latina), que acoge, por primera vez en la denominación oficial de un organismo internacional, el término América Latina. Creada por la ONU, la CEPAL fue importantísima en las teorías desarrollistas de los años cincuenta. Ver

Ardao, Arturo. "Panamericanismo y latinoamericanismo" in Zea, Leopoldo (coord.). *América Latina en sus ideas*. México: Siglo XXI, 1986, p. 166.

⁴ La resistencia de Candido a pensar que esa otra tradición se articula autonómamente es un rasgo antipopulista de su pensamiento que lo inserta en la tradición legitimista. Antonio Gramsci planteó la cuestión en estos términos: "Las clases subalternas, por definición, no se han unificado y no pueden unificarse mientras no puedan convertirse en Estado [...] La historia de los grupos sociales subalternos es necesariamente disgregada y episódica" (Antología, selección, traducción y notas de Manuel Sacristán. México: Siglo XXI, 1992, p. 493). Es decir que su narración exige otro tipo de ordenamiento temporal y un nuevo aparato conceptual. Sobre el tema de la temporalidad en Candido, ver Süssekind, Flora. *A voz e a série*. Rio de Janeiro: Sette Letras; Belo Horizonte: UFMG, 1998.

⁵ Después de haber sido uno de sus defensores y aliados en el campo de la crítica, Rama inicia hacia fines de los años sesenta una impugnación del fenómeno del *boom* que culmina con las conferencias que organiza en Washington en 1979 y en las que participa Antonio Candido. El libro *Más allá del boom: literatura y mercado* (Buenos Aires: Folios, 1984), editado por Ángel Rama, reproduce las exposiciones de este evento.

⁶ Son conocidas las resistencias o la indiferencia para incorporar a Brasil en el conjunto latinoamericano. El caso de Rama, en este caso, es ejemplar, dada su preocupación por la literatura brasileña y sus intentos de incorporación de textos brasileños en sus textos críticos y en otros emprendimientos culturales (el más importantes es, sin duda, el de la Biblioteca Ayacucho, que incluye varios "clásicos" brasileños en pie de igualdad con los de otros países del continente). La lista de títulos de libros de Brasil fue proporcionada a Rama por el mismo Candido.

⁷ En 1966, en París, la Unesco dicta la resolución 3325 a la que le siguen las resoluciones 3321 y 3312, de 1968 y 1970 respectivamente. Por medio de éstas, se programan una serie de reuniones para "articular el conocimiento de la cultura universal en dos etapas: estudio de las grandes regiones culturales del mundo actual y difusión de los caracteres de cada región en todas las otras" (*América Latina en su literatura*. México: Siglo XXI, 1972). América Latina y el Caribe son considerados una región (que se divide, a su vez, en sub-regiones) sobre la que se programan diversos volúmenes: América Latina en su cultura, en su literatura, en sus artes, en su arquitectura, etc. En la reunión de San José de Costa Rica se define un "panel of experts" a los que se les pide que "traten de encarar sus trabajos —en palabras del coordinador César Fernández Moreno— a partir de este concepto de unidad" (p. 17).

⁸ *América Latina en su literatura*. Op. cit., p. 9.

[9] Incluido en *América Latina en su literatura*, "Literatura y subdesarrollo" había sido publicado antes en *Cahiers d'Histoire Mondiale*, v. 12, n. 4, Unesco, 1970, y reeditado, en portugués, en la revista *Argumento* (n. 1, octubre de 1973) y en el libro *A educação pela noite*, São Paulo, Ática, 1987. "Dialética da malandragem. Caracterização das *Memórias de um sargento de milícias*" fue publicado por primera vez en la *Revista do Instituto de Estudos Brasileiros* de la Universidad de San Pablo, n. 8, 1970, y reeditado en diversas ocasiones.

[10] Tomo la cita de "Dialética da malandragem", *O discurso e a cidade*. São Paulo: Duas Cidades, 1993, p. 51.

[11] "Entrevista (1979)" in *Brigada ligeira e outros escritos*. São Paulo, Universidade Estadual Paulista, 1992, p. 233.

[12] Una opinión expresada por Candido en las reuniones de Campinas muestra las dificultades para concretar las aspiraciones de esta *cuarta fase*:

> Yo estoy con mucho miedo porque toda nuestra formación teórica y crítica está basada en la idea de sucesión temporal homogénea. Nosotros negamos esto como actitud, pero la práctica está ligada con una ley de sucesión temporal homogénea y con una tendencia a no reconocer las contradicciones. El principio de identidad y de tercero excluido rige nuestros pensamientos.

In *La literatura latinoamericana como proceso*. Op. cit., p. 43. Trato este tema en "Construir el pasado (Algunos problemas de la Historia de la Literatura a partir del debate entre Antonio Candido y Haroldo de Campos)". *Filología*, año XXX, 1-2, Instituto de Filología y Literaturas Hispánicas "Dr. Amado Alonso" (UBA), número especial sobre "Literaturas comparadas" coordinado por Daniel Link, 1998, p. 83-100.

[13] In *Recortes*, Candido publica tres textos sobre Cuba: "Em (e por) Cuba" (1979), "Discurso em Havana" (1981) y "Cuba e o socialismo" (1991).

[14] La revista *Argumento*, que llegó a una tirada de casi 45.000 ejemplares, fue una revista mensual que comenzó a salir en octubre de 1973 y que duró cuatro números (el quinto fue secuestrado por la dictadura militar). Cuando la revista fue clausurada por la dictadura militar (el número 5, programado para el 2 de marzo de 1974, nunca llegó a salir), se pensó en hacer una versión en castellano y portugués, en algún país hispanoamericano. Esta idea nunca llegó a concretarse. Su "Comissão de Redação" estaba integrada por Anatol Rosenfeld, Fernando Henrique Cardoso, Francisco Weffort, Celso Furtado, Luciano Martins, Paulo Emílio Salles Gomes y Antonio Candido.

[15] En las reuniones que antecedieron a la compilación del volumen, se propusieron autores y temas y fue Rama —quien participó en estas reuniones pero no en el libro— quien propuso el título y el autor. Información suministrada por el propio Antonio Candido. Sobre su amistad con Rama puede consultarse "Uma Visão Latino-americana"

in *Literatura e História na América Latina*, orgs. Ligia Chiappini y Flavio Wolf de Aguiar, São Paulo: EdUSP, 1993.

[16] El artículo que Rama publica en *Argumento* es una reseña del libro testimonial de Julio Cortázar, *Libro de Manuel*.

[17] Por "relato alternativo" entiendo la construcción de una red conceptual que permite pensar la relativa autonomía de ciertos fenómenos fuera de una lógica dominante determinada. Así, al relato cosmopolita, el libro de Rama opone el relato de la transculturación que ya no se rige por los mismos principios ni tampoco simplemente por su negación.

[18] El número dedicado a Brasil de *Les temps modernes* es de octubre de 1967 y allí se presentan trabajos de Celso Furtado, Hélio Juagaribe, Francisco Weffort, Fernando Cardoso y Florestan Fernandes, entre otros. En "Brasil: de la República Oligárquica al Estado Militar" de Celso Furtado, texto fechado en marzo de 1967, se lee:

> La evolución de los acontecimientos, a partir del golpe de abril de 1964, descubrió algunos aspectos del proceso brasileño cuya percepción no era fácil en la fase anterior [...] La experiencia vivida en los últimos tres años puso en flagrante evidencia la naturaleza estructural de los problemas que deben ser enfrentados, cerrando el período de las ilusiones liberales [...] Se puede admitir como establecido que la institución del Estado militar representa el cierre del ciclo de las luchas por la instauración de la democracia formal y por el ideario liberal.

(*Brasil hoy*, México: Siglo XXI, 1968, p. 21-23).

[19] Las citas están tomadas de Celso Furtado: *O capitalismo global* (São Paulo: Paz e Terra, 1998, p. 19) y de Theotônio dos Santos: *A teoria da dependência (Balanço e perspectivas)* (Rio de Janeiro: Civilização Brasileira, 2000).

[20] Roberto Schwarz: "Un seminario de Marx" (*Punto de Vista*, n. 54, abril 1995, p. 41). Y en otro pasaje, afirma el mismo autor, que

> el trayecto en dirección al desarrollo no es el mismo en los países desarrollados y en los subdesarrollados, aunque aquéllos sirvan de modelo para éstos. Esto no quiere decir que los últimos no se desarrollen, sino que su desarrollo corre por otros carriles, encuentra problemas diferentes y es llevado adelante por categorías sociales que tampoco son las mismas.

Otros ensayos escritos en Brasil a fines de la década del sesenta y que tienen como tema la relación entre cultura y subdesarrollo son: "Vanguarda e Subdesenvolvimento" (1969) de Ferreira Gullar, "Subdesenvolvimento e estrutura cinematográfica" (1969) de Glauber Rocha y "Cinema: trajetória no subdesenvolvimento" de Paulo Emílio Sales Gomes, entre otros.

[21] Tal vez en una crítica implícita a la falta de interés por la dinámica cultural de los teóricos de la dependencia, Candido inicia su ensayo señalando que son pocos los que se han ocupado de la relación entre cultura y subdesarrollo, y rescata —aunque con fuertes objeciones— el caso de Mario Vieira de Mello, quien en 1963 publicó el libro *Desenvolvimento e cultura (O problema do estetismo no Brasil)* (São Paulo,

Companhia Editora Nacional), donde polemiza, justamente, con los teóricos del desarrollismo (principalmente, Furtado y Jaguaribe).
[22] La cita está tomada del ensayo "Literatura, espelho da América?" (en *Remate de Males* (Revista do Departamento de Teoria Literária), IEL/Unicamp, número especial dedicado a Antonio Candido, Campinas, p. 109), que reajusta o reescribe algunas de las propuestas del texto de 1970. El artículo de 1995 acentúa algunas posturas anteriores y radicaliza su rechazo de las posiciones cosmopolitas de los años cincuenta, principalmente la poesía concreta: mientras "Literatura y subdesarrollo" sostiene que, no obstante el cosmopolitismo, la poesía concreta "lleva a redefinir el pasado nacional, permitiendo leer de manera nueva a poetas ignorados [...] o iluminando convenientemente la revolución estilística de los grandes *modernistas*" (p. 348), en "Literatura, espelho da América?" se lee que esta expresión de cuño universalista, cuando no expresa trazos particulares característicos, se vuelve un rechazo "à tradicional preocupação com o país" (p. 109).
[23] Todas las citas pertenecen a "Literatura, espelho da América?", op. cit., p. 112 y 110, énfasis mío. En *América Latina en su literatura* se lee: "La realidad económica del subdesarrollo mantiene la dimensión regional como objeto vivo, aunque sea cada vez más actuante la dimensión urbana" (CANDIDO, Antonio. Op. cit., p. 351).
[24] Publicado en castellano por Sudamericana a fines de 1966, el libro tuvo un increíble éxito de ventas durante todo 1967 y es fundamental para comprender algunos aspectos del periodo. Los escritores incluidos son Alejo Carpentier, Miguel Ángel Asturias, Jorge Luis Borges, João Guimarães Rosa, Juan Carlos Onetti, Julio Cortázar, Juan Rulfo, Carlos Fuentes, Gabriel García Márquez y Mario Vargas Llosa. Algunas curiosidades: el libro fue publicado simultáneamente en inglés (*Into the Mainstream. Conversations with Latin-American Writers*, New York, 1967) e incluye a García Márquez pese a que éste aún no había escrito *Cien años de soledad* (su inclusión se debió a una sugerencia de Carlos Fuentes) y a un solo escritor brasileño, Guimarães Rosa, comentando textos que todavía no habían sido traducidos al castellano aunque sí al inglés.
[25] GUIMARÃES ROSA, João. *Primeras historias*. Barcelona, Seix Barral, 1982 (1ª ed. 1969), prólogo de Emir Rodríguez Monegal, p. 16.
[26] La denominación de "etnógrafo" me pertenece y creo que continúa bastante acertadamente lo propuesto por Ángel Rama.
[27] PACHECO, Carlos. "Lo rural y lo oral en la literatura hispanoamericana" *Revista de Crítica Literaria Latinoamericana*, Año XXI, n. 42, 2do. semestre de 1995, p. 62. Algunas consecuencias de esta dicotomía pueden observarse en el mismo razonamiento de Pacheco: en éste, Arguedas aparece como el "instintivo" (rasgo que se atribuye tradicionalmente, y con una generosidad sospechosa, a las sectores populares) y Rama

como el "letrado" que comprueba y certifica. La línea antimodernista de Rama se radicaliza en su rechazo de los letrados (con tesis que han encontrado un gran suceso en los *scholars* norteamericanos) y si bien esto no se produce en Candido, no deja de ser llamativo que en su ensayo de 1979 rescate a tres narradores que no son literatos en el sentido fuerte del término (éstos son Darcy Ribeiro, Paulo Emílio Sales Gomes y Pedro Nava) (Cf. "El papel de Brasil en la nueva narrativa" in RAMA. Ángel (ed.). *Más allá del boom: literatura y mercado*. Buenos Aires: Folios, 1984).

[28] In *Vários escritos*, São Paulo: Duas Cidades, 1977, p.137.

[29] Entre estas continuidades, una de las más importantes es la consideración de García Márquez como "superregionalista", en oposición a las lecturas que se habían hecho de su obra hasta ese momento: ya no se trata de leer en su realismo maravilloso una renovación de la narrativa occidental sino las raíces folclóricas y las huellas de lo popular. Ángel Rama desarrolla esta lectura en *Edificación de un arte nacional y popular*. Texto Crítico, Universidad Veracruzana de México, 1991.

[30] Todo el texto puede ser leído también como un ataque a las posiciones nacionalistas y populistas tan en boga a principios de los años setenta y que constituían una salida fácil a las contrariedades de la modernidad.

[31] En "Uma Visão Latino-americana", Antonio Candido dice, al citar a Ángel Rama, que "a América Latina fez parte do fenômeno civilizatório ocidental" (op. cit., p. 267). Esta creencia compartida hunde sus raíces en los años de formación de ambos autores y explica la aversión al nacionalismo que se lee en "Literatura y subdesarrollo", donde se habla de "una equivocada conciencia nacional" (op. cit., p. 353). No debe olvidarse que la lectura en clave populista y nacionalista del subdesarrollo era frecuente entre varios pensadores de izquierda del periodo.

[32] "Literatura y subdesarrollo", op. cit., p. 339, énfasis mío.

[33] Esta valoración fuertemente negativa de los medios varía en el texto "Literatura, espelho da América?" aunque los supuestos continúan al mantener la valoración de la alta cultura como paradigma: "Isto equivale a dizer que dos meios atuais de comunicação de massa poderiam sair um dia os Brechts e Pirandellos, os Borges e Machado de Assis, os Eliots e Maiakovskis" (p. 106). Según la observación de Antonio Candido, los *mass-media* entonces, producirían los Borges y los Eliots, lo cual significa pensar que el sistema de valores continúa siendo el mismo.

[34] "Literatura, espelho da América?", p. 113.

[35] Como señala Ernesto Laclau: "es necesario pasar de formas culturales concebidas como la búsqueda de lo universal en lo contingente, a otras que vayan en una dirección diametralmente opuesta: es decir, que intenten mostrar la contingencia esencial de toda universalidad".

Laclau, Ernesto. *Nuevas reflexiones sobre la revolución de nuestro tiempo*. Buenos Aires: Nueva Visión, 1993, p. 200.
36 *La transculturación narrativa en América Latina*, México: Siglo XXI, 1982, p. 19.
37 "O poeta itinerante" (1980), in *O discurso e a cidade*. Op. cit., p. 278.

Corpus

Candido, Antonio. "Literatura y subdesarrollo" en Fernández Moreno, César. *América Latina en su literatura*. México: Siglo XXI, 1972.
_____. "Jagunços Mineiros de Cláudio a Guimarães Rosa" (1966) in *Vários escritos*. São Paulo: Duas Cidades, 1977.
_____. *Teresina etc*. Rio de Janeiro: Paz e Terra, 1980.
_____. "El papel de Brasil en la nueva narrativa" in Rama, Ángel (ed.), *Más allá del boom: literatura y mercado*. Buenos Aires: Folios, 1984.
_____. "Exposición de Antonio Candido" in Pizarro, Ana (coord.). *La literatura latinoamericana como proceso*. Buenos Aires: CEAL, 1985.
_____. "Entrevista (1979)" in *Brigada ligeira e outros escritos*. São Paulo: Universidade Estadual Paulista, 1992.
_____. *O discurso e a cidade*. San Paulo: Duas Cidades, 1993.
_____. "Uma Visão Latino-americana" in Chiappini, Ligia y Aguiar, Flavio Wolf de (orgs.). *Literatura e História na América Latina*. São Paulo: EdUSP, 1993.
_____. *Recortes*. São Paulo: Companhia das Letras, 1993.
_____. "Literatura, espelho da América?" in *Remate de Males* (Revista do Departamento de Teoria Literária), Campinas: IEL/Unicamp. (Número especial dedicado a Antonio Candido. Originalmente publicado en *Luso-Brasilian Review*. Wisconsin, n. 2, v. 32, 1995, p. 15-22).
Rama, Ángel. *La transculturación narrativa en América Latina*. México: SXXI, 1982.
_____. "El boom en perspectiva" in Rama, Ángel (ed.). *Más allá del boom: literatura y mercado*. Buenos Aires: Folios, 1984.
_____. *La ciudad letrada*. Montevideo: Arca, 1984.
_____. "Las dos vanguardias latinoamericanas" in *La riesgosa navegación del escritor exiliado*. Montevideo: Arca, 1995. (Originalmente publicado en *Maldoror*, n. 9, noviembre de 1973, p. 58-64.)

Bibliografía

AA. VV. *Esboço de figura (Homenagem a Antonio Candido)*. São Paulo: Duas Cidades, 1979.

_____. *Brasil hoy*. México: Siglo XXI, 1968.

Chiappini Moraes Leite, Ligia. "Regionalismo e Modernismo: Tradição, Modernidade e Valor na Literatura Brasileira" in Jackson, David (ed.). *Transformations of Literary Language in Latin American Literature (From Machado de Assis to the Vanguards)*. Austin: Abaporu Press, 1987.

D'Incao, Maria Angela y Eloísa Faria Scarabôtolo (orgs.). *Dentro do texto, dentro da vida: ensaios sobre Antonio Candido*. São Paulo: Companhia das Letras/Instituto Moreira Salles, 1992.

Fernández Moreno, César. *América Latina en su literatura*. México: Siglo XXI, 1972.

Furtado, Celso. *O capitalismo global*. São Paulo: Paz e Terra, 2000.

Gramsci, Antonio. *Antología*. Selección, traducción y notas de Manuel Sacristán. México: SXXI, 1992.

Santos, Theotônio dos. *A teoria da dependência (Balanço e perspectivas)*. Rio de Janeiro: Civilização Brasileira, 2000.

Süssekind, Flora. *A voz e a série*. Rio de Janeiro: Sette Letras; Belo Horizonte: UFMG, 1998.

Partir de Candido

Florencia Garramuño
Adriana Amante

Una infinitud de ideas y de saberes sobre la literatura latinoamericana surge del corpus crítico de Antonio Candido. Sobre la *formação* de las literaturas latinoamericanas —básicamente pensadas como derivaciones de las metropolitanas—, sobre algunos de sus momentos históricos, sobre condiciones comunes. Una gran cantidad de conceptos elaborados por él han sido retomados y reformulados por otros críticos latinoamericanos.

De hecho, Candido ha escrito una serie de artículos —aunque no demasiados— que versan específicamente sobre la literatura latinoamericana. Pero más allá de las ideas que haya formulado de manera específica sobre el corpus de la literatura latinoamericana, hay un saber de Candido sobre Latinoamérica y su cultura que se encuentra diseminado, ya no en los trabajos sobre América Latina, sino en sus textos brasileños. Su mejor propuesta sobre la literatura latinoamericana, podríamos proponer, está en sus textos brasileños, en aquellos en los que analiza el Brasil, su literatura y su cultura, y donde —deliberadamente o no— se *olvida* de Latinoamérica.

Y no sólo pueden buscarse en esos textos aquellos conceptos que, pensados para el Brasil, resuenan para otras literaturas latinoamericanas. También a partir de ellos puede construirse una conceptualización de lo que constituye esa relación entre el Brasil y ya no la literatura portuguesa, sino sus congéneres latinoamericanas. Donde Candido *olvida* Latinoamérica al pensar el Brasil puede rastrearse una manera de pensar el Brasil en Latinoamérica.

Buscar en esos textos brasileños las estrategias que sirven, o deberían servir, para pensar la literatura latinoamericana desde esta perspectiva, implica dos movimientos. En primer lugar, pensar no en las ideas de Candido sino en ciertas estrategias que, operativas en sus textos de una manera determinada, podrían ser continuadas e incluso desplazadas, deslizadas, hacia lecturas que aunque se alejen de lo postulado por él, pueden reconocer en él un cierto *origen*, aun cuando se trate de un origen negativo. En segundo lugar, postular la producción de saber de Candido sobre la literatura latinoamericana en un espacio que es, en verdad, un no-espacio, por lo menos no un espacio regional o nacional sino insterticial: en el espacio que se abre *entre* la literatura brasileña y la literatura latinoamericana, en la frontera a veces difusa y a menudo infranqueable que separa a ambas, y repensar —a partir de Candido y de sus escritos— esa frontera o ese pasaje.[1] En ese espacio, el *olvido* de Candido evitó las generalidades del latinoamericanismo y produjo una serie de estrategias y desplazamientos para pensar, en cambio, las literaturas nacionales de la América hispana y portuguesa, posibilitando incluso una cierta deconstrucción de esa distinción colonialista.

¿Cuáles son, entonces, los conceptos teóricos de Candido que sirven para pensar la literatura brasileña como latinoamericana, por un lado; y por otro lado, cuáles son los que —por pensar la literatura brasileña— servirían para reflexionar sobre la literatura latinoamericana? ¿En dónde se intersectan literatura latinoamericana y literatura brasileña? Y no nos referimos, en este caso, a los textos de Candido propiamente dichos, ni estamos hablando de *traducir* a Candido a la literatura latinoamericana —en función de dos espacios separados por una frontera—. Nos interesan los conceptos que construyen, de alguna manera, esa frontera: que hacen de ese borde un espacio liminal donde la literatura brasileña (*una* cierta concepción de la literatura brasileña) se encuentra con la literatura latinoamericana (*una* cierta concepción de la literatura latinoamericana).

El ensayo como formación

Como resultado de la experiencia de escribir —durante diez largos años— la *Formação da literatura brasileira* (1959), Antonio Candido llega a una síntesis conceptual: postula tres funciones para pensar la literatura: la ideológica ("el objetivo conciente del escritor"), la social ("la que se ejerce independientemente del autor") y la total ("la que hace de un texto un texto literario").

Candido aclara esto en un reportaje que le hace la argentina Beatriz Sarlo a comienzos de 1980 y que se publica junto con otro, a Antonio Cornejo Polar y Ángel Rama. Las entrevistas son anunciadas en tapa como "Literatura, teoría y crítica en América Latina" en un número ya clásico de la revista *Punto de Vista* porque contiene, además, "Notas sobre el *Facundo*", el artículo donde Ricardo Piglia trabaja las implicaciones culturales de que el libro de Sarmiento abra con una frase mal adjudicada.[2]

Tal vez esa coincidencia sea, de alguna manera, reveladora de que las literaturas periféricas como la argentina o la brasileña (podríamos agregar la peruana y la uruguaya, para incluir a los otros críticos en cuestión, pero vale para toda América Latina) son producto de un desvío. Ya no debería ser necesario recordar que la idea de dislocamiento, fundamental en los estudios culturales que nos llegan centralizados por la academia norteamericana, ha tenido particulares modulaciones en la cultura brasileña y que sus críticos se han encargado de estudiarla con diferentes pero afines conceptos. El desvío —una forma productiva de la *mala interpretación*— se hace manifiesto en la práctica literaria. Pero también marca a la crítica que desea abordar el estudio de esa práctica.

Formação da literatura brasileira es fruto del encargo de un editor que solicita de Candido una historia de la literatura de su país que éste sólo terminará una década después, y que —frente a la exhaustividad que supuestamente se esperaba— traerá *nada más* que el estudio de dos momentos decisivos: la arcadia y el romanticismo, que se revelarán epítomes fundamentales de un proceso de formación de la literatura. Pero también de la crítica brasileña.

Cuando recupera la historia del libro, Paulo Arantes llama la atención y se hace cargo de la curiosidad por las causas que "ditaram tamanha alteração no plano inicial do livro, afinal responsável por uma radical mudança de rumo nos estudos literários brasileiros".[3] Ese cambio radical y —otra vez con Arantes— "fundador" debe ser entendido en su verdadera dimensión: "Lo más importante para mí —enfatiza Candido— no es saber cuándo la literatura brasileña se convierte en brasileña, sino cuándo alcanza a ser una literatura: un conjunto de obras con función total", le comenta a Sarlo.[4]

En 1983, será la propia Beatriz Sarlo —junto con Carlos Altamirano— quien producirá un importante desvío en el horizonte de expectativas teórico-críticas de los lectores argentinos al incluir en su libro *Literatura/sociedad* un artículo de Antonio Candido en idioma original, ya que "es una de las formas de participar en el proyecto de la integración cultural latinoamericana. En el camino de su realización, la vinculación lingüística es una necesidad y una bandera".[5]

Pese a los esfuerzos de integración cuyos fracasos necesitan ser estudiados en el contexto de políticas culturales que ponen de manifiesto el modo en que (mal) funcionan los Estados, la *Formação da literatura brasileira* fue —y aún lo es— poco leída en la Argentina. Bien se sabe que, dentro de su país, se convirtió en un clásico de manera inmediata; y aunque ya han pasado más de cuarenta años desde su publicación, sigue integrando la larga lista de textos brasileños ignorados en —por— la América Latina hispanohablante.

Aquella postulación de Jorge Luis Borges acerca de que "con los libros famosos, la primera vez ya es segunda, puesto que los abordamos sabiéndolos", por lo que la "precavida frase común de *releer a los clásicos* resulta de inocente veracidad", no funciona para el abordaje de la literatura brasileña (ni portuguesa).[6] Tampoco, o mucho menos, en el caso de los textos críticos. ¿O acaso en los cursos académicos de teoría o crítica literarias en la Argentina (para mencionar un ámbito de lectura especializada donde podría caber esa posibilidad) es habitual leer producciones culturales del Brasil?

La percepción de una organicidad[7] en la cultura brasileña sólo es posible merced a un estudio profundo de —por lo menos— las emergencias centrales o más destacadas de esa misma cultura. Pero, en general, la visión que al menos desde la Argentina se tiene respecto del Brasil adolece de miopía o de parcialidad. Porque antes que indagar de manera directa las producciones artísticas o las relaciones culturales y los lazos posibles con el Brasil, los argentinos solemos adherir a la configuración que la tradición europea ha diseñado sobre ese país y que no puede abandonar la tarjeta postal. En esa construcción se recortan, como emergentes muchas veces excluyentes: el carnaval (y la carnavalización), la exuberancia de una naturaleza que se lee —con una impronta positivista— como medio inadecuado para la generación de producciones culturales complejas, la idea de una otredad irreductible, y un conocimiento de la cultura brasileña circunscripta a la música. Tal vez en eso la lectura desde la Argentina se asemeje a la lectura que puede hacerse también en el Brasil, porque —como sostiene Sérgio Milliet refiriéndose a sus compatriotas—, caemos en el preconcepto europeo de concebir al "exotismo como característica dos trópicos".[8]

ETRANGERS À NOUS MÊMES

En su *Introducción a la literatura de Brasil* —libro publicado directamente en español y ciertamente pensado para extranjeros— Antonio Candido se refiere a la brasileña como "una literatura nueva, que se forma por decir así bajo nuestros ojos".[9] También hace referencia a la primera historia de la literatura brasileña, escrita por un extranjero: el francés Ferdinand Denis. Por supuesto que no es la primera vez que se ocupa del *Résumé de l'histoire littéraire du Portugal, suivi du résumé de l'histoire littéraire du Brésil* (1826), obra que ya había tenido un tratamiento particularmente relevante en su *Formação da literatura brasileira*. Pero su mención en ese breviario para no brasileños confirma la propuesta que el propio Candido enuncia en el prólogo: la visión del extranjero es parte de la constitución de una literatura nacional.

La crítica literaria brasileña tiene como práctica usual (pero no por eso obvia o inevitable) considerar al otro en sus aportes respecto de lo propio. Y lo hace de manera *programática*. No es necesario recurrir a la sempiterna aunque productiva noción de la antropofagia como modo de concebir y producir cultura para analizar el modo en que se toma del otro (que en un contexto amplio no necesariamente es el enemigo) lo mejor para aprovecharlo (o incluso para aprovechar*se* de él). Para el caso de Candido, se trata de una apropiación que se vincula a la historia del interés que el Brasil ha despertado en las culturas europeas desde su fundación hasta la actualidad, pero fundamentalmente en el siglo XIX, más que con las prácticas devoradoras de los tupíes. Es fácil constatar la importancia que el Brasil puede tener en el horizonte de expectativas del Viejo Mundo al ver que, de todos los países desde siempre irremediablemente periféricos, parece ser el que cuenta con más intentos por parte de la "civilización" de compendiar su cultura literaria. Es el caso de Denis; pero también el de Simonde de Sismondi o el de Frederick Bouterwek. También debemos incluir al portugués Almeida Garrett, quien —aunque pertenece a la metrópoli— no deja de pensar al Brasil con ojos más europeos que lusitanos (y ése es tal vez uno de sus mejores logros), leyendo (e indicando) para el país de América los rasgos posibles de *su propia* marca individual. La literatura brasileña empieza a sistematizarse a partir de la mirada extranjera, que detecta, organiza y traza programas de futuro.

La incorporación programática de la mirada extranjera para la conformación de una literatura nacional será analizada (y los ecos de Antonio Candido no pueden ocultarse allí) por Flora Süssekind, al estudiar la narración de las décadas de 1830 y 1840 en *O Brasil não é longe daqui*, para anotar que "no hay propiamente un diálogo crítico entre esos primeros autores de ficción brasileños y los relatos de viaje. Sino sobre todo absorción programática, de lo que 'sirve' al proyecto de afirmación de una literatura nacional".[10] La investigadora brasileña resalta el hecho de que esa absorción interesada —por un lado— y el material y los puntos de vista incorporados —por otro— son ya definitivamente constitutivos de esa literatura. La visión que los viajeros extranjeros tienen —y escriben— de la naturaleza tropical le da realidad al Brasil, porque los escritores románticos brasileños encuentran allí el "Brasil naturaleza" que están buscando para consolidar un sistema literario y nacional.

No es irrelevante, para el caso, que haya sido en París donde varios brasileños intentaron sentar las bases de esa literatura nacional. Candido había enfatizado esa circunstancia: descontando el consabido viaje, "experiência básica do Romantismo em todas as literaturas do Ocidente",[11] será "aclimando as idéias de Denis, que lhes servia de bússola" que, entre 1833 y 1836 y liderados por Domingos Gonçalves de Magalhães, sentarán las bases de un movimiento con conciencia nacional: "Estava lançada a cartada, fundindo medíocre, mas fecundamente, para uso nosso, o complexo Schlegel-Staël-Humboldt-Chateaubriand-Denis".[12]

Es (nuevamente) Flora Süssekind quien remite al concepto del *destierro en la propia tierra*, acuñado por Sérgio Buarque de Hollanda:

Trazendo de países distantes nossas formas de convívio, nossas instituições, nossas idéias, e timbrando em manter tudo isso em ambiente muitas vezes desfavorável e hostil, somos ainda hoje uns desterrados em nossa terra.[13]

Precisamente en "O significado de *Raízes do Brasil*", escrito en 1967, lo que Antonio Candido plantea a propósito del clásico de Buarque de Hollanda es aplicable a él mismo. Por un lado, en la interpretación que hace sobre el trabajo del historiador: "o seu método repousa sobre um jogo de oposições e contrastes, que impede o dogmatismo e abre campo para a meditação de tipo dialético". Es el año 1967 y ya Candido celebra lo que hará en el artículo que va a publicar tres años después, la "Dialética da malandragem". Imposible no leer aquí una interpretación interesada: Candido rescata justamente lo que le es afín. Pero, también, es un acto de humildad, porque estaría poniendo en Sérgio Buarque todo el mérito que podría caberle. Por otro lado, al conformar la tríada clásica, influencia fundamental en la formación de su propia generación, Antonio Candido enumera: *Casa-grande & senzala* (1933), de Gilberto Freyre; *Raízes do Brasil* (1936), de Sérgio Buarque; e *Formação do Brasil contemporâneo* (1942), de Caio Prado Júnior. Lo hace con la misma claridad y certeza con que más tarde la generación de Roberto Schwarz sumará la *Formação da literatura brasileira* a esos imprescindibles.

Intentando pensar las características de la cultura nacional —extendiéndolas incluso a una perspectiva latinoamericana—, Roberto Schwarz señala "la experiencia del carácter postizo, inauténtico, imitado de la vida cultural que llevamos" como un malestar permanente. Se detiene, entonces, en la idea de que cada generación, llevada por su avidez de consumo por las nuevas tendencias generadas en países avanzados, "parece recomenzar de cero". Entre los escritores que han escapado a ese cuasi imperativo destaca a Machado de Assis, a Mário de Andrade y al propio Antonio Candido. Sin embargo, nosotras creemos que el Brasil es —tal vez como pocos— uno de los países cuya cultura recupera de manera más productiva los movimientos anteriores en cualquiera de sus manifestaciones artísticas y políticas. Quizás formemos parte de esos hispanoamericanos para quienes "Brasil da la impresión de una envidiable organicidad intelectual". Y, tal vez —como ironiza Schwarz— hasta tengamos razón.[14]

No es sólo que Candido haga lo que él mismo plantea respecto de Machado de Assis;[15] también piensa al sistema literario que estudia a partir de esa idea de continuidades. Porque más que por el nacimiento, que marcaría un punto de quiebre (la diferencia entre el antes y el después), Antonio Candido se va a preocupar por la configuración de ese sistema que es la literatura brasileña: "a brasileira não nasce, é claro, mas se configura no decorrer do século XVIII, encorpando o processo formativo, que vinha de antes e continuou depois", sostiene.

Es en la fluidez de los pasajes temporales (Candido no lee cortes, sino "unidades profundas" entre movimientos tradicionalmente contrapuestos, como la Arcadia y el Romanticismo) donde puede encontrarse la clave para entender positivamente otras continuidades, esta vez de políticas espaciales. Porque Candido parte de la idea de que la literatura brasileña es un "galho", un brote de la portuguesa; pero remonta esa subsidiariedad a través del concepto de "literatura común". No hay en él ningún atisbo de colonialismo como forma de la dependencia crítica: se trata de un concepto de avanzada.

Sobre esa idea de "literatura común" Antonio Candido asienta gran parte de su criterio de incorporación de textos producidos bajo régimen colonial (en Portugal o por portugueses) a ese sistema de literatura nacional brasileña. Esa comunidad literaria que le sirve a Candido para aprovechar y aprovecharse de todo, nos permite pensar qué ha pasado al respecto en otras literaturas y otras prácticas críticas latinoamericanas. No sólo en relación con la metrópoli de la que fuimos colonia declarada, sino también para ver qué hacemos o qué se produce cuando leemos *La tierra purpúrea*, de William H. Hudson. ¿Cómo entra y qué produce (qué efectos, qué reacomodamientos, qué inquietudes) en el sistema nacional si la consideramos un texto de la literatura argentina? Teniendo en cuenta, obviamente, que no deja de funcionar *también* (y ése es el desafío más interesante para literaturas periféricas) dentro del sistema de la literatura inglesa. Si, además, tenemos en cuenta otra legítima inclusión posible dentro de la literatura uruguaya, ¿cómo no pensar qué complejo (y con esto decimos interesante) se vuelve el entramado de lo que se da en llamar —como sin violencias, como sin sobresaltos— la literatura latinoamericana?

Uno de los puntos que podrían ser puestos a consideración, junto con éste, es el de la división de escritores por movimientos para pensar nuevamente el problema de los desajustes y las pertenencias. Ya el estudio sobre *Memórias de um sargento de milícias* mostrará la importancia de volver a abordar este problema cuando quien lo hace es un crítico de la talla de Antonio Candido. Pero, pensando todavía en torno de la *Formação...*, leída en relación con la forma de hacer crítica en el Brasil anterior a Candido, podemos ver cómo cada inclusión —o exclusión— es parte de la polémica necesaria acerca de las estéticas. Y, a partir de ahí, puede verse cómo la crítica se ha dedicado a ordenar y discutir los ordenamientos de otros como parte —en los mejores casos— del debate cultural. Candido no escapa a eso, pero lo supera: no se trata de un nuevo ordenamiento temporal que, de todos modos, no deja de hacerse: lo que importa es cómo cambia el modo de encarar el estudio de dos movimientos que, tradicionalmente (y no sólo en el Brasil, sino en casi todas las literaturas) se leen como contrapuestos *en* la sucesión, como si el romántico fuera un movimiento de superación (en un sentido evolucionista). Candido nos enseña a ver cómo había literatura y proyecto de literatura nacional antes del romanticismo; y que lo que suele leerse como neta invención romántica se remonta, en rigor, a formas neoclásicas. Nuevamente desmiente la práctica denunciada por Schwarz de recomenzar de cero.

La historia del comienzo

Como se vuelve necesario establecer un comienzo para datar la sistematización de lo que va a constituirse como literatura brasileña, Antonio Candido opta por el año 1750, aclarando que es una fecha "puramente convencional":

> O leitor perceberá que me coloquei deliberadamente no ângulo dos nossos primeiros românticos e dos críticos estrangeiros que, antes deles, localizaram na fase arcádica o início da nossa verdadeira literatura, graças à manifestação de temas, notadamente o Indianismo, que dominarão a produção oitocentista. Esses críticos conceberam a literatura do Brasil como expressão da realidade local e, ao mesmo tempo, elemento positivo na construção nacional. Achei interessante estudar o sentido e a validade histórica dessa velha concepção cheia de equívocos, que forma o ponto de partida de toda a nossa crítica, revendo-a na perspectiva atual.

> Sobre este aspecto, poder-se-ia dizer que o presente livro constitui (adaptando o título do conhecido estudo de Benda) uma "história dos brasileiros no seu desejo de ter uma literatura".[16]

Candido celebra que el comienzo de la formación de la literatura brasileña se haya dado con la práctica y el gusto neoclásicos, porque eso posibilitó la conformación de una "conciencia estética" más rigurosa respecto de la forma que lo que habría sido de haberse dado con el movimiento romántico que le sucedió.[17] Al abordar el estudio del primer romanticismo brasileño (el menos conocido internacionalmente, anterior a Gonçalves Dias) permite ver de qué modo se configura una idea de brasileñidad útil para el Brasil con el aporte fundamental de lo que los extranjeros han visto sobre esa nación, entre los que se incluye —como ya señalamos— el portugués Almeida Garrett. Eso marca una diferencia fundamental entre el romanticismo brasileño y los romanticismos hispanoamericanos: la mirada desde la metrópoli ayuda a trazar las marcas —independientes, propias y autónomas— de lo nacional.[18]

Muestra, a la vez, que los valores de un movimiento fundamental para la formación de una literatura no necesariamente radican en su fuerza e innovación estéticas o en la originalidad respecto del modelo europeo, como sucede —justamente— en el caso del primer romanticismo brasileño; sino en su función histórica, en descubrir qué significó el gesto tal vez (y con frecuencia es así) subsidiario de un modelo más prestigioso; pero donde la voluntad de hacer lo propio es la impronta más valiosa, que torna posible —sí— la emergencia de una segunda fase, más personal, menos imitativa, que siente las bases de una personalidad literaria de contornos más definidos.

Si bien Antonio Candido no deja de marcar las contradicciones ideológicas en las que se mueven muchos de los escritores que aborda, no se empecina (ni se ensaña) en la denuncia de los rasgos que percibe considerándolos como negatividades. Busca, mejor, el modo de ver cómo en lo aparentemente dependiente o involutivo, en lo subsidiario o en el sometimiento al deber ser europeo, hay marcas de un proceso de conformación que apunta a la consolidación de una voz propia, a la búsqueda de temáticas de interés o de modos de narrar lo local.

Con Candido es posible pensar la cuestión de lo nacional sin adherir a posiciones retrógradas o de derecha (que muchas veces coinciden). La atención por la literatura propia deja de ser un baldón del crítico —antes que de la crítica— para convertirse en un proceso productivo. No se trata del rescate nostálgico de un pasado, sino de poder pensar —con eso y desde ahí— el presente y, en el mejor de los casos, el futuro.[19] En la *Formação da literatura brasileira* no se leen, por eso, elogios desmedidos; pero tampoco condenas en bloque. Más precisamente, al leer el libro de Antonio Candido aprendemos a hurgar, a pensar los procesos, las continuidades, a aprovechar el pasado, a aprovecharnos del pasado. Ninguna literatura nace de la nada. Asumir de manera crítica lo que parecería haberle tocado en suerte es mejor que empecinarse en un eterno lamento o en un juicio lapidario. La literatura que cada país se merece es fruto de lo que estemos dispuestos a hacer por ella. No; mejor: *con* ella.

En reiteradas ocasiones, Antonio Candido admite estar adoptando un punto de vista romántico para postular el comienzo de la literatura brasileña en la arcadia neoclásica;[20] pero —como Paulo Arantes aclara— no sin ironía, aunque esto no siempre se perciba. De todos modos, es fuerte ese punto de vista; y si bien se trata de un procedimiento crítico (una impostura crítica productiva), a veces llega a la exageración. Como cuando, en su afán por resaltar la vinculación entre la literatura y la conformación de lo nacional, llega a decir que la

> literatura do Brasil, como a dos outros países latino-americanos, é marcada por este compromisso com a vida nacional no seu conjunto, circunstância *que inexiste* nas literaturas dos países da velha cultura.[21]

Si es absolutamente cierto lo que les toca a las literaturas del Nuevo Mundo, no podemos por eso dejar de ver de qué manera —y para mencionar sólo uno de los casos más notorios— el romanticismo francés podría servir como perfecto contraargumento en lo que a Europa respecta.

Aquí, tal vez, esa adopción del punto de vista romántico le juegue una mala pasada. Por un lado, porque todos los romanticismos creían —*se* creían— el punto más alto de compromiso en la misión patriótica de conformar una literatura propia (junto con una nación). Por otro, porque los romanticismos se constituyen a partir de una declaración programática acerca de la forzosa vinculación entre literatura y políticas de conformación de una nación.

En la Argentina, cuando se mira la cultura nacional argentina con los ojos de su romanticismo, usualmente se termina adscribiendo a una línea liberal. Porque es la literatura que, aunque había sido producida desde la derrota por parte de los que se enfrentaron durante años al gobierno de Juan Manuel de Rosas, acabó conformando la ideología triunfante para el momento de la constitución del Estado nacional hacia 1880. Herederos de esa tradición (entendida, en términos generales, en su sentido más hegemónico), hoy nos encontramos con una cultura argentina de corte liberal: la que suscribe el Estado, difundiéndola por medio de la educación que se imparte en las escuelas, y la que suelen adoptar —acríticamente— los medios de comunicación.

Es, con todo, la lectura de la *Formação da literatura brasileira* la que puede servir para ver cómo escaparle a la amenaza liberal o nacionalista cuando se aborda el estudio del romanticismo. Porque, como señala Roberto Schwarz al tratar de explicar por qué no es retrógrada la adopción del punto de vista romántico en el caso de Candido,

> o autor analisou criticamente os preconceitos da perspectiva que, por outro lado, julgou interessante tomar. Digamos que ele, socialista e internacionalista, amigo da liberdade das artes, além de nascido cem anos mais tarde, encara com simpatia o empenho patriótico e formador daquela geração, cuja força pertinência reconhece, sem lhe desconhecer as limitações. Por um lado, em quanto tarefa, considera que a etapa da formação está concluída e que seu prisma já não tem razão de ser: a literatura brasileira existe e a rarefação da vida colonial foi vencida. Não obstante, em outro âmbito, a formação do país independente e integrado não se completou, e é certo que algo do déficit se transmitiu e se transmite à esfera literária, onde a falta de organicidade, se foi superada em certo sentido, em outro continua viva. Esta posição distanciada, mas não por completo, que de fato existe no livro em relação ao movimento da formação, representa um modo real e apropriado de consciência histórica. Com estas observações

entramos para o significado contemporâneo da idéia da *Formação*.²²

También es interesante notar que no es la autonomización respecto de la metrópoli (buscando las marcas de lo nacional brasileño y ya no de lo lusitano) lo que Candido quiere poner en el centro; sino la formación de algo que, antes que como brasileño, se constituye —particularmente— como literatura, esto es: como un sistema.²³ Y no olvidemos que, dentro de ese sistema, Candido propone continuidades y pasajes, antes que cortes, entre los "momentos decisivos" cuyo funcionamiento está analizando. Pero no se trata de una continuidad orgánica en el sentido de un evolucionismo pensado en términos de progreso. Y si no es novedosa la postulación de un eje temporal (y en particular histórico) para pensar la literatura, lo interesante es que la orientación histórica de la investigación no piensa en sentido lineal. La elección de sólo *dos* momentos-movimientos explica ya una forma de concebir la historia: se descarta el afán de completud en un sentido abarcador. Esos dos momentos decisivos pueden leerse como epítomes: hay en la *Formação da literatura brasileira* una invitación a pensar autónomamente. Allí se dan claves de conformación y de funcionamiento que pueden ayudar a pensar en otros contextos, en otras circunstancias concretas. Estamos frente a una historia de la literatura brasileña cuyo valor radica precisamente en la paradoja de no serlo (es, felizmente, un *contramanual*). A eso debemos sumarle la salvedad de que es "um livro de história, mas sobretudo de literatura".²⁴

La historia de la *Formação...* es, en rigor, la de un desvío. Un cambio de planes, el incumplimiento de una promesa, una inteligente forma de la traición. Candido ha sabido captar como pocos el verdadero sentido de la adaptación para realizar un desplazamiento fundamental en la crítica literaria brasileña. El cambio de rumbo en su propia especialización (de la sociología —pasando por una fuerte influencia de la antropología— a la literatura; del deseo de dedicarse a la literatura francesa al estudio de la brasileña) repercute, magnificado y magnífico, en la *reviravolta* que produce dentro de la crítica cultural brasileña a partir de la *Formação...*, que tendrá su culminación —que no su final, claro— en "Dialética da malandragem".

Sin sujeciones a las disciplinas (antropología, sociología, historia), pero con una fuerte pulsión hacia la literatura, se trata de conformar una nueva mirada:

> Creio que posso caracterizar minha carreira como um afastamento cada vez maior do "específico" em busca de um modo aberto e interativo, que passa por cima das divisões acadêmicas para chegar a um "ponto de vista" coerente. Isto, porque talvez eu seja um ensaísta, na medida em que gosto de jogar com os sentidos possíveis e de relativizar as conclusões, embora procure dar cunho sistemático às análises.[25]

Formação da literatura brasileira: como lo que va del guión al film, es una hoja de ruta que mutó sobre la marcha. Ni la estación central de la que se parte ni las tarjetas postales que se envían: la historia cultural del Brasil está precisamente en el viaje.

"DIALÉTICA DA MALANDRAGEM" Y EL PENSAMIENTO SOBRE LA CONDICIÓN LATINOAMERICANA: OTRA FORMA DEL DESVÍO

"Dialética da malandragem"[26] es mucho más que un texto fundamental en la crítica brasileña: plantea una serie de ideas y de movimientos que pueden servir para pensar otras tradiciones latinoamericanas. Aunque concentrado sobre un texto brasileño cuya característica más evidente parecería ser su excentricidad, no sólo con respecto a la tradición brasileña sino incluso en relación con las producciones de otras literaturas latinoamericanas, en ese artículo Candido realiza dos operaciones sumamente productivas para pensar al Brasil y a Latinoamérica.

El texto abre con un gesto inconformista que tal vez tenga muchas más consecuencias en el desarrollo de la crítica de las que podría suponerse al comienzo. Partiendo del rechazo de ciertas ideas de la crítica sobre *Memórias de um sargento de milícias*, que tendían a inscribirla en una tradición europea —o novela picaresca o novela realista—, Candido propone llegar a la especificación de la misma a partir de un análisis textual que contrasta el estudio de la picaresca española y del realismo europeo con el estudio de la novela de Manuel Antônio de Almeida, investigando así lo que aquellos que propusieron a

Memórias... como una actualización particular de esos géneros dieron por sentado sin intentar probar (p. 80 y 88). Tanto en el apartado "¿Novela picaresca?" como en el titulado "¿Novela documental?", Candido despliega un tipo de abordaje comparatista que va a derivar —conciente o inconcientemente— en el rechazo de una metodología basada en el análisis de géneros o estilos. Sobre ese rechazo, el artículo de Antonio Candido va a construir una lectura del texto de Almeida sostenida por dos operaciones íntimamente relacionadas: primero, la negación metodológica de considerar a las *Memórias de um sargento de milícias* como encarnación particular de un género preestablecido; y segundo, la articulación de este obra dentro de una corriente brasileña de cultura popular que va contra todos los análisis posibles de la ideología dominante en el Brasil de esa época, creando a partir de esta novela una tradición alternativa y discontinua que sería paralela a aquella dominante que estudió en su otro gran texto historiográfico, *Formação da literatura brasileira*. Ambas operaciones forman parte de un dispositivo de negación de estas *falsas* ideas de totalidad —como las llamó Raymond Williams[27]— que serán reemplazadas por una idea más elaborada de totalidad que se cristaliza en su concepto de formalización.

En contra de la consideración de la novela de Almeida como perteneciente a un tipo preestablecido —además, europeo—, Candido realiza una lectura de la misma —y de la literatura latinoamericana, podríamos agregar— no como copia, reproducción fiel o desplazada, de una europea irradiadora de centro, sino como una literatura que inaugura un espacio otro. *Memórias de um sargento de mílicias* no es novela picaresca, no es realismo, sino *novela malandra*. El hecho de crear una categoría nueva, basada en una figura específicamente brasileña —que a su vez, según Candido, es especie de un género mayor[28]— para definir a la novela de Almeida, señala ya lo que significa ese momento de indagación, y lo que las operaciones puestas en práctica por Candido en el apartado "Novela malandra" van a construir. La definición de *novela malandra* parte de un método comparatista que relaciona la literatura brasileña con las europeas, pero que abandona ese primer paso para buscar —tanto en la sociedad como en las tradiciones culturales brasileñas— otros elementos heterogéneos que entran en su composición. En ese sentido, el análisis comparativo —y la disciplina de literaturas comparadas que Candido introdujo en el Brasil— no supone la mera búsqueda de influencias y relaciones de semejanzas, sino una metodología apropiada para el análisis de culturas heterógeneas y cruzadas por la diversidad.[29]

Es preciso distinguir esta postulación de la de algunos historiadores de la literatura brasileña a los que Candido, en cierto sentido, continúa. Si —a fines del siglo XIX— Sílvio Romero o Araripe Jr. propusieron variaciones del concepto de aclimatación de una literatura europea a las condiciones específicas que el Brasil ofrecía con sus postulados de "estilo tropical" (Araripe) o "poesía mestiza" (Romero),[30] continuando con su metáfora organicista de los "galhos" Candido va a separarse sin embargo (por lo menos en este caso) de ese postulado. Y no sólo se separa de ese concepto organicista de la aclimatación, sino también del más elaborado —y tal vez más aceptado— de transculturación. Mientras que ésta supone una traducción, un transplante y la modificación que ese transplante produce en una forma, el movimiento de análisis de *Memórias de um sargento de milícias* sigue un camino diferente.[31] No se trata de una forma —la novela picaresca, por ejemplo— que sufre transformaciones al ser transplantada al Brasil, sino de la creación de una forma nueva —la novela malandra— a partir de la combinación de tradiciones dispares. Allí lo que interesa no es (como podría pensarse, tal vez; y se ha hecho) que lo que definiría a lo brasileño —y, por extensión, a lo latinoamericano— sería una especial mezcla, aculturación, transculturación o hibridez (para pensar con algunos conceptos utilizados a lo largo de la historia del pensamiento latinoamericano y sin entrar en las diferentes conceptualizaciones que cada uno de ellos implica); sino el movimiento desde un centro o desde un modelo hacia la constitución de una especificidad brasileña concebida menos como identidad que como diferencia. Es decir: otra forma del desvío que ya viéramos en *Formação da literatura brasileira*.

De la Formación a la Dialéctica

Ese *diferir* de la literatura brasileña condensado en *Memórias de um sargento de milícias* se va pautando sobre la constitución de un método que se ha visto como contrapartida opuesta a la estrategia sistemática de *Formacão da literatura brasileira*.[32] Es verdad que la confrontación entre ambos textos revela una diferencia de concepciones entre uno y otro que puede parecer radical, y, sobre todo, una gran diferencia de métodos críticos.[33] Si en *Formação da literatura brasileira* Candido privilegió una interpretación "extremamente favorecedora da coesão homogeneizante"[34] y buscó no los cortes sino las continuidades, en "Dialética da malandragem" —en cambio— se dejó llevar por el movimiento diferenciador y no cohesionado de *Memórias de um sargento de milícias*, de donde surge no sólo la caracterización de lo que sería la novela malandra, también la conformación de una línea de la literatura brasileña que corta transversalmente —e incluso, pone en cuestión— la tradición dominante de esa literatura nacional. Aunque Candido no llega a conceptualizar los cambios que este tipo de análisis va a introducir en su propio concepto de tradición formulado anteriormente en *Formação...*, hay en "Dialética da malandragem" algunos movimientos que permiten iluminar ese primer concepto y replantearlo. Si existe una tradición del sistema, pero junto a ella existen otras líneas, podría postularse —en principio— una visión de la literatura brasileña como un nudo de líneas en conflicto, de culturas heterogéneas que se articulan precisamente en el debate entre esos conflictos. Tal vez pueda postularse ahí un concepto de tradición "materialista", que —según Roberto Schwarz— ya estaría presente en *Formação...*; lo cierto es que sólo en la contraposición entre los dos textos este concepto de cultura se completa. Por eso, más que un texto que sería "a desleitura" de *Formação...*, como postula Haroldo de Campos, "Dialética da malandragem" debería pensarse como el *suplemento* a ese otro texto primario. Porque al establecer aquí otra tradición, otra opción que se suma a la que estudió como tradición nacional en la obra de 1959, surge con ella no sólo la idea de tradiciones alternativas, sino incluso la posibilidad de un texto que no aparezca ligado a ninguna de ellas y que pueda originar —a partir de ese dislocamiento— otra serie de líneas.[35] Mientras que en *Formação da literatura brasileira* Candido trata de encontrar la continuidad precisamente en lo aparentemente antagónico —esto es, encontrar el hilo de la línea evolutiva—, en "Dialética da malandragem" —en cambio— perseguirá el curso del conflicto. En la *Formação...* sostiene que la ruptura no es (como se supondría) inherente al romanticismo, sino que la ruptura romántica es precisamente fruto de ciertas postulaciones del neoclásico. Estos dos movimientos que se leen tradicionalmente como antagónicos, encuentran en la lectura de Candido un sistema de pasajes. Si bien hay en este postulado una continuidad que a primera vista contradiría el análisis de un objeto excéntrico como el que realizará en *Memórias...*, la opción de la *Formação da literatura brasileira* también puede entenderse —vista desde la "Dialética..."— como una forma de leer al revés lo que la tradición dominante ha construido, inaugurando así otro tipo de desvío.

Ese concepto de cultura que puede desprenderse de "Dialética..." es producido por sus propias estrategias de análisis. Porque al relacionar la literatura de Manuel Antônio de Almeida con una tradición popular, folklórica, Candido liga el análisis de la literatura con el análisis (en el caso específico de *Memórias...*) de una tradición cómica o satírica que le permite cruzar a la literatura con los periódicos satíricos de la época y con la caricatura de Manoel de Araújo Porto-Alegre y de Martins Pena. En esa operación hay que leer una concepción de la cultura que cruza las fronteras entre lo "alto" y lo "popular" y que Candido va a poner en práctica no sólo en sus *textos literarios* sino también en sus *textos sociológicos*; y en donde la cultura surge no como todo homogéneo, perfectamente articulado, sino como un campo de negociaciones diversas en las que la especificidad estaría dada precisamente por esa coexistencia —a menudo problemática— de tradiciones alternativas. La relación entre la novela analizada y la cultura brasileña contemporánea a la publicación de la novela de Almeida es inequívoca al respecto, puesto que

> a sociedade que formiga nas Memórias é sugestiva, não tanto por causa das descrições de festejos ou indicações de usos e lugares; mas porque manifesta num plano mais fundo e eficiente o referido jogo dialético da ordem e da desordem, funcionando como correlativo do que se manifestava na sociedade de aquele tempo. Ordem dificilmente imposta e mantida, cercada de todos os lados por uma desordem vivaz, que antepunha vinte mancebias a cada casamento e mil uniões fortuitas a cada mancebia. Sociedade na qual uns poucos livres trabalhavam e outros flauteavam ao Deus dará, colhendo as sobras do parasitismo, dos expedientes, das munificências, da sorte ou do roubo miúdo.[36]

De todos modos, y a pesar del espíritu heterogéneo que inspira la "Dialética...", el texto se cierra con otras dos postulaciones que permiten constatar la continuidad entre la *Formacão...* y la "Dialética...", lo que lleva a pensar cada uno de estos textos, no como dos lados opuestos que representarían a dos Candidos antagónicos, sino como un mismo Candido que vio el lado opuesto y los otros lados, como ha dicho Paulo Arantes.[37]

La idea de una literatura y de una cultura construidas por una línea dominante (conformada y dirigida por la clase dominante pero que no se agota en ella misma) no es lo mismo que la idea (contraria) de una tradición de la ruptura. Para que "Dialética..." constituyera efectivamente una *desleitura* de la *Formação...* debería postular y conceptualizar de una forma más contundente los movimientos entre tradiciones alternativas y dominantes, y las luchas que entre ambas pueden entablarse. En su lugar, Candido distribuyó la consideración de una y otra tradición en textos separados, eludiendo así el examen del conflicto que ambas tradiciones estudiadas en conjunto habrían generado. Al no tener en cuenta la interdependencia de esas dos hebras de la cultura brasileña en la literatura —cosa que sí hizo en *Os parceiros do Rio Bonito*—, Antonio Candido evitó una teorización sobre la cultura como conflicto, estableciendo de modo pacífico en la novela de Almeida el contacto entre esas heterogeneidades.

Esa concepción de la cultura que surge de "Dialética da malandragem" no es previa: deriva de las estrategias de análisis interdisciplinarios que cruzaron las fronteras entre tradiciones canónicas o establecidas y otros discursos que no sólo estaban en circulación en un mismo momento histórico, sino que persistían desde el pasado o incluso eran premonitorios de un futuro inconcluso.[38]

Si ese concepto iba a servir para pensar el Brasil, permitiría que el Brasil fuera pensado, simultáneamente, dentro y fuera de Latinoamérica; así como Latinoamérica, dentro y fuera del Brasil.

Así, muchos de los artículos de Candido que analizan su país (como la "Dialética da malandragem") propusieron una teoría de las culturas "periféricas" y de sus formas de constitución, que va delineando —de un texto a otro— formas diferentes de pensar la cultura latinoamericana. No tanto a partir de las similitudes que unen a las distintas literaturas nacionales de América Latina, sino sobre todo a partir de una condición histórica, social y cultural que les es común: su constitución como desvío de una norma europea o —para decirlo con sus palabras— su conformación como "galhos das metropolitanas". La forma en que cada una de esas culturas resolvió ese conflicto puede haber sido diferente. Y, si al evitar el *latinoamericanismo*, Candido obturó —por una parte— la consideración teórica de las diversas formas de articulación de ese conflicto, por otra evitó —por lo menos en la mayoría de sus estudios— la postulación de una similitud que habría hecho de ese pacifismo un más claro borramiento de las particularidades y diferencias de las culturas latinoamericanas. Tal vez sea precisamente ese *olvido* de Antonio Candido por la literatura de América Latina lo que le permita a la crítica cultural descubrir en él a uno de los pensadores más originales sobre la condición latinoamericana. A partir de ahí podrían esperarse teorizaciones más radicales y conceptualizaciones más teóricas sobre conflictos fundacionales.

NOTAS

[1] En "Os dois gumes da história" Célia Pedrosa relaciona el concepto de entre-lugar de la literatura latinomericana de Silviano Santiago como inspirado por la reflexión de Antonio Candido. (En D'INCAO, María Angela y SACARABÓTOLO, Eloísa Faria (orgs.). *Dentro do texto, dentro da vida. Ensaios sobre Antonio Candido*. São Paulo: Companhia das Letras, 1992, p. 131.)

[2] *Punto de Vista*, año 3, número 8, Buenos Aires, marzo-junio de 1980.

[3] ARANTES, Paulo. "Providências de um crítico literário na periferia do capitalismo", en ARANTES, Otília Beatriz Fiori y ARANTES, Paulo Eduardo. *Sentido da formação. Três estudos sobre Antonio Candido, Gilda de Mello e Souza e Lúcio Costa*. Rio de Janeiro: Paz e Terra, 1997, p. 20.

[4] *Punto de Vista*, p. 8.

[5] SARLO, Beatriz y Carlos ALTAMIRANO. *Literatura/sociedad*. Buenos Aires: Hachette, 1983, p. 257. Es reveladora la elección del texto de Candido que incluirían. Porque aunque el de Altamirano y Sarlo no sea un libro específico sobre la literatura latinoamericana, hay allí un claro intento traductor con el deseo de introducir ciertos conceptos que permitan pensar, sí, la literatura argentina y —junto con ella— la latinoamericana. El artículo de Candido, "Estrutura Literária e função histórica" (un ensayo sobre *O Caramuru* de Santa Rita Durão, como texto paradigmático desde la perspectiva de la formación histórica de la literatura brasileña), forma parte de un conjunto de cuatro apéndices,

tres de los cuales son ensayos de críticos latinoamericanos sobre textos latinoamericanos (el ensayo de Candido, uno de Ángel Rama sobre *Versos sencillos* de Martí, y otro de Sarlo y Altamirano sobre *Recuerdos de provincia*). El artículo de Candido fue publicado originalmente en *Revista de Letras* n. 2, Assis, 1961, y posteriormente en el libro *Literatura e sociedade*. São Paulo: Nacional, 1965.

[6] BORGES, Jorge Luis. "Las versiones homéricas" en *Discusión*, en *Obras completas*. Buenos Aires: Emecé, 1974.

[7] Esta idea es fundamental en la concepción de la *Formação...* y en la búsqueda que emprende su autor.

[8] MILLIET, Sérgio. *Diário crítico*. V. IV. São Paulo: Livraria Martins, 1981, p. 7.

[9] CANDIDO, Antonio. *Introducción a la literatura de Brasil*. Caracas: Monte Avila, 1968, p. 7.

[10] SÜSSEKIND, Flora. *O Brasil não é longe daqui. O narrador, a viagem*. São Paulo: Companhia das letras, 1990, p. 128.

[11] CANDIDO, Antonio. *Formação da literatura brasileira*. Belo Horizonte-Rio de Janeiro, Itataia, 1993, tomo 2, p. 51.

[12] IDEM. *Ibidem*, p. 14.

[13] SÜSSEKIND, Flora. *O Brasil não é longe daqui. O narrador, a viagem*. Op. cit., p. 21.

[14] SCHWARZ, Roberto. "Nacional por subtração" en *Que horas são?* São Paulo: Companhia das letras, 1989, p. 31.

[15] Dice Candido, en un famoso pasaje:
> Se voltarmos porém as vistas para Machado de Assis, veremos que este mestre admirável se embebeu meticulosamente da obra dos predecessores. A sua linha evolutiva mostra o escritor altamente consciente, que compreendeu o que havia de certo, de definitivo, na orientação de Macedo para a descrição dos costumes, no realismo sadio e colorido de Manuel Antônio, na vocação analítica de José de Alencar. Ele presupõe a existência dos predecessores, e esta é uma das razões da sua grandeza: numa literatura em que, a cada geração, os melhores começam *da capo* e só os medíocres continuam o passado, ele aplicou o seu gênio em assimilar, aprofundar, fecundar o que havia de certo nas experiências anteriores. Este é o segredo da sua independência em relação aos contemporâneos europeus, do seu alheamento às modas de Portugal e França. Esta, a razão de não terem muitos críticos sabido onde classificá-lo.

(*Formação da literatura brasileira*. Op. cit., p. 104.)

[16] IDEM. *Ibidem*, tomo 1, p. 25.

[17] IDEM. *Ibidem*, p. 27.

[18] Es necesario aclarar que eso está relacionado también con las diferencias que existieron entre los procesos independentistas de la América Hispana y del Brasil.

[19] Dice Roberto Schwarz, en discusión con Haroldo de Campos, que no por estudiar la formación nacional Candido es nacionalista: "pertence à geração universitária que notoriamente criticou o nacionalismo e seus mitos, dando uma explicação materialista e sóbria

da formação nacional, alheia à patriotada" ("Os sete fôlegos de um livro", en *Seqüências brasileiras*. São Paulo: Companhia das Letras, 1999, p. 51).

[20] CANDIDO, Antonio. *Formação da literatura brasileira*. Op. cit., p. 25.

[21] IDEM. *Ibidem*, tomo 1, p. 18, énfasis nuestro.

[22] SCHWARZ, Roberto. "Os sete fôlegos de um livro" Op. cit., p. 52-3.

[23] CANDIDO, Antonio. *Formação da literatura brasileira*. Op. cit., p. 28.

[24] IDEM. *Ibidem*, tomo 1, p. 29.

[25] SOUZA, Antonio Candido de Mello e. Entrevista concedida a Gilberto Velho e Yonne Leite, en *Cientistas do Brasil. Depoimentos*, São Paulo: Sociedade Brasileira para o Progresso da Ciência, 1998, p. 592-3.

[26] "Dialética da malandragem" fue publicado en la *Revista do Instituto de Estudos Brasileiros*, n. 8, Universidade de São Paulo, 1970 y luego se incluye en *O discurso e a cidade*, São Paulo: Duas Cidades, 1993.

[27] No es casual que, a partir de estos dispositivos, el texto de Candido elabore una teoría sobre la literatura brasileña sumamente sensible a los cambios y a la heterogeneidad que en otros textos suyos, en cambio, aparecen de un modo más rígido. Son precisamente estos dos tipos de totalidades aparentes las que Raymond Williams señala como ejemplos de aquellos conceptos que servirían en los estudios literarios para contener los factores de cambio e inmovilizarlos (en *Problems in Materialism and Culture. Selected Essays*. London: Verso, 1997, p. 16). Dice Candido:

> Na verdade, o que interessa à análise literária é saber, neste caso, qual a função exercida pela realidade social historicamente localizada para constituir a estrutura da obra —, isto é, um fenômeno que se poderia chamar de formalização ou redução estrutural dos dados externos

("Dialética...", p. 32-3). Al elaborar este concepto, Candido se refiere a la incorporación y actualización de los datos de una realidad a la estructura de la obra, construyendo así con ese concepto una "totalidad" que incluye sociedad y cultura que, como quería Williams, no se rige por la idea de base y superestructura sino que intenta ver de qué forma diferentes estructuras en determinadas obras iluminan no sólo esas obras, sino también procesos de vida y de relación en la formación social.

[28] Dice Antonio Candido: "O malandra, como o pícaro, é espécie de um gênero mais amplo de aventureiro astucioso, comum a todos os folclores" (p. 85).

[29] Candido señala a la literatura comparada como la única forma de estudiar un país "caracterizado pelo cruzamento intenso das culturas, como é o Brasil" (Cf. "Literatura comparada", en *Recortes*. São Paulo: Companhia das Letras, 1993, p. 215).

[30] Cf. ARARIPE JÚNIOR. "Estilo Tropical" en *Obra crítica de Araripe Júnior*. Rio de Janeiro: Fundação Casa de Rui Barbosa/MEC, 1960, v. 2: 1888-1894; y ROMERO, Sílvio. *História da literatura brasileira*. 2ª ed. revisada por el autor, 2 v. Rio: Garnier, 1902-1903.

[31] Algunas críticas al concepto de transculturación creado por Fernando Ortiz en *Contrapunteo cubano del tabaco y del azúcar* y reutilizado por Ángel Rama en *Transculturación narrativa de la literatura latinoamericana* señalan que éste conlleva la idea de la cultura latinoamericana como una sola cultura homogénea, para oponerlo al concepto de heterogeneidades de Antonio Cornejo Polar (SCHMIDT, Friedhelm. "¿Literaturas heterogéneas o literaturas de la transculturación?"; y BUENO, Raúl. "Sobre la heterogeneidad literaria y cultural de América Latina"; en MAZZOTTI, José Antonio y ZEBALLOS, Juan (coords.). *Asedios a la heterogeneidad cultural*. Philadelphia: Asociación Internacional de Peruanistas, 1996, p. 40 y 22-5, respectivamente).

[32] CAMPOS, Haroldo de. *O seqüestro do barroco na formação da literatura brasileira: o caso Gregório de Mattos*, Salvador: Casa de Jorge Amado, 1989; y "Da razão Antropofágica: diálogo e diferença na cultura brasileira" (publicado originalmente en la revista *Colóquio/Letras*, n. 62, julio de 1981), en *Metalinguagem e outras metas*. São Paulo: Perspectiva, 1992.

[33] El más evidente es el diferenciado criterio de conformación del corpus de análisis: mientras el de *Formação...* se rige por el concepto de sistema y organiza un conjunto de obras "ligadas por denominadores comuns" (tomo 1, p. 23) a partir de la idea de una línea dominante, el de "Dialética..." escoge un texto excéntrico y heterogéneo que se identifica con líneas que provenienen de la cultura popular más que de la erudita.

[34] LIMA, Luiz Costa en D'INCAO, Maria Angela y SACARABÓTOLO, Eloísa Faria (orgs.). Op. cit., p. 164.

[35] Visto desde esta perspectiva, el texto de Candido podría integrarse a una serie de textos brasileños que pensaron esas discontinuidades y tradiciones críticas a contrapelo de la tradición hegemónica, y que coinciden en un armado semejante de autores y tradiciones. Junto con "Dialética da malandragem", véase SÜSSEKIND, Flora. *Tal Brasil, qual romance? Uma ideología estética e sua história: o naturalismo*. Rio: Achiamé, 1984; y CAMPOS, Haroldo de. "Arte pobre, tempo de pobreza, poesia menos", incluido en *Metalinguagem e outras metas*.

[36] CANDIDO, Antonio. "Dialética da malandragem" Op. cit., p. 44.

[37] ARANTES, Paulo. *Sentimento da dialética na experiência intelectual brasileira. Dialética e dualidade segundo Antonio Candido e Roberto Schwarz*. Rio de Janeiro: Paz e Terra, 1992.

[38] Flora Süssekind señala la frecuente perspectiva temporal que evoca el presente en su estudio del pasado en la ensayística literaria de Candido. (En *A voz e a série*. Rio de Janeiro: Sette Letras; Belo Horizonte: UFMG, 1998.)

"Uma história dos brasileiros no seu desejo de ter uma literatura": reflexiones tardías sobre *Formação da literatura brasileira*

Jean Franco

Antonio Candido se puso a escribir *Formação da literatura brasileira* entre 1945 y 1951, publicó la primera parte en 1956 y la segunda en 1959 o sea, estaba trabajando en esta obra fundamental durante la primera fase de la guerra fría y la terminó en vísperas de la revolución cubana que para América Latina inauguró una etapa más violenta del conflicto. Este dato sería irrelevante si no fuera por el hecho de que la guerra fría era también una guerra de valores entre dos poderes que querían reconvertir la literatura y el arte según sus propias ambiciones y que se proseguía a través de congresos, revistas y libros subvencionados clandestinamente. Creó un ambiente generalizado de conflictos ideológicos que influía en la cultura no sólo en Europa y los Estados Unidos, sino también en America Latina, borrando la separación de arte y propaganda. Ambos poderes antagónicos veían en la cultura un instrumento para ganar adherentes a su causa: los norteamericanos defendían la libertad de la cultura (y la autonomía del arte) y los soviéticos el realismo que con los años abrazaba conceptos cada vez más vagos e imprecisos. En cuanto a América Latina, ambos poderes invitaron a escritores y artistas a participar en eventos internacionales como abogados o por la libertad o por la paz. De esta manera, Pablo Neruda y Jorge Amado aparecían en congresos de paz junto con otras estrellas de izquierda como Aragon y Eluard mientras la revista *Cuadernos*, subvencionada por el Congreso de la Libertad de la Cultura, daba la bienvenida a Octavio Paz, a Borges, a Alejandra Pizarnik junto con pensadores europeos. En los sesenta cuando Cuba asumía el papel de liderazgo cultural, la revista *Mundo Nuevo* con dinero de organizaciones que cubrían el financiamiento de la CIA fue fundada para contrarrestar la influencia cubana.[1]

Recientemente, estas actividades clandestinas de los grandes poderes han promovido investigaciones que tienden a nutrir las teorías de conspiración. El libro de Frances Stoner Saunders, *The Cultural Cold War. The CIA and the World of Arts and Letters* explora en detalle la subvención clandestina de libros, revistas y congresos por la CIA y las actividades del Congreso por La Libertad de la Cultura.[2] En *How New York Stole the Idea of the Avant-Garde*, el canadiense Serge Guilbert investigó la despolitización de la vanguardia norteamericana como táctica de la política cultural norteamericana que detrás de la consigna de la libertad extendía la influencia norteamericana. Según Guilbert, la crítica norteamericana se apoderaba de la noción de la vanguardia, identificándola con la virtuosidad técnica del expresionismo abstracto, depurándola de los proyectos revolucionarios de la vanguardia europea. La promoción del arte abstracto por las instituciones culturales lo convertía en emblema de la libertad en contraste con el dogmatismo del realismo socialista. Al mismo tiempo, se identificaban los intereses nacionales de los norteamericanos con "lo universal" que se interpretaba como un proceso de depuración de localismos mediante un grado de abstracción desprestigiando el nacionalismo cultural y las aspiraciones libertadoras de los países del tercer mundo.[3] La Unión Soviética, por su parte, y a través de los partidos comunistas, era muy activa en su búsqueda de adherentes. En su libro *Picasso. The Communist Years* Gertje Utley da cuenta de los intensos esfuerzos a este respecto del partido comunista francés durante los cuarenta y cincuenta.[4] En esta guerra de universales y valores, sin embargo, los Estados Unidos tenían una ventaja. La libertad, por vaga que fuera, era mucho más seductora para los escritores que los dictados de un comisario o la defensa de un realismo trasnochado.

Las teorías de la conspiración nunca son satisfactorias. Las políticas culturales arriba mencionadas no impactaban en la mayoría de los escritores que seguían su propio camino, pero sí, creaban un ambiente que fomentaba las confrontaciones y los conflictos bipolares. También afectaba de forma muy diferente a los escritores estadounidenses y los latinoamericanos. El modernismo en los Estados Unidos y en Europa durante la guerra fría se invirtió en formas esencialmente anti-políticas del esteticismo académico. En el ambiente norteamericano términos como "historia" y "sociedad" tenían resonancias de marxismo y del "momento proletario" de la literatura estadounidense contra el cual reaccionaban los críticos que se consideraban apolíticos.

En la academia norteamericana el principio de la guerra fría fue marcado por la trascendencia de los "New Critics" —J. C. Ransom, Allen Tate, R. P. Warren y Cleanth Brooks, todos procedentes del sur de los Estados Unidos y W. K. Wimsatt, quienes insistían en la depuración de la crítica de alusiones históricas y biográficas. Más que una "escuela" o "movimiento" representaban una reacción contra el impresionismo y el positivismo prevalente dentro y fuera de las universidades; insistían en la unidad y coherencia del texto, independiente de las condiciones de su producción. Como ha señalado René Wellek la reacción de este grupo de críticos contra el positivismo y las lecturas impresionistas es comparable a reacciones similares de parte de los formalistas rusos y de los practicantes de la estilística cuya metodología se difundía en los países hispánicos gracias a los trabajos de Leo Spitzer.[5] Lo que diferenciaba a los New Critics del formalismo ruso, sin embargo, era que los últimos se identificaban con Mayakovsky y Khlebnikov que eran "revolucionarios en el arte y la política".[6] Lo que les preocupaba era la tensión entre imanencia y trascendencia o intrínseco y extrínseco. Las formas de transcendencia que querían expulsar de la crítica eran

> información histórica y biográfica; pero también opiniones políticas, generalizaciones sociologicas y preocupaciones freudianas [...] efectivamente consignaron la historia al polvoriento basurero de la historia.[7]

El título del libro de Cleanth Brooks, *The Well Wrought Urn* (La urna bien fabricada) pone en claro la idea del poema como artefacto mientras que W. K. Wimsatt, en su libro, *The Verbal Icon* combatía "the affective fallacy" y "the intentional fallacy", o sea la atribución del significado de una obra ya sea a los sentimientos o a las intenciones de su autor.[8] Independientemente de este grupo, René Wellek en *Concepts of Criticism* también pone atención en lo intrínseco; compara el método de la crítica literaria con el método de los científicos e investigadores de otras disciplinas. Al igual que ellos el procedimiento de la crítica literaria debía ser el de aislar el objeto, en este caso, la obra literaria, contemplarlo intensamente, analizar, interpretar y finalmente evaluarlo usando criterios derivados de, verificados por y apoyados en el más amplio conocimiento, en la observación más detallada, la sensibilidad más aguda y el juicio más honesto que podemos emplear.[9]

En realidad el "close reading" que exigían los New Critics no siempre consistía en el minucioso examen de significantes —ritmo, tono, repetición, sonido, rima, aliteraciones— que caracterizaba la estilística. Ponían la atención en la funcionalidad de las imágenes en la estructura total de la obra y sobretodo en las paradojas, en la ironía y la ambigüedad. No carece de interés que en el ambiente de la guerra fría, el análisis de Cleanth Brooks, por ejemplo, resaltaba los conflictos de significados sobretodo en la poesía, conflictos que podían resolverse en una especie de *détente* que marcaba la conclusión del poema.[10] La unidad del poema representa, según Brooks, un equilibrio de fuerzas. Lo que es notable, sin embargo, es como la defensa de la inmanencia se expresaba en un lenguaje inquisitorial. De allí la condena de las "falacias" y el intento de extirpar "la herejía de la parafrasis con el objeto de defender la integridad del campo".[11]

En su resumen del aporte de esta crítica norteamericana de posguerra, incluyendo allí al New Criticism, René Wellek señalaba no solamente cierta falta de rigor en cuanto a la terminología sino su rechazo o descuido de la historia literaria y también de las literaturas en otros idiomas. Al mismo tiempo, aunque al reconocer que la crítica literaria y la historia literaria representan prácticas distintas, Wellek urge la necesidad de reformar la última usando nuevos criterios. Rechazando la historia literaria evolucionista, propone una historia interna que se base en un concepto del tiempo que no sea una secuencia uniforme y un concepto de valor que no se restrinja a la **novedad**.[12]

En América Latina durante este mismo período se veía como urgente tanto la tarea de crear una crítica a la altura de la nueva escritura como la de darse cuenta del proceso de su formación. En ella, la influencia de los escritores era decisiva. Octavio Paz, Julio Cortázar, Carlos Fuentes y Mario Vargas Llosa, para citar solamente unos cuantos, realizaban en los sesenta una tarea crítica brillante. En Brasil, Mário de Andrade, los Concretistas (sobretodo Haroldo de Campos) y más tarde Silviano Santiago cumplían un papel semejante. La mayoría de estos escritores no estaban institucionalizados en la academia; sin embargo, a través de sus escritos, funcionaban como pedagogos, enseñando a sus lectores a leer sus obras. También influían en la formación de un canon — por ejemplo, la defensa por Mario Vargas Llosa de la novela de caballerías desmentía la relegación de esta ficción a la preliteratura; la insistencia de Julio Cortázar en la vigencia del surrealismo, el rescate de la poesía oral indigena por José Maria Arguedas, el rescate de Sousandrade por Haroldo de Campos son otros intentos de re-escribir la historia literaria.

Se enfrentaban los escritores de este momento, por lo tanto, con la doble tarea de fundar una crítica a la altura de la complejidad de la nueva novela y de la poesía sin por eso negar la especificidad de una tradición cultural que se apartaba de la evolución de la literatura europea. Sin embargo, a diferencia de los norteamericanos, no renunciaron al compromiso político aunque, sobretodo después de la revolución cubana, se nota un desfase entre el compromiso público de escritores para con la izquierda y las ambigüedades, reticencias y dudas expuestas en sus obras.

También la crítica literaria ocupaba en los cincuenta y sesenta un lugar privilegiado tanto por su vigencia latinoamericana como por ser el espacio de la reflexión critica, sobretodo dado que la lectura se veía como esencial en la preparación de una ciudadanía responsable. En el caso de Antonio Candido, la práctica del "close reading" del New Criticism se convertía en un instrumento importante para defender la autonomía de las practicas culturales frente al historicismo de la crítica marxista. En su libro sobre la trayectoria intelectual de Candido, *A palavra empenhada*, Celia Pedrosa (siguiendo una sugerencia del mismo Candido) señala tres fases en la obra del crítico. Es en la segunda fase, después de una fase influida por tendencias sociológicas marxistas que adopta una metodología que "rejeitando o impressionismo e o historicismo, defende a atenção à formulação objetiva da linguagem literária".[13] Candido desarrollaba un método de lectura detallada en los cursos de poesía que dictara en la Facultad de Filosofia de Assis entre 1958-1960, y que formarían la base del libro *Na sala de aula*, un libro publicado mucho más tarde en 1985 con el intento de registrar "um tipo de ensino". En las clases desarrolla lecturas detalladas de poemas de Tomás Antonio Gonzaga, Álvares de Azevedo, Manuel Bandeira y otros, insistiendo en estructuras, ritmo, tonalidad, rimas, nexos entre palabras, imágenes, y siguiendo

> o rumo dos elementos "materiais", para extrair deles os significados, passando pela percepção da estrutura. Fiquemos assim como una noção que tem bastante valor prático no trabalho sobre os textos: na análise, que não pode se limitar às intuições, mas precisa suscitá-las ou confirmá-las, a estrutura tem precedência como elemento de compreensão objetiva.[14]

Este "árido exercício" tenía que preceder la interpretación. Pero como ampliamente demuestra Celia Pedrosa, Candido nunca se restringía a un solo metodo[15] y aunque destacaba en ciertos casos la ironía y la ambiguedad que tanto interesaba al New Criticism éstas entraban en su crítica solamente cuando eran estrictamente justificadas. En este sentido es significativa su reflexión sobre Sérgio Milliet, citada por Celia Pedrosa, cuando destaca la actitud "fluctuante" de Milliet en una época caracterizada por presiones ideólogicas.

> Flutuar no sentido de mudar livremente de posição e no de circular caprichosamente entre as idéias, esposando as mais diversas formas de interpretação e reivindicando o direito da diferença constante num momento como da Guerra e, depois, da Guerra Fria, quando toda a gente procurava se encastelar num dogmatismo que apoiasse a ação a qualquer preço.[16]

Se nota aquí una sensibilidad, por parte de Candido, al ambiente conflictivo de este momento y una simpatía para con esta posición evasiva. No es de sorprenderse por lo tanto que al escribirse la *Formação* se muestre consciente él mismo de navegar entre varios escollos al tratar de mantener una posición antidogmática y flexible. Inclusive se ve la necesidad de oponerse a las "pretensões excessivas do formalismo, que importam, nos casos extremos, em reduzir a obra a problemas de linguagem". El formalismo corre el peligro de convertirse en dogmatismo:

> As orientações formalistas não passam, todavia, do ponto de vista duma crítica compreensiva, de técnicas parciais de

investigação; constituí-las em *método* explicativo é perigoso e desvirtua os serviços quando limitadas a seu âmbito [...] O imperialismo formalista significaria, em perspectiva ampla, perigo de resgresso, acorretando-a de novo a preocupações superadas, que a tornariam especialidade restrita, desligada dos interesses fundamentais do homem.[17]

La referencia al "imperialismo" formalista no puede ser casual, dado el recelo de la academia norteamericana ante cualquier asociación de la literatura con la sociedad, como no eran casuales tampoco, las referencias a los dogmatismos de la guerra fría.

A diferencia de los escritores del boom para quienes la literatura del pasado era de interés principalmente para apoyar a su práctica, los críticos latinoamericanos más destacados del período no podían restringirse a la lectura de los textos y descuidarse de la historia literaria. He aqui la gran diferencia entre los New Critics y los latinoamericanos porque estos últimos tenían algo que comprobar dada la notoria invisibilidad de la cultura latinoamericana frente a la europea y la supuesta "juventud" de la literatura americana que apenas (al parecer) llegaba a la madurez. Aunque en los sesenta la literatura del boom había asegurado la visibilidad de la literatura latinoamericana, creaba asimismo la impresión de un fenómeno reciente. En cambio para Candido y otros críticos escribiendo antes del boom, dar cuenta de la tradición, de "corrientes" y movimientos, era esencial para confirmar la especificidad de America Latina.

A este respecto es interesante comparar la obra de Antonio Candido con la de Enrique Anderson Imbert cuyo libro, *Historia de la Literatura Hispanoamericana,* era muy difundido en las universidades norteamericanas. Al prologar su exitoso libro, cuya primera edición es de 1954, Anderson Imbert reconoce que, si se atiendiera a criterios estéticos, el estudio quedaría escueto "a qué delgada línea se reduciría nuestra historia, esta que ahora ofrecemos, si sólo tuviéramos en cuenta la expresión estética? Nuestras contribuciones a la literatura universal son mínimas". Pasando en revista el número modesto de los escritores que "honrarían cualquier literatura" constata que "en general nos aflige la improvisación, el desorden, el fragmentarismo, la impureza. Forzosamente tendremos que dar acogida a mucho escritor malogrado".[18] En el prólogo de la segunda edición continúa la apología. Después de proclamar que "nuestro objeto es la Literatura, o sea, esos escritos que se pueden adscribir en la categoría de la belleza" da constancia que

> en los primeros capítulos hemos tenido que admitir a muchos hombres de acción o de pensamiento que escribieron crónicas y tratados sin intenciones artísticas [...] Pero a medida que nos acercamos a nuestro tiempo debemos ser más exigentes en el deslinde entre lo que es y lo que no es literatura. Cuando llegamos a nuestro tiempo, sólo nos interesan los escritores que cultivan la poesía, el poema en prosa, el cuento, la novela, el teatro. En ensayistas sólo los consideramos en tanto hombres de letras.

Queda patente la desazón del crítico ante lo que concibe como desorden y su evidente alivio cuando puede insertar la literatura hispanoamericana en categorías y géneros "universalmente" reconocidos. Es evidente también que se necesita un concepto de lo estético que va más allá de los géneros literarios desarrollados en los países hegemónicos.

De la misma manera, Antonio Candido se preocupaba por la necesidad de incluir autores menores en la *Formação*:

> A dificuldade está em equilibrar os dois aspectos, [historia y valorización] sem valorizar indevidamente autores desprovidos de eficácia estética, nem menosprezar os que desempenharam papel apreciável, mesmo quando esteticamente secundários.

Aunque el tono es menos apologético que el de Anderson Imbert reconoce que "comparada às grandes, a nossa literatura é pobre e fraca"; el ambiente cultural de mediados de siglo dieciocho es juzgado "o mais pobre e menos estimulante que se pode imaginar", uma "revoada de maus poetas e letrados pedantes". Hasta se ve obligado a incluir un capítulo sobre el mal gusto. La imposibilidad de excluir los más débiles, los mediocres, obedece a otro imperativo, el de dar cuenta de esas

> tentativas muitas vezes fortes, sempre tocantes, em que os homens do passado no fundo de uma terra inculta, em meio de uma aclimatação penosa da cultura européia, procuravam

> estilizar para nós, seus descendentes, os sentimentos que experimentavam, as observações que faziam — dos quais se formaram os nossos.

Pero finalmente estas inclusiones se justifican por la especifidad de la literatura brasileña:

> Cada literatura requer tratamento peculiar, em virtude dos seus problemas específicos ou da relação que mantém com outras. A (literatura) brasileira é recente, gerou no seio da portuguesa e dependeu da influência de mais duas ou três para se constituir.

Además, el afán literario, aun en épocas desfavorables, era provocado por "o desejo de mostrar que também nós, brasileiros, homens de uma terra inculta éramos capazes de fazer como os europeus". La especificidad no implica para Candido la autonomia de la literatura nacional sino un juego entre fuerzas nacionales y universales.

> Dum ponto de vista histórico, sobretudo, é evidente que o conteúdo brasileiro foi algo positivo, mesmo como fator de eficácia estética, dando ponto à imaginação e músculos à forma. Deve-se, pois, considerá-lo *subsídio* de avaliação nos momentos estudados, lembrando que, após ter sido recurso ideológico, numa fase de construção e auto-definição é atualmente inviável como *critério*, constituindo neste sentido um calamitoso erro de visão.[19]

La historia literaria no es una continuidad sino una historia de rupturas que tampoco son completas. Si de un lado, la coherencia de ciertos movimientos se debe a las "idéias-forças" compartidas por distintos autores de la misma generación, en su seno se entremezcla la novedad y la decadencia.

> Cada período literário é ao mesmo tempo um jardim e um cemitério, onde vêm coexistir os produtos exuberantes da seiva renovada, as plantas enfezadas que não querem morrer, a ossaria petrificada de gerações perdidas.[20]

Aunque Candido emplea varias veces esta analogía orgánica, también divide la historia literaria en una serie de "momentos" en que predomina una tendencia —Arcadismo, Romanticismo, etc.— y confiesa que hay cierta arbitrariedad en la selección de autores representativos.

> Sob este aspecto, a crítica é um ato arbitrário, se deseja ser criadora, não apenas registradora. Interpretar é, em grande parte, usar a capacidade de arbítrio; sendo o texto uma pluralidade de significados virtuais, é definir o que se escolheu, entre outras.[21]

Para dar cuenta de la transición de una tendencia a otra, Candido emplea el concepto de la rutinización de estilos que lo acerca a los formalistas rusos. La rutina se rompe solamente gracias al influjo desde afuera de nuevos movimientos e ideas o por la presencia de talentos innovadores. Sin embargo, la transición no significa una ruptura completa; el Arcadismo sigue subsistiendo al lado del Romanticismo, aunque relegado a una posición secundaria y persistiendo en la sub-literatura. Esta rutinización es la que contribuye a desacreditar ciertos movimientos en la posteridad. "A irritação causada pela mecanização duma tendência literária encastelada no gosto médio, leva a condenar as normas que a tornaram possível e já tiveram o seu momento de fecundidade."[22]

No quiero reducir la obra fecunda de Candido a un solo libro. Si me ha concentrado en la *Formação* es porque la época de la guerra fría y las tensiones culturales que le era propia se están perdiendo de vista rápidamente. Es que entre la época de la guerra fría y la de ahora hay transformaciones impensadas en aquel entonces, transformaciones que han deslocado la literatura de su lugar central. Hace mucho que el concepto pedagógico de las letras que nutría la noción de *close reading* ha cedido lugar a los estudios culturales. También, la industria cultural ha ayudado a destruir las bases de autoridad "desde las que era verosímil pensar en un paradigma educativo en materia estética". Los expertos tradicionales se ven en eclipse frente "al absolutismo del mercado" y las nuevas agencias culturales que significan "el nivelamiento pero no la democratización".[23]

En este proceso de relativización, la doble tarea que mencioné arriba —la de la crítica basada en la lectura cuidadosa y la exigencia de rescatar la tradición—, no deja de ser crucial aunque sólo persiste en una forma modificada. El "close reading" que se aplica en nuestros días abarca no sólo a los textos literarios sino a la textualidad en general, incluyendo los textos políticos. En una conferencia reciente sobre literatura comparada, Gayatri Spivak advertía el eclipse del estudio de humanidades o su funcionalización en términos de la conversión de la educación universitaria en una preparación para la entrada en el mercado y urgía la necesidad del "careful reading" y de la "cultural literacy". La historia literaria también se reformula. Como había previsto Candido, la cultura nacional no puede ser estudiada como factor autónomo sino como un proceso dinámico de apropiación y refuncionalización.

Desde este punto de vista, *Formação da Literatura Brasileira* es, como dice el propio Candido "uma história dos brasileiros no seu desejo de ter uma literatura".

NOTAS

[1] Estos conflictos son detallados en un libro mío, *Countercultures*, en prensa en Harvard University Press.
[2] SAUNDERS, Frances Stoner. *The Cultural Cold War. The CIA and the World of Arts and Letters*. New York: The New Press, 2000.
[3] GUILBERT, Serge. *How New York Stole the Idea of the Avant-Garde: Abstract Expressionism, Freedom and the Cold War*. Trans. Arthur Goldhammer. Chicago: University of Chicago Press, 1993.
[4] UTLEY, Gerkje R. *Picasso: The Communist Years*. Yale University Press: 2001.
[5] WELLEK, René; WARREN, Austin. *Theory of Literature*. 3rd ed. London: Penguin Books, 1963.
[6] JAMESON, Fredric. *The Prisonhouse of Language A Critical Account of Structuralism and Russian Formalism*. Princeton University Press, 1972, p. 45.
[7] IDEM. *Postmodernism or the Cultural Logic of Late Capitalism*. Duke University Press, 1991, p. 183-4.
[8] BROOKS, Cleanth. *The Well Wrought Urn. Studies in the Structure of Poetry*. London: Methuen, 1949; WIMSATT, W. K. *The Verbal Icon. Studies in the Meaning of Poetry*. The University Press of Kentucky, 1954.
[9] WELLEK, René. *Concepts of Criticism*. Yale University Press: 1963, p. 17.
[10] BROOKS, Cleanth. *The Well Wrought Urn*. Op. cit., p. 169.
[11] IDEM. "The Heresy of Paraphrase" In *The Well Wrought Urn*. Op. cit., p. 157-75.
[12] WELLEK, René. *Concepts of Criticism*. Op. cit., p. 52.
[13] PEDROSA, Celia. *Antonio Candido: a palavra empenhada*. São Paulo: EdUSP, 1994, p. 108.

[14] CANDIDO, Antonio. *Na sala de aula. Caderno de análise literária*. São Paulo: Ática, 1985, p. 77.

[15] PEDROSA, Celia. *Antonio Candido: a palavra empenhada*. Op. cit., p. 108-9.

[16] IDEM. *Ibidem*, p. 111.

[17] CANDIDO, Antonio. *Formação da literatura brasileira (Momentos decisivos)*. V. 1. São Paulo, Livraria Martins, 1959, p. 26.

[18] ANDERSON IMBERT, Enrique. "Prólogo a la primera edición" In *Historia de la literatura hispanoamericana*. 3ª ed. México: Fondo de Cultura Económica, 1961, p. 7-11.

[19] CANDIDO, Antonio. *Formação da literatura brasileira*. Op. cit., p. 22.

[20] IDEM. *Ibidem*, p. 189.

[21] IDEM. *Ibidem*, p. 31.

[22] IDEM. *Ibidem*, p. 191.

[23] SARLO, Beatriz. "El relativismo absoluto o cómo el mercado y la sociología reflexionan sobre estética" In *Punto de Vista*, 48 (abril de 1994), p. 29.

Antonio Candido, a *hybris* e o híbrido

Raúl Antelo

> La déconstruction n'a jamais eu de sens et d'interêt, à mes yeux du moins, que comme une radicalisation, c'est-à-dire aussi dans la tradition d'un certain marxisme, dans un certain esprit de marxisme.
> *Jacques Derrida*, Spectres de Marx.

I

Antonio Candido, em sintonia com Adorno, é consciente de que grande parte das mazelas da modernidade derivam do abuso ou "*hybris*" da metafísica, alimentada pelo feitiço idealista da totalidade. Tratando de encontrar um ponto de articulação entre os dois pólos constitutivos da tarefa crítica, o objeto e o sujeito, Candido une ambos os extremos através de uma purificação catártica de seus respectivos discursos. Não busca, portanto, uma verdade já pronta, a estrutura estruturada, porém, um processo, aquilo que ele chama de estrutura estruturante.

A peculiar formalidade do seu pensamento crítico, como abstração dos *a priori*, torna-se, como sabemos, universal e necessária, porém, tão somente como forma representativa, e não necessariamente como abstração ética, daí a necessidade de sempre reivindicar formas autênticas, ou não reificadas, que não instrumentalizem o sujeito que através delas se exprime. Toda intenção artística, ora latente ora presente, de ativar, no texto literário, as funções de comunicação ou propaganda, apresenta-se, assim, mais cedo ou mais tarde, como uma ameaça uniformizadora, retirando do texto artístico sua função expressiva, o que aliás constitui uma adulteração da própria experiência estética ou verdade artística.

Há, no fundo dessas prevenções teóricas, certos restos do trauma histórico do totalitarismo, vivido por sua geração, porém, é bom também observar que, nas análises de Antonio Candido, mesmo quando abonadas por uma tradição cultural hegeliano-marxista, a classe social nunca é um núcleo material da consciência, ainda que ela permaneça como um de seus componentes fundamentais. O crítico assim atua, decerto, por entender que, caso contrário, se concederia uma certa primazia de objeto sociológico à própria caracterização do evento. À revelia do materialismo metafísico, Candido tenta romper a superioridade de qualquer um dos dois pólos da consciência, o do psicologismo e o da totalidade idealista, visando, certamente, a permanência ativa de sua relação contraditória. Entendia, já num dos ensaios de crítica militante, que há, na ficção,

> dois ângulos principais que regem a visão do escritor, condicionando a sua arte de escrever: ou investiga a realidade como algo subordinado à consciência, — que envolve tudo e fica em primeiro plano, — ou põe a consciência a serviço de uma realidade considerada algo existente fora dela. Um ângulo de subjetivismo, outro de objetividade, que se combinam segundo os mais vários matizes mas não passam essencialmente de dois. *Tertius in fictione non datur*...[1]

Em suas mãos, portanto, a dialética, longe de ser dogmática, torna-se um dispositivo estético ou hermenêutico de intervenção social, em tudo alheio à conclusão científico-positiva, como, aliás, previra Adorno:

> Marx insistió en la diferencia entre materialismo histórico y el vulgarmente metafísico. De este modo llevó aquél al terreno filosófico, mientras que los escarceos del materialismo vulgar se quedaban, dogmáticos, más acá de la filosofía. El materialismo ha dejado de ser desde entonces una posición a la que se pueda optar contra otra para convertirse en la suma y quintaesencia de la crítica al Idealismo y a la realidad, por la que éste tomó partido, pero deformándola a la vez [...] La sociología del saber fracasa ante la filosofía al substituir su contenido de verdad por su función social y los condicionamientos de sus intereses. De este modo no entra en lo que es propiamente la crítica de ese contenido ni se interesa por él.[2]

Para Candido, portanto, como para Adorno, não existe outra forma de acesso crítico às categorias sociais do que decifrar o teor de verdade que as formas de conhecimento encerram *per se*. É difícil, em consequência, senão impossível, a seu ver, consolidar um dogma intelectual de caráter materialista.

Para se manter a força liberadora da análise materialista, é preciso, ao contrário, reconhecer que, na própria expressão material do sujeito, se produz uma peculiar abertura estética. Por meio dela, o homem busca a possibilidade de se revoltar contra o determinismo da matéria, através da expressão artística. Assim, teoria e praxis cedem, mutuamente, em busca dos velhos ideais ilustrados da liberdade ou da utopia. Explica-se melhor, desse modo, o fato de que experiências subjetivas possam, frequentemente, exprimir a objetividade estética e social mesmo à margem de sua própria intenção e que escritores tais como Aluísio Azevedo ou Murilo Mendes representem, melhor do que os artistas "revolucionários", a objetividade do sujeito, tornado assim suas obras autênticamente críticas.[3] Segue, nesse particular, mais uma vez, a Adorno quando estipula que

> La preeminencia del objeto y el realismo estético se enfrentan hoy casi de forma contradictoria y precisamente según el canon realista: Beckett es más realista que los seguidores del realismo socialista cuyo principio (estético) es un falseamicnto de la realidad. Si se tomaran la realidad suficientemente en serio, caerían bajo la condena dc Lukács, quien, posiblemcnte durante su prisión en Rumanía, se expresó diciendo que sólo entonces había averiguado que Kafka era un escritor realista.
>
> No hay que confundir el predominio del objeto con los intentos de expulsar por la fueza el arte de su mediación subjetiva e infiltrarle la objetividad desde fuera [...] Preeminencia del objeto significa en las obras estéticas preeminencia de la cosa, de la obra de arte sobre un autor y sobre su receptor [...] Las obras de arte representan contradicción en su totalidad, el antagonismo en su conjunto [...] Los antagonismos quedan articulados por la técnica: en la composición inmanente de la obra, permeable a la interpretación respecto a las tensas relaciones externas. Estas tensiones no son el reflejo de la cosa, sino que la constituyen: en esto consiste únicamenle el concepto de forma estética.[4]

As análises de Candido, tais como as do mestre da *Teoria estética*, participam da negatividade, fragmentariedade e aporética que põem em destaque tanto a objetividade do sujeito quanto a subjetividade do objeto. Trata-se, como vemos, de um esforço dialético complexo, de resistência à dissolução sociologista e psicologista, do sujeito bem como de sua vivência, que configura uma metacrítica da própria razão prática.

Na obra artística, Candido encontra, desse modo, um duplo valor: de um lado, uma tradução dos antagonismos sociais mas, de outro, a impossibilidade de o indivíduo se subtrair à ideologia dominante que administra tais antagonismos. É em função dessa articulação ambivalente que a literatura, em particular, aspira a uma negatividade crítica. Sem ela, a arte estaria fora da história ainda que ocupasse, de fato, um lugar no sistema dominante, tarefa aliás precípua desde os tempos de *Formação da literatura brasileira*, e que resume dizendo, à maneira de Spitzer, que entre Arcadismo e Romantismo, por exemplo, "há uma ruptura estética evidente, mas há também continuidade histórica, pois ambos são momentos solidários na formação do *sistema literário* e no desejo de ver uma produção regular funcionando".[5]

Despojada, então, de suas funções culturais, religiosas ou morais, nela tradicionais, a obra artística deveria, além do mais, libertar-se, através do contraponto estético da crítica, de outras funções ideológicas mais sutis, tais como o positivismo político e mercantil de sua mensagem ou o fetichismo maneirista que subjaz à totalidade idealista de seu discurso. Desse modo, o crítico abjura do formalismo para aspirar a uma busca, de resto, nada confortável, da alteridade comunicativa, através de uma pragmática que, sem garantia de sucesso, permenece ainda irresolvida.[6]

Duplo movimento, portanto, da intervenção crítica: a fruição conduz à estética, através da crítica, mas esta, em compensação, exige outro tanto das próprias obras analisadas. É então na transgressão praticada pela arte e por sua crítica, posterior e solidária, que se revela o conteúdo de verdade de toda obra já que a arte, em consequência, seria aquilo que ainda pode vir a ser.

Não cabe à tarefa crítica, então, se satisfazer com a simples explicação das obras já existentes na medida em que obra alguma conseguiu dissolver por completo sua tensão interna e, além do mais, a própria história se opõe à idéia dessa dissolução. Nesse sentido, ao se voltar à verdade das obras, a crítica postulada por

Candido busca incessantemente um para além do objeto e de si própria como intervenção hermenêutica na vida social.

Boa parte desse esforço era por ele perseguido através de uma descida analítica profunda, tomada de certa tradição estilístico-filológica. Porém, mais atraído pelas correntes historicistas alemãs (o já citado Spitzer, Auerbach)[7] do que pelos catálogos enumerativos formais franceses (Bally), é em certa desestabilização do objeto, colhida em críticos como Starobinski, que Candido julga, enfim, encontrar a mediação entre a esfera expressiva e a pragmática social da obra.[8] Para Candido, o cenário da reflexão está absolutamente restrito à experiência do objeto estético, porém, entende, com Adorno, que o objeto não pode ser conhecido de fora, cabendo à teoria a missão de descrevê-lo no nível de abstração em que se encontrasse no momento.[9]

Em sua análise imanente, o foco prioritário não se limita nunca a descrever a interioridade técnica do texto, ainda que também o faça; mas busca, em compensação, dar conta de sua interioridade afetiva e, para tanto, examina o estado de violência social que, necessariamente, exprime a violência semântica dos elementos expressivos utilizados pelo artista.

Observe-se, porém, que a própria intervenção crítica não desdenha a violência que pressupõe extrapolar elementos formais constitutivos da obra em função de iluminar o movimento mais vasto da história simbólica. Essas violências críticas justificam-se, a seu ver, na medida em que a literatura adquire conteúdo de verdade tão somente quando se afasta da propaganda e recusa sua condição de producto, isto é, na medida em que inova e, ao mesmo tempo, violenta o sistema de sentidos herdados.

Distanciado da estética idealista, um crítico como Candido não pretende, entretanto, afirmar a origem abstrata da arte (que o levaria a postular seu estatuto de mercadoria e, consequentemente, sua morte), contentando-se apenas com iluminar sua experiência.

A prática crítica, em função desse seu contato íntimo com a análise imanente, ultrapassa assim os domínios desta, já que acrescenta aos conteúdos das obras, em que essas análises se detêm, uma outra reflexão, mais ambiciosa, que os leva para além de si próprios, revelando *en passant* o próprio domínio da verdade. Ou seja que, para Candido, as análises imanentes, mesmo necessárias, atingem apenas um aquém da arte que seu trabalho crítico busca transcender.[10]

Esta idéia confirma o forte vínculo entre ética e estética de suas análises. Elas, de fato, postulam a existência de uma obra literária que passaria assim a produzir uma série de efeitos até certo ponto pedagógicos e, certamente, reformadores do social: um efeito poético ou de recusa do mimetismo mecânico; um efeito de obscurecimento ou enigma, sem reconciliação das formas à positividade de um dogma; um efeito participativo, de aspiração utópica, mesmo que recusada na determinação expressiva imediata; um efeito anticatártico, contrário à expiação sublimadora e, finalmente, um efeito de distanciamento do estímulo imediato.[11] Associando, portanto, ética e estética, a verdade do texto é, para Candido, a impossível reconciliação da experiência com o poder e, consequentemente, com a violência que sua própria perseguição desencadeia.[12]

Essa maneira de compreender o texto literário nos fornece, em suma, uma fonte dialética de conhecimento que não apenas transmite e transforma a trama de relações sociais que o sustentam, mas também a perspectiva histórica e mesmo a capacidade expressiva do sujeito. A obra é assim, ambivalentemente, recusada em sua reificação mas potencializada em sua experiência.

Uma visada crítica como essa aposta, em consequência, no infinitismo estético e filosófico, na medida em que entre ambos extremos é possível estabelecer uma relação, irresolvida pela *Aufhebung* hegeliana (ultrapassagem que deixa para trás toda forma de reconciliação), ainda que ensaiada, porém, pela *Verwindung* que Heidegger herda de Nietzsche (abertura ao porvir que não necessariamente reconcilia e que, portanto, carrega as contradições anteriores).

Um exemplo distinto é a superação da categoria de realidade. No início dos anos 40, Candido atribui à psicanálise e a Nietzsche o enriquecimento do mundo da ficção até uma dimensão quase infinita, através do conceito de super-realismo, "compreendendo por este termo, não só a variação francesa do surrealismo, como todos aqueles processos literários consistentes em violentar a contingência física e romper o nexo lógico".[13] E esclarecia, na ocasião, que usava o termo super-realismo como gênero de interferências na representação de que o surrealismo seria apenas espécie.

Trinta anos mais tarde, consequente com aquela definição, proporia a noção de super-regionalismo para dar conta da ruptura narrativa de Guimarães Rosa, visto anteriormente pela crítica como transregionalista, mas ora resgatado por Candido em função de potencializar os recursos da ficção.[14] A genealogia do conceito nos instala, assim, num ensaio de 1946 em que, pioneiramente, reivindicava a *cura sui* nietzscheana, "como propedêutica à superação das condições individuais", o que equivalia a "ultrapassar incessantemente o ser de conjuntura, que somos num dado momento, a fim de buscar estados mais completos de humanização".[15] Apontava para tanto as tarefas que assim se delinhavam no sentido de "uma expansão mais completa das energias de que somos portadores, e nesse sentido é elucidativa a preocupação da ascese, de exercício preparatório" que atravessa, é verdade, a obra de Nietzsche mas que, de resto, não custa associar a certas categorias desenvolvidas posteriormente pelo pensamento pós-estruturalista, notadamente, o francês.

Com efeito, o conceito de ascese nos remete diretamente à obra de Foucault, assim como o de portador pode, sem violência, ser assimilado ao de *intercesseur* de Deleuze.[16] Diz o próprio Candido: "na vida, só sentimos a realidade dos valores a que tendemos, ou que pressentimos, quando nos pomos em contato com certos intermediários, cuja função é encarná-los, como portadores que são".[17]

É nesse sentido que caberia dizer que o modernista Antonio Candido nos permite, em última análise, desentranhar de seu método crítico virtualidades pós-modernas.[18] Para tanto, porém, torna-se necessário analisar o percurso de uma certa tradição nietzscheana que, precisamente, opera em nosso horizonte crítico contemporâneo.

II

Em sua *Genealogia da moral*,[19] Nietzsche estipula que a arte, ao santificar a mentira e a vontade do falso, está mais ligada ao ideal ascético do que a ciência, daí que a vassalagem de um artista ao ideal ascético seja, por mais paradoxal que isso possa parecer à opinião corrente, o cúmulo da corrupção artística. Seu conceito de *Uebermensch*, os trans-homens, aparece assim moldado já não a uma simples superação dialética mas ao exercício cabal de uma vontade de chance, que não exclui, antes pelo contrário inclui, a experiência hermenêutica. Nesse sentido, toda interpretação, sendo, portanto, interpretação de uma interpretação, exerce algum tipo de violência simbólica sobre outros enunciados. Reorganiza, compacta, suprime, oblitera, preenche, falsifica, enfim, imagina ficções. Ou, em poucas palavras, comete *hybris*.

É essa uma definição de modernidade muito precisa e claramente diferencial em relação à modernidade da tradição dialética. Para Marx, com efeito, não há modernidade sem hegemonia, idéia que, aliás, em correspondência profunda, diríamos quase metafórica, aparece sempre associada ou reconciliada com a noção de soberania. Para Nietzsche, entretanto, a modernidade consiste num jogo hermenêutico, auto-constitutivo do sujeito, que assim acentua os aspectos não só nominalistas porém, acima de tudo, diferenciais da articulação da verdade. Não há, nessa perspectiva, força sobre força, dominantes sobre dominados, mas uma experiência despojada e entendida como abismalização da própria força, exaustão de um saber conduzido a uma área de perigo e que a si próprio se vê prestes a perecer.

Nessa linha de análise, Gianni Vattimo chega mesmo a se perguntar se a *hybris* do *Uebermensch* não seria, de fato, a pura explosão de uma produtividade imaginária que derramaria sobre todas as coisas uma infinita criatividade de enigmas, vindo a se configurar como a recuperação de uma humanidade autêntica e livre, finalmente, das limitações da metafísica e da moral.[20]

Nessa linha de raciocínio, Jacques Derrida, por sua vez, encontra em Mallarmé o ponto a partir do qual problematizar materialidade, temporalidade e espacialidade da interpretação. Em "Le double seance", por exemplo, nos diz que a questão da verdade, no caso de Mallarmé, se confunde com a de uma escritura

> qui ne renvoie qu'à elle-même nous reporte *à la fois*, indéfiniment et systématiquement, à une autre écriture. A la fois: c'est ce dont il faut rendre compte. Une écriture qui ne renvoie qu'à elle-même et une écriture qui renvoie indéfiniment à une autre écriture, cela peut paraître non-contradictoire [...] Certes. Mais la difficulté tient au rapport

> entre le medium de l'écriture et la détermination de chaque unité textuelle. Il faut que chaque fois renvoyant à un autre texte, à un autre système determiné, chaque organisme ne renvoie qu'à lui-même comme structure déterminée: *à la fois ouverte et fermée*.[21]

Mais adiante, marcando sua diferença com relação à leitura do *pli* mallarmaico, tal como proposta por Jean-Pierre Richard, Derrida destaca que, mesmo quando aceitássemos que o eu se reúne com sua imagem no espelho, tema aliás recorrente em Mallarmé, como atesta o famoso soneto em *ptyx*, é impossível não reparar que essa operação interpretativa obtura o signo em sua coincidência consigo, toma a abertura como precondição da adequação a si e reduz tudo quanto, na dobra, aponta para a deiscência, disseminação e deslocamento, a um sentido inequívoco, confirmando desta sorte a leitura clássica de Mallarmé que confina e sequestra seu texto numa atmosfera intimista, simbolista e néo-hegeliana.[22] Para Derrida, entretanto, o *pli* mallarmaico é um *himen*, um tecido de traços que mascara outro texto mas que, ao mesmo tempo, deixa esse texto, a princípio oculto, emergir quando a dobra justamente se desfaz e desoculta seu próprio caráter suplementar, o de uma ausência sempre presente.

Mas o que é, afinal de contas, um *himen*? Para além do anagrama (*hymne*) Derrida parte do próprio Mallarmé ("dans un hymen (d'où procède le Rêve), vicieux mais sacré, entre le désir et l'accomplissement, la perpétration et son souvenir: ici devançant, là remémorant, au futur, au passé, sous une apparence fausse de présent") para defini-lo nos seguintes termos:

> *Hymen* (mot, le seul, qui rappelle qu'il s'agit d'un "spasme supreme") signe d'abord la fusion, la consommation du mariage, l'identification des deux, la confusion entre les deux. *Entre* deux, il n'y a plus de différence, mais identité. Dans cette fusion, il n'y a plus de distance entre le désir (attente de la présence pleine qui devrait venir le remplir, l'accomplir) et l'accomplissement de la présence, entre la distance et la non-distance; plus de différence du désir à la satisfaction. Non seulement la différence est abolie (entre le désir et l'accomplissement) mais la différence entre la différence et la non-différence. La non-présence, vide ouvert du désir, et

> la présence, plénitude de la jouissance, reviennent au même. Du même coup, si l'on peut dire, il n'y a plus de différence textuelle entre l'image et la chose, le signifiant vide et le signifié plein, l'imitant et l'imité, etc. Il ne s'ensuit pas qu'en raison de cet hymen de confusion, il n'y ait plus qu'un terme, un seul des différents; il ne s'ensuit donc pas qu'il reste seulement le plein du signifié, de l'imité ou de la chose même en personne, du simplement présent. Mais la différence entre les deux termes ne fonctionne plus. La confusion ou consumation de l'hymen supprime l'hétérogénéité des deux lieux dans le "spasme suprême" ou dans le mourir de rire; elle supprime du même coup l'extériorité ou l'antériorité, l'indépendance de l'imité, du signifié ou de la chose. L'accomplissement se résume dans le désir, le désir est (en avance sur) l'accomplissement qui demeure, toujours mimé, un désir, "*sans briser la glace*".[23]

A partir dessa teoria do texto poético, normalmente taxada de apolítica, passamos a ter, mais recentemente, novas metáforas interpretativas da condição menor que optam, por exemplo, em Silviano Santiago, pela noção de *entre-lugar* e, em Homi Bhabha, pela de *hibridismo*. Tanto a versão pós-estrutural quanto a pós-colonial não escondem sua mútua procedência gramatológica, sendo que, além do mais, em nenhum dos dois casos se poderia falar, a rigor, de falta de orientação nas análises culturais ou ausência de efeitos políticos nas interpretações.[24]

A respeito da dobra ou ruga cultural, que afeta a suposta continuidade formativo-identitária em nome de uma densidade simbólica, própria e específica, em seu peculiar desdobramento, Bhabha esclarece:

> This interstitial passage between fixed identifications opens up the possibility of a cultural hybridity that entertains difference without an assumed or imposed hierarchy [...] "Beyond" signifies spatial distance, marks progress, promises the future; but our intimations of exceeding the barrier or boundary the very act of going *beyond* — are unknowable, unrepresentable, without a return to the "present" which, in the process of repetition, becomes disjunct and displaced. The imaginary of spatial distance — to live somehow beyond the border of our times — throws into relief the temporal, social differences that interrupt our collusive sense of cultural contemporaneity. The present can no longer be simply

envisaged as a break or a bonding with the past and the future, no longer a synchronic presence: our proximate self-presence, our public image, comes to be revealed for its discontinuities, its inequalities, its minorities. Unlike the dead hand of history that tells the beads of sequential time like a rosary seeking to establish serial, causal connections, we are now confronted with what Walter Benjamin describes as the blasting of a monadic moment from the homogenous course of history, establishing a conception of the present as the "time of the now".[25]

E mais adiante:

> The theoretical recognition of the split-space of enunciation may open the way to conceptualizing an *inter*national culture based not on the exoticism of multiculturalism or the *diversity* of cultures, but on the inscription and articulation of culture's *hybridity*. To that end we should remember that it is the 'inter' – the cutting edge of translation and negotiation the *in-between* space – that carries the burden of the meaning of culture. It makes it possible to begin envisaging national, anti-nationalist histories of the "people". And by exploring this Third Space, we may elude the politics of polarity and emerge as the others of our selves.[26]

Nas análises de Bhabha, mas também nas de Silviano (a título de exemplo, suas críticas, como veremos mais adiante, à noção de formação, seja nos romances que aparentemente respeitam a *Bildung* tradicional quanto nas interpretações de uma identidade brasileira captada em seus momentos formativos e seu processo evolutivo), o caráter híbrido designa sempre uma liminaridade simbólica. Afirma dualidade de perspectiva e representação, significando, simultaneamente, materialidade discursiva e vazio da linguagem.

O híbrido, nesses casos, é sinônimo de matéria sem identidade e pulsão acéfala. Não se confunde, a rigor, com o heterogêneo.[27] A heterogeneidade cultural é premissa transculturadora que opera com a noção de diversidade entre culturas, diversidade essa controlada por limites disciplinares ainda inequívocos.[28] O hibridismo cultural, entretanto, trabalha na esteira da noção de diferença. A heterogeneidade é tributária do universalismo comparatista; o hibridismo, no entanto, do culturalismo globalizado.

Ora, como se apresenta a questão do hibridismo no campo dos estudos latino-americanos? Nestor García Canclini vem tentando resolver a questão da decisão e da indecibilidade do cultural sob uma perspectiva relativamente pragmática que, diante da heterogeneidade multi-temporal da nação, não hesita em redefini-la, de maneira aliás bastante próxima ao neoliberalismo, como uma comunidade interpretativa de consumidores.[29] Ernesto Laclau, por sua vez, tem interpretado esse caráter dúplice da representação como o redesenho de um campo de lutas hegemônicas em torno à multiplicidade de decisões que, aos olhos de certos analistas, oscilam tão somente entre o ironismo particular e o liberalismo público. Sob uma perspectiva socialista reconfigurada, Laclau considera que

> La condición de una buena representación es, *aparentemente*, que el representante transmita de forma perfecta o transparente la voluntad de aquellos a quienes representa. Una buena representación sería aquella en la cual la voluntad se moviera en una sola dirección. Esto presupone, por supuesto, que en el punto en que comienza la relación de representación hay una identificación completa del representado con su voluntad. La transparencia de la relación de representación estaría amenazada si la voluntad del representante afectara las voluntades de aquellos a quienes se supone debe representar. De todas maneras, lo que este acercamiento al problema deja de lado es la razón por la cual la relación de representación necesita ser establecida en primer lugar. La respuesta es, obviamente, porque los representados están ausentes del sitio en que la representación tiene lugar, y porque las decisiones que los afectan deben ser tomadas allí. Y estas decisiones —como toda decisión— involucran negociaciones cuyos resultados son indeterminados. Pero esto equivale a decir que, si los representados *necesitan* la representación, es porque sus identidades están incompletas y deben ser *suplementadas* por el representante. Esto significa que el rol del representante no puede ser neutral, y que él contribuirá en algo a las identidades de aquellos a quienes representa. *Ergo*, la relación de representación será, por razones lógicas esenciales, constitutivamente impura: el movimiento de representado a representante tendrá necesariamente que ser suplementado por un movimiento en la dirección contraria. Lo que hace posible una buena representación es lo que la hace, al mismo

> tiempo y por las mismas razones, imposible. El carácter
> impuro o híbrido de la relación de representación es
> constitutivo.³⁰

Assim sendo, o hibridismo remete-nos, diretamente, à problemática da decisão. Desconstruir uma estrutura equivale então a mostrar sua indecibilidade, a distância entre a pluralidade de articulações possíveis a partir dela mesma e as articulações que, finalmente, de fato, prevalecem. Diríamos, então, acompanhando o raciocínio, que uma ação qualquer pode ser tomada como decisão cabal na medida em que não esteja pré-determinada por leis estruturais, originais ou naturais, mas, exija, ao mesmo tempo, o desafio de uma experiência de indecibilidade. Seu próprio caráter estriado e híbrido torna a decisão um momento de peculiar loucura: ela é, afinal de contas, o momento de passagem do acéfalo ao racional, do humano ao divino, com a ressalva de que essa decisão opera sempre conforme a lógica simulacral do *como se*, pressupondo sempre um deslocamento.³¹

Laclau apoia-se, para essa leitura, na *Ética* de Spinoza, notadamente na noção de Deus (momento da decisão), quando um ser absolutamente infinito ou uma substância que consta de infinitos atributos manifesta sua essência eterna e infinita. Ora, é a partir dessa interpretação da cultura que se armou o dispositivo mais consistente no sentido de ultrapassar a transculturação modernizadora na América Latina e seu lastro de referencialidade e normatividade. Refiro-me, é óbvio, à ficção de Borges, em especial, a sua refutação do tempo em nome da eternidade. Mas poderia, igualmente me referir a outros esforços de eternização: Drummond, Guimarães Rosa, Clarice Lispector, autores muito próximos à sensibilidade de Candido. Detenhamo-nos em Borges, dentre os latino-americanos, "o primeiro caso de incontestável influência original"³² sobre a cultura internacional.

É clara já, a estas alturas, a marca de Spinoza em certas ficções borgeanas. Em Tlön, por exemplo, seus habitantes sabem que o espaço não tem existência real: ele simplesmente perdura no tempo, tal como o rouxinol de Keats ou o tigre de Blake. Não raro Borges associa atributos da divindade spinozista a escritores específicos. A título de exemplo, lembremos de H. G. Wells que, à imagem da divindade, não ama ninguém mas também não aborrece ninguém; ou de Coleridge, o primeiro a esboçar uma *naderia de la personalidad*[33] que se tornaria matéria recorrente em várias de suas ficções ("Pierre Menard, autor do Quixote", "O Aleph", "O relatório de Brodie", "A memória de Shakespeare", etc.). A respeito deste escritor, verdadeiro cânone dos cânones, Borges observa que

> La persona Shakespeare fue una *natura naturata*, un efecto, pero lo universal, que está potencialmente en lo particular, le fue revelado, no como abstraído de la observación de una pluralidad de casos sino como la sustancia capaz de infinitas modificaciones de las que su existencia personal era sólo una.[34]

Não se trata, como se vê, de uma simples reflexão sobre a fama ou o talento individual mas de uma teoria da modernidade periférica. Mas até que ponto é mesmo legítimo usar essa categoria, *periférica*, que pressupõe sem peias a de hegemonia? Ela, de fato, sai, irreversivelmente, abalada de uma reflexão como a de Borges, tão marcada pela questão da sobredeterminação. Nessa linha de análise, Alberto Moreiras propõe, na esteira de Bhabha, aliás, o conceito de terceiro espaço e exemplifica-o, entre outros casos, com o ur-objeto de Tlön. A partir dele, como lemos em "Avatares de la tortuga":

> Nosotros (la indivisa divinidad que opera en nosotros) hemos soñado el mundo. Lo hemos soñado resistente y firme en el tiempo, pero hemos consentido en su arquitectura tenues y eternos intersticios de sinrazón para saber que es falso.[35]

O *ur-objeto*, marcando sempre o vazio do agora, situa-se *no meio do caminho*.[36] Obstrui o fluxo do sentido como uma *máquina do mundo* e aventa, em última análise, um para-além da evidência na *terceira margem* da via.[37] Porém essa recorrência do terceiro espaço não estaria completa se não lembrássemos também, a esse respeito, que, através de René Daumal, leitor de Borges e um dos primeiros a imitar seus simulacros,[38] os mesmos atributos da divindade de Spinoza perpassam a tese lacaniana sobre a paranóia bem como as posteriores teorias francesas a respeito da exaustão de experiência,[39] o que descarta todo debate centrado na tensão centro/periferia. Creio que dessa tradição, tão consolidada em alguns centros latino-americanos logo no início dos anos 70, retira precisamente Laclau os elementos para uma teoria híbrida da decisão. Argumenta, com efeito,

> La condición para la emergencia del sujeto —la decisión— es que aquél no puede ser subsumido bajo ningún determinismo estructural, no porque sea una sustancia en sí mismo, sino porque la determinación estructural —que es el único ser que el así llamado sujeto podría tener— no ha logrado ser su propio fundamento, y debe ser suplementada por intervenciones contingentes. De este modo, entra en acción una lógica de la suplementariedad que requiere de algo diferente la determinación estructural para constituirse. Este suplemento, que es la decisión *sensu strictu*, tiene un *status* ontológico peculiar: no puede ser de por sí una sustancia (por ejemplo, una conciencia autocentrada) y, no obstante, tiene que ser en algún sentido autodeterminado, porque no puede apelar como fundamento a nada diferente de su propia singularidad. Yo diría que tenemos aquí algo de la naturaleza de una *simulación*. Tomar una decisión es como personificar a Dios. Es como declarar que uno no tiene los medios para ser Dios, y que uno tiene, sin embargo, que proceder como si fuera Èl. La locura de la decisión es este punto ciego en la estructura, en el cual algo totalmente heterogéneo en relación con ella —y, en consecuencia, totalmente inadecuado— tiene, no obstante, que suplementarla.[40]

Seria necessário, entretanto, observar que essa decisão, de que vem se falando, nada tem de racional ou objetiva; que o sujeito não pré-existe à decisão e que, da mesma forma, também não existe um objeto a priori a ser decidido. Aceitar essas premissas seria apostar ainda na identificação quando, a rigor, do que se trata, na perspectiva desconstrutiva, é acatar o caráter indispensável da identificação (da decisão) sem desmerecer, por outro lado, o processo de desidentificação, através do qual a própria decisão se destrói a si própria.[41]

A recusa de toda forma de dualismo e de toda mediação não só não retira como até enfatiza a alternativa ética, deslocando-a e resituando-a no limite extremo do sujeito, como a sublinhar sua dramaticidade e intensidade. É nesse sentido que a ética torna-se política, como imaginação de um mundo que se opõe à morte.[42]

Esse caminho hiperpolitizante da desconstrução —o de uma política da *hybris*— é a maneira mais criativa para dissociar política de democracia, isto é, para pensar a política para além, e não a partir, de uma identificação com a *Realpolitik*.[43] Nesse sentido, cabe papel de peculiar destaque à literatura. Rebatendo o argumento de que sua *hybris* se limitasse, de maneira cordata, ao ceticismo de um ironista privado, Derrida separa, por completo, a literatura da vida privada.

> La literatura es una institución pública de reciente invención, con una historia breve, comparativamente, gobernada por todo tipo de convenciones vinculadas a la evolución de la ley, lo que permite, en principio, tener algo para decir. Por lo tanto, lo que define a la literatura como tal, dentro de una cierta historia europea, está profundamente conectado con una revolución en la ley y la política: la autorización por principio de que algo puede decirse públicamente. En otras palabras, no soy capaz de separar la invención de la literatura, la historia de la literatura, de la historia de la democracia. Con el pretexto de la ficción, la literatura debe ser capaz de decir algo; en otras palabras, es inseparable de los derechos humanos, de la libertad de expresión, etc. Se podría, si se dispusiera de tiempo, analizar la historia de este derecho de que la literatura tiene algo para decir y de los varios límites que se le han impuesto. Es obvio que si la democracia aún está por venir, este derecho a decir algo, incluso en literatura, no está concretamente efectivizado o realizado. En todo caso, la literatura es en principio el derecho a decir algo, y es para gran beneficio de la literatura que sea una operación a la vez política, democrática y *filosófica*, en la medida en que la literatura permite formular preguntas que frecuentemente se reprimen en un contexto filosófico. Naturalmente, esta ficcionalidad literaria puede, en el mismo momento, hacer responsable a uno (puedo decir algo y, por lo tanto, no sólo simplemente digo lo que quiero, sino que planteo la pregunta de ante quién soy responsable), y hacerlo irresponsable (puedo decir lo que quiera y decirlo bajo la forma de un poema, una ficción o una novela). En esta responsabilidad de decir algo en literatura, hay una experiencia política como la de saber quién es responsable, por qué y ante quién. Es una gran suerte que está atada a la aventura histórica de la democracia, claramente europea, y a la cual la reflexión política y filosófica no puede dejar de

prestar atención y no debe confinar a la literatura al reino de lo doméstico o de lo privado."

Examinada a questão do hibridismo de uma leitura desconstrutiva como decisão hiperpolítica de neutralizar instituições, retirando-as de um funcionalismo cego bem como de um fundamentalismo meramente referencial, caberia agora traçar, ainda que de modo esquemático, a trajetória desse debate na crítica cultural brasileira.

III

"O sistema literário nacional parece um repositório de forças em desagregação." Eis o diagnóstico lapidar com que Roberto Schwarz avalia, em seu último livro, o estado atual da contribuição decisiva de Antonio Candido aos estudos sobre literatura e cultura no Brasil, ao menos, tal como essa contribuição pode ser observada no presente. Descrevendo a situação de país periférico em irrestrita mundialização, Schwarz entende que o sistema, desenhado por Candido como efeito de uma peculiar formação histórico-cultural, passa a funcionar agora ou pode vir a funcionar em breve como o real, na medida em que esse é um dos espaços onde se torna possível sentir o que está em vias de decomposição. A sucinta descrição guarda algo de *Unheimlich* na sua referência à transformação desagregadora e abjeta do sistema (uma organização mas também uma hierarquia). Em poucas palavras, o crítico nos diz que a nação (esse Brasil que a geração anterior contemplou sob o prisma da formação e hoje se insinua na contundência da abjeção) a nação, em suma, não passa de ser o Real, aquilo que não pode ser simbolizado, o avesso do desejo ou, em palavras de Lacan, "ce qui ne cesse pas de ne pas s'écrire".[45]

Longe, portanto, de continuar fiando a presença em si do observador literário,[46] o real da situação presente (a impossibilidade desse mesmo presente, sua insuportável presença mas também sua censurável apresentação) introduz uma deformação inequívoca e uma distância irredutível em relação à própria imagem. É um ponto em que a moldura do presente se inscreve, em superposição de filigrana, no interior do próprio conteúdo material da representação, redundando assim numa dissimetria radical entre o olhar e a visão, aquela que torna toda comunicação tão somente um equívoco bem-sucedido.[47] É limitado, em consequência, o argumento de Haroldo de Campos que censura o débito de Candido às funções linguísticas jakobsonianas (mais fidedigno, talvez, seria evocar a triangulação comunicativa de Bühler) porque, para além da marca funcionalista inequívocamente presente no modelo da formação, ressalta a própria idéia da comunicação, da existência de uma comunidade, como algo que, para se implantar, requer de algo de "real". Em outras palavras, para que essa comunidade advenha e a comunicação intersubjetiva funcione, finalmente, a contento, uma resposta do real torna-se imperiosa; porém, não desconhecemos, é claro, que inexiste comunicação simbólica, i.e. não há comunidade em formação, sem uma correlativa dimensão *Unheimliche* da própria experiência. É isso, em última instância, que define o real.

Não é então o observador (a potência de ver) que contempla a nação mas é ela, a Coisa (a impotência de ser), a que nos vê, como aliás a própria literatura brasileira, em seus pontos altos de modernidade, soube deixar claro[48] Esta concepção do real pode, aliás, introduzir elementos que dinamizem o debate, por sinal, bastante estereotipado, em relação à idéia de formação e seu rendimento na tradição crítica que remonta a Antonio Candido.

Deveríamos então relembrar que existem, ao menos para Freud, dois modos de recusa do real. O primeiro é baseado no recalque, sublimação ou, como Mário de Andrade preferia traduzir o termo freudiano *Verdrängung*, o sequestro. Há, porém, outro modo, que parte da derivação ou ramificação do rechaço. Aquilo que é sequestrado, como sabemos, pode retornar na pré-consciência de um modo simbolizado; já aquilo que é rejeitado pode igualmente retornar, porém, na forma de uma nova realidade delirante. Acompanhando esse raciocínio, diríamos que, no interior da formação, o barroco está, de fato, sequestrado, como quer Haroldo de Campos, com a ressalva, porém, de que ele pode retornar e, de fato, retorna já que Góngora é, no dizer de Roberto Schwarz, "um pressuposto explícito da *Formação*, onde forma um contraste definidor com a imagem de tipo neoclássico".[49] Tal fato prova que deveríamos corrigir a disjuntiva apresentada por Roberto ("os ciclos históricos existem ou não existem") na forma de um trilema histórico: os ciclos históricos existem e não existem porque é próprio do evento (e sem dúvida o barroco tem esse porte peculiar) exasperar, face ao desafio do presente, a ur-história e a pós-história ou, em outras palavras, e para chegarmos, enfim, à expressão benjaminiana, antecipada, linhas acima, pelos avatares da tartaruga histórica, cabe, justamente, ao presente definir onde e como os aspectos ur-históricos (a administração colonial mostrenga, por exemplo) e os pós-históricos (a acefalidade contemporânea) divergem e se tensionam mutuamente para assim melhor avaliar o evento e circunscrever-lhe o núcleo.[50] Ali reside, a meu ver, o centro do debate sobre um espaço terceiro e uma crítica híbrida como herdeiros da negatividade e aporética que examinávamos no início.

Retomemos, entretanto, as perspectivas traçadas por Roberto Schwarz ao identificar a exaustão da idéia de formação diante da emergência do real.

Uma é de que ela (a formação), que é também um ideal, perdeu o sentido, desqualificada pelo rumo da história. A nação não vai se formar, as suas partes vão se desligar umas das outras, o setor "avançado" da sociedade brasileira já se integrou à dinâmica mais moderna da ordem internacional e deixará cair o resto. Enfim, à vista da nação que não vai se integrar, o próprio processo formativo terá sido uma miragem que a bem do realismo é melhor abandonar. Entre o que prometia e o que cumpriu a distância é grande.

Outra perspectiva possível: suponhamos que a economia deixou de empurrar em direção da integração nacional e da formação de um todo relativamente auto-regulado e auto-suficiente (aliás, ela está empurrando em direção oposta). Se a pressão for esta, a única instância que continua dizendo que isso aqui é um todo e que é preciso lhe dar um futuro é a unidade cultural que mal ou bem se formou historicamente, e que na literatura se completou. Nessa linha, a cultura formada, que alcançou uma certa organicidade, funciona como um antídoto para a tendência dissociadora da economia. Contudo vocês não deixem de notar o idealismo dessa posição defensiva. Toda pessoa com algum tino materialista sabe que a economia está no comando e que o âmbito cultural sobretudo acompanha. Entretanto, é preciso reconhecer que nossa unidade cultural mais ou menos realizada é um elemento de antibarbárie, na medida em que diz que aqui se formou um todo, e que esse todo existe e faz parte interior de todos nós que nos ocupamos do assunto, e também de muitos outros que não se ocupam dele.

Outra hipótese ainda: despregado de um projeto econômico nacional, que deixou de existir em sentido forte, o desejo de formação fica esvaziado e sem dinâmica própria. Entretanto, nem por isso ele deixa de existir, sendo um elemento que pode ser utilizado no mercado das diferenças culturais, e até do turismo. A formação nacional pode ter deixado de ser uma perspectiva de realização substantiva, centrada numa certa autonomia político-econômica, mas pode não ter deixado de existir como feição histórica e de ser talvez um trunfo comercial em toda linha, no âmbito da comercialização internacional da cultura. Enfim, ao desligar-se do processo de auto-realização social e econômica do país, que incluía tarefas de relevância máxima para a humanidade, tais como a superação histórica das desigualdades coloniais, a formação não deixa de ser mercadoria. E ela pode inclusive, no momento presente, estar tendo um grande futuro nesse plano.[51]

Enumerados esses cenários hipotéticos, Roberto Schwarz relega, como vemos, a última instância o argumento estético segundo o qual a âmbito formativo já não faz sentido já que os modelos literários vêm de toda parte e de todo tempo. Schwarz, entretanto, raciocina que

> se em lugar das influências literárias, que de fato estão como que à escolha, pensarmos na linguagem que usamos, comprometida — sob pena de pasteurização — com o tecido social da experiência, veremos que a mobilidade globalizada do ficcionista pode ser ilusória. A nova ordem mundial produz as suas cisões próprias e até segunda ordem qualifica as aspirações dos intelectuais.[52]

Ora, é a própria sensibilidade crítica de Antonio Candido, não menos cindida e qualificada do que a nossa, a que problematiza essa observação justa em gênero, porém, não em parte.

Como se sabe, em sua análise de *O cortiço*, interessado em isolar o ponto de vista do brasileiro livre na ordem escravocrata, isto é, o foco nacional e autônomo que estrutura a obra, Candido analisa o sujeito de enunciação de um dito popular, aparentemente secundário ou subalterno: "para português, negro e burro, três pês: pão para comer, pano para vestir, pau para trabalhar". O crítico percebe nesse ditado algo da ordem do real, isto é, sua gratuidade nula. Construído à moda dos julgamentos peremptórios da poesia de Gregório de Matos, tais como "Neste mundo é mais rico o que mais rapa" ou "De dois ff se compõe/ esta cidade a meu ver/ um furtar, outro foder", que ainda se ouvem na lábia de mulato sabido de *Macunaíma* quem, por sua vez, exconjura, em aberta paródia ao 5º epigrama de Gregório, a muita saúva e a pouca saúde como males do país colonial, o axioma ético assenta na série *pão-pano-pau*, que não revela tão somente aspectos da vida social, figurações já formadas, representações identitárias ou valores dominantes. Exibe, ainda, como um autêntico himen, a própria estrutura da série literária; exibe a energia liberada com o intuito de formar, e nos confronta, em última análise, com a relevância que tem, na poética barroca e em seu retorno modernista, a disseminação paronomásica. Essa escuta feliz de Antonio Candido, a de que a série paronomásica significa para além da forma e de que sua verdade reside, em compensação, numa decisão que revela a densidade dessa forma ideológica, não se justifica em função de nenhuma teoria formalista alheia à própria sensibilidade do mestre. É ele mesmo quem aponta, precisamente, a substituição da metáfora pela paronomásia como um dos traços definitórios da literatura moderna. Explica:

> Nós tínhamos uma literatura dominada pela imagem, pela analogia — "tu és bela como a rosa" —, e agora temos uma literatura dominada cada vez mais pela paronomásia, ou seja, por aquela figura que junta palavras pela sonoridade muito parecida, mas de significado diferente.

Contra a visão referencial-analógica, pressuposta pela metáfora, o crítico observa a dominância alegórica do simulacro e do *ready-made*, em que "o discurso toma o mundo como arsenal das comparações [...] criando então um mundo paralelo, um mundo autônomo, que é uma espécie de duplicação do mundo natural".[53]

Pouco antes desta intervenção, no capítulo sobre Mallarmé que redige para o *Tableau de la littérature française*, Derrida chegava a conclusão semelhante:

> Aristóteles, que en su *Poética* y en su *Retórica* inauguró el elogio tradicional de la metáfora (en tanto que enuncia y nos da a conocer lo mismo o lo parecido) decía igualmente que no significa nada lo que no significa una sola cosa. El texto de Mallarmé no sólo infringe esa regla sino que deshace la falsa transgresión, la inversión simétrica, la polisemia que continúa *señalando* hacia la ley.[54]

Detectando o problema e graças à sua acuidade crítica, Candido propõe a paronomásia como a desconstrução da transgressão (modernista) apontando em direção à lei como espaço da falta de consenso. Esse vazio legal-formal traduz uma determinação recíproca ou sobredeterminação específica entre o social e o estético em que nenhum dos níveis ofusca ou diminui o outro. Antes, pelo contrário, mutuamente se determinam e reciprocamente se dinamizam. Aliás, da noção de paronomásia poderíamos derivar, ainda, na esteira de Michel Sèrres, uma teoria desconstrutiva da auto-suficiência na economia do parasita, outra forma de inverter a materialidade gerativa do modernismo.

Paródico, parasita, paronomásico, nada de irrelevante vemos nesse sintoma. Afinal de contas, Valéry, herdeiro de Mallarmé, faria dessa basculação paronomásica a definição mesma do poético, sempre a oscilar entre *son* e *sens*. Observe-se, aliás, que para formulá-la o poeta foi obrigado a lançar mão, pragmáticamente, do mesmo recurso que queria definir, fazendo dessa tautologia teórica a reunião ficcional do sujeito do enunciado com o sujeito da enunciação, sujeitos que o racionalismo previamente cindira ao separar a *folie* (o jogo) do *sens* (o registro sério).

Porém, nem mesmo a definição de Valéry autoriza a desatenção a esse modo autônomo, quando não acéfalo, de formar enunciados. Ao contrário, a oscilação entre *sens* e *son* repercute, para além da tensão metáfora/metonímia, em outros binômios críticos igualmente esclarecedores: representação/estereoscopia; identidade/devir; formação/disseminação; *beginnings* (Edward Said)/*becomings* (Andrew Benjamin).

Poder-se-ia dizer, em última análise, que enquanto a metáfora se alinha do lado dos limites, esses marcos teleológicos que pautam toda formação, a paronomásia acena, entretanto, com o limiar que, sendo sempre penúltimo, não cessa de reabrir a cadeia significante e, assim fazendo, nos persuade que toda completude pertence à ordem do imaginário. Os pólos estéticos de sujeito e objeto, que, como vimos no início, ajudavam a manter uma dialética em suspensão, traduzem-se agora em virtualidade ou potencialidade ética: "A abstração e o sentimento adquirem vida (*la connaissance a trouvé son acte*, diria Valéry) e somos capazes de sentir plenamente, viver os valores".[55] Contrariamente à idéia tradicional de potencialidade, que se anula na realização, postula-se aqui um outro conceito de potencialidade que, através dos portadores, se conserva a si próprio e se salva, ou poupa, em sua atualização, em seu presente, *son acte*. A potencialidade de uma forma sobrevive assim à sua própria atualidade e torna-se, em suma, o lugar de uma geminação ou esvaziamento: uma *connaissance* (conhecimento) que é *co-naissance* (co-nascimento)[56]. Paronomásia.

O eixo desse debate, como se vê, gira em torno do conceito de *formação*. Para melhor avaliá-lo, Roberto Schwarz ensaia uma arqueologia do conceito, relembrando que, ao ser publicado, o livro de Candido alinhou-se a outras obras que igualmente usavam o conceito de formação.

No campo progressista, os congêneres mais importantes e conhecidos eram os livros de Caio Prado Jr., Sérgio Buarque de Holanda e Celso Furtado. A comparação entre estas obras ainda está engatinhando, à espera de trabalhos de síntese. Muito sumariamente quero sugerir alguns contrastes. Para Caio Prado Jr., a formação brasileira se completaria no momento em que fosse superada a nossa herança de inorganicidade social — o oposto da interligação com objetivos internos trazida da Colônia. Este momento alto estaria, ou esteve, no futuro. Se passarmos a Sérgio Buarque de Holanda, encontraremos algo análogo. O país será moderno e estará formado quando superar a sua herança portuguesa, rural e autoritária, quando então teríamos um país democrático. Também aqui o ponto de chegada está mais adiante, na dependência das decisões do presente. Celso Furtado, por seu turno, dirá que a nação não se completa enquanto as alavancas do comando, principalmente as do comando econômico, não passarem para dentro do país. Ou seja, enquanto as decisões básicas que nos dizem respeito forem tomadas no estrangeiro, a nação continua incompleta. Como para os outros dois, a conclusão do processo encontra-se no futuro, que pareceu próximo à geração do autor, e agora parece remoto, como indica o título de um dos últimos livros dele mesmo: *Brasil: a construção interrompida* (1992).[57]

Ora, a formação de Candido, longe de aderir a um sentido linear e prospectivo, ou a uma inscrição inequívoca, como suas congêneres, arma-se, retrospectivamente, em relação a um ápice situado no passado, por volta de 1870 e antes mesmo da abolição da escravidão. Tal fato se desdobra como ambiguidade estrutural do sistema, ou antes, como uma avaliação ambivalente do próprio processo modernizador brasileiro que, ao mesmo tempo, existe e não existe. Tem perfil definido e consistência fantasmagórica. Acontece que se aceitamos a premissa lacunar de Candido (toda avaliação, além de fragmentária, é radicalmente ambivalente) somos obrigados a suspender até nova ordem a confiança inabalada na existência de um "campo progressista" e torna-se necessário, portanto, rearmar a genealogia do conceito com olhar mais vasto e abrangente. Afinal, relembremos, não é o olhar que constitui o objeto; antes pelo contrário, é a visão que sobredetermina o sujeito.

Encontro, entretanto, como antecipei acima, em Silviano Santiago, a matriz dessa genealogia contramodernista que pode nos tirar das ilusões de completude. Em "Atração do mundo (políticas de identidade e de globalização na moderna cultura brasileira)", Santiago empreende uma releitura do conceito de formação, porém, surpreendentemente, não parte dos ensaios de interpretação nacional que tentam devolver homogeneidade estrutural e equilíbrio sistemático a formações nacionais afetadas pela crise do capitalismo. É, pelo contrário, um fragmento de *Minha formação*, um texto por sinal híbrido, memorialístico-especulativo, de Joaquim Nabuco, que traça o cenário indispensável para a constelação a que ele se propõe: a atitude do crítico como observador de uma representação (a metáfora teatral logo se impõe) e a mediação mundializadora da técnica, quando aplicada a ações restritas a escala local (o telégrafo para Nabuco, as redes informáticas para nós).

Dessa análise das constelações do conceito de *formação* e de sua própria espectralidade cultural surge então uma leitura, de fato, esclarecedora que pode não ser materialista, porém, é não dualista já que implica uma autêntica *decisão*:

Os modelos de análise, inspirados respectivamente pelas décadas de 20 e de 30, têm em comum uma nítida postura universalista, conclui Santiago, mas se distanciam um do outro no modo como se fundamentam disciplinarmente (cultura *versus* economia, e vice-versa) e no modo como concebem o processo histórico (pluralismo *versus* sentido único, e vice-versa). Por essas diferenças é que se distinguem tanto no peso dado à coisa nacional [e talvez fosse mais oportuno dizer à Coisa nacional], quanto na maneira como avaliá-la na busca de progresso *moral* para os brasileiros; se distinguem ainda na concepção do desenvolvimento sóciopolítico da humanidade.[58]

A leitura de Silviano Santiago alude, no explícito, à unilateralidade e estreiteza de posições racionalistas e universalistas que, em função de seu caráter citadino e cosmopolita, reprimem aquilo que remete à condição amorfa das pulsões humanas; no implícito, entretanto, através de seu recurso à formação de Nabuco, autor confessadamente admirado por Fernando Henrique Cardoso, Silviano desvenda que o caráter hipermoral desse liberalismo dominante alimenta, paradoxalmente, o irracionalismo simplista, acrítico e regressivo da mundialização irreversível. Silviano Santiago, entretanto, parece reciclar o próprio conceito de entre-lugar (1971) e posicionar-se *entre* a esterilidade da crítica e a regressão do nacionalismo, *entre* a teoria e a ficção, em outras palavras, *entre* Esclarecimento e narrativa.

Não vejo nesse *entre*, em função do acima exposto, qualquer resto de prescindência ou abstinência éticas, de matriz liberal. Prefiro, porém, encará-lo como um terceiro espaço, uma dobra muito peculiar que configura um gênero específico da ficção teórica: o comum de dois.[59] Afirmar e negar, apreciar e depreciar configura assim mais uma suspensão do que um ultrapassamento do modelo formativo de tensões estruturais. Essa potencialidade não dualista orienta-se, em suma, tanto em direção a um devir ativo, o da transgressão, das forças reativas, quanto a um devir reativo, o da acefalia, das forças ativas.

Podemos assim retornar ao diagnóstico inicial de Roberto Schwarz, que lamentava ver diminuído o esforço civilizatório da formação de Antonio Candido, melancolicamente reduzida, no presente, a "um repositório de forças em desagregação". Ora, a meu ver, é nesse entre-lugar de forças enfrentadas, no terceiro espaço de integração e resistência, verdadeira "paixão de valores", que reside a ambivalência dinâmica, ficcional, da empreitada do híbrido. Assim sendo, em sua crítica ao modelo romanesco da formação, não pode surpreender-nos que Santiago retorne à proliferação disseminante de *Em liberdade*, uma ficção contra-formativa do moderno. Seu entre-lugar, portanto, define-se em função de uma avaliação dúplice, na história e fora dela, no nome (*onomástica*) e para além dele (*paronomásica*), afirmativa em seu devir-ativo e, ao mesmo tempo, niilista em seu devir-reativo. Digamos, para fechar o círculo aberto com a noção de hímen que esse entre-lugar guarda sintomatica familiaridade com a posição terceira reivindicada, recentemente, por Derrida: a de um marrano, semelhante a Spinoza mas também a Marx, "a sort of clandestine immigrant, a Hispano-Portuguese disguised as a German Jew who, we will assume, pretended to have converted to Protestanism".

E, supremo paradoxo dessa fantasia paronomásica (Marx-marrano-Mal), a condição híbrida do próprio marrano não se esgotaria em si mas se aplicaria inclusive a seus próprios descendentes, os filhos de Marx[60] os quais

> had forgotten the fact that they were Marranos, repressed it, denied it, disavowed it. It is well known that this sometimes happens to 'real' Marranos as well, to those who, though they are really, presently, currently, effectively, *ontologically* Marranos, no longer even know it themselves.[61]

NOTAS

[1] CANDIDO, Antonio. "A compreensão da realidade" *Suplemento Literário de O Estado de S. Paulo*, a. 2, n. 62, 28 dez. 1957, p. 4. Incluído em *O observador literário* (São Paulo: Conselho Estadual de Cultura, 1959). Compare-se a dialética suspensa de Candido com a teoria da ficção contemporaneamente desenvolvida por Foucault. Em 1963, resenhando as propostas *telquelistas* nas páginas de *Critique*, Foucault admitia a herança surrealista do conceito de ficção, discriminado, porém, dos domínios do além ou do mistério cotidiano para defini-lo como "ce trajet de flèche qui nous frappe aux yeux et nous offre tout ce qui apparait". Assim, entre os pólos irredutíveis de ficção e linguagem havia, para Foucault, mútuo apoio mas também contestação recíproca, o que liberava uma distância que não pertencia, a rigor, nem ao objeto nem ao sujeito e transformava a ficção em "la nervure verbale de ce

qui n'existe pas, tel qu'il est". Cf. FOUCAULT, Michel. "Distance, aspect, origine" *Dits et écrits*. Paris: Gallimard, 1994, v. I, p. 280.

[2] ADORNO, Theodor W. *Dialéctica Negativa*. Trad. José María Ripalda. Revisão Jesus Aguirre. Madrid: Taurus, 1971, p. 198-9.

[3] Sobre Aluísio Azevedo, cf. CANDIDO, Antonio. "De cortiço a cortiço" in *O discurso e a cidade*. São Paulo: Duas Cidades, 1993, p. 123-52; sobre Murilo Mendes, ver a análise "Pastor pianista/pianista pastor" in *Na sala de aula*. São Paulo: Ática, 1985 e "Poesia e ficção na autobiografia" in *A educação pela noite*. São Paulo: Ática, 1987.

[4] Cf. ADORNO, Theodor W. *Teoría Estética*. Editado por Gretel Adorno e Rolf Tiedemann. Trad. Fernando Riazza. Revisão de Francisco Pérez Gutiérrez. Madrid: Taurus, 1971, p. 417-9.

[5] CANDIDO, Antonio. *Iniciação à Literatura Brasileira*. São Paulo: Humanitas, 1997, p. 35.

[6] Cf., a esse respeito, sua avaliação de Sérgio Milliet em "O ato crítico" in *A educação pela noite*. Op. cit., p. 122-37.

[7] Cf., entre outros, "Realidade e realismo (via Marcel Proust)" in *Recortes*. São Paulo: Companhia das Letras, 1993, p. 123-9.

[8] Um bom exemplo disso pode ser a leitura que Starobinski nos propõe das *Cartas persas*. É conhecida a congenialidade várias vezes apontada entre a obra de Montesquieu e *Macunaíma* de Mário de Andrade. Embora Candido não tenha se debruçado sobre a rapsódia modernista, mérito monopolizado por sua esposa, Gilda de Melo e Souza, autora de *O tupi e o alaúde*, encontramos, no entanto, traços disseminados em sua crítica que revelam um parentesco raigal entre esse modelo de ficção e seu próprio método crítico. O maior deles, a meu ver, reside na *revolução sociológica* (Caillois) que consiste em fingir-se estrangeiro em relação à cultura que se descreve, isto é, omitir a singularidade para apenas reter a inscrição institucional dos indivíduos. É, por exemplo, o ponto de vista que adota em "Literatura e cultura de 1900 a 1945" de *Literatura e Sociedade*. Starobinski julga que, sob essa perspectiva, o leitor é arrastado a um jogo que o afasta de seu meio atual e o torna indiscretamente presente num espaço alheio ou distante. Uma tal distância se traduz ainda numa segunda separação, entre o âmbito da reflexão e o dos atos, tão grave para nós, conclui Starobinski, quanto para Montesquieu e seus contemporâneos. Cf. STAROBINSKI, Jean. "Exílio, sátira y tiranía: las *Cartas persas*" in *Remedio en el mal. Crítica y legitimación del artificio en la era de las luces*. Trad. J. L. Arántegui. Madrid: La Blasa de la Medusa, 2000, p. 107-38. A observação aplica-se no caso de Andrade ou mesmo no de Candido, cuja ficção de geração poderia ser, justamente, a referida revolução sociológica. *Os parceiros do Rio Bonito*, "Dialética da malandragem" e as "Quatro esperas" de *O discurso e a cidade* ilustram à perfeição sua peculiar revolução sociológica.

[9] Diz Adorno:

El concepto de comprensión está filosóficamente comprometido desde la escuela de Dilthey y a partir de categorías como la de compenetración (*Einfühlung*). Estas ideas hay que dejarlas fuera de la acción y exigir una comprensión de las obras de arte que sea un conocimiento estrictamente determinado por la objetividad de las mismas.
Cf. ADORNO, Th. W. *Teoría Estética*. Op. cit., p. 447.

[10] IDEM. *Ibidem*, p. 451.

[11] Cf. BUCK-MORSS, Susan. *Origen de la dialéctica negativa*. México: Siglo XXI, 1981; FORSTER, Ricardo. *W. Benjamin y Th. Adorno: el ensayo como filosofía*. Buenos Aires: Nueva Visión, 1991; MANDADO GUTIERREZ, Ramón. *Adorno*. Madrid, Ed. del Orto, 1994 e DUARTE, Rodrigo. *Adornos*. Nove ensaios sobre o filósofo frankfurtiano. Belo Horizonte: Ed. da UFMG, 1997.

[12] Veja-se sua análise de *Ricardo III* de Shakespeare no curso *Ética* (1986) para posterior confronto com as ponderações de Adorno sobre "Experimenta crucis" em sua *Dialética negativa*. Op. cit., p. 223.

[13] CANDIDO, Antonio. *Brigada ligeira*. São Paulo: Martins, 1945, p. 111

[14] IDEM. "Literatura y subdesarrollo" in FERNANDEZ MORENO, César (ed.). *América Latina en su literatura*. México: Siglo XXI, 1972, p. 353.

[15] A propósito de "Literatura e subdesenvolvimento", não custa relembrar que o modelo aí proposto baseia-se no fato de o Brasil relegar a consciência amena do atraso quando se esgota uma representação nacional específica, a de país novo. A esse respeito, um ensaio pioneiro de Fernand Braudel, publicado na revista do grêmio da Faculdade de Filosofia, Ciências e Letras da Universidade de São Paulo, afirmava, taxativamente, que, com a entrada na modernidade *inglesa*, o Brasil *tornou-se* um país-novo, à diferença da Argélia (com o qual não só se toca o problema do colonialismo mas também o de posições críticas do iluminismo, como a do argelino Derrida e o brasileiro Candido). Para Braudel, em suma, "produzir" e "repartir" eram as ações características dos países velhos ou novos". "Pode-se mesmo dizer — concluía — que, de um lado, se trata de conservar e, de outro, de criar." (Cf. "Conceito de país novo" *Filosofia, Ciências e Letras*, a. 1, n. 2. São Paulo, ago. 1936, p. 10.) A recomendação de *criar* é, em tudo, coincidente com a noção de despesa que, a partir de Nietzsche, a etnografia francesa estava a elaborar a meados dos anos 30.

[16] Com Foucault, a cumplicidade passa não só pela ascese nietzscheana mas também pelo foco no século XIX como eixo dos dilemas da *Aufklärung*. Cf., p. ex., o quarto capítulo de *Surveiller et punir*. Naissance de la prison. Paris: Gallimard, 1975. Deleuze, por sua vez, definia os intercessores como a criação mesma: "fictifs ou réels, animés ou inanimés, il faut fabriquer ses intercesseurs", portadores auto-fictivos da vida como criação (Cf. *Pourparlers 1972-1990*. Paris: Minuit, 1990, p. 171).

[17] CANDIDO, Antonio. "O portador" in *Brigada ligeira e outros escritos*. São Paulo: Editora da Universidade Estadual Paulista, 1992, p. 205.

Incluído como separata no segundo volume das *Obras incompletas* de Nietzsche (org. Gérard Lebrun. Trad. Rubens Rodrigues Torres Filho. São Paulo: Abril Cultural, 1983).

[18] A esse respeito, Vattimo argumenta que se a modernidade pode ser definida como a época da superação ou ultrapassamento da novidade, tornada obsoleta e logo substituída por outra, ainda mais nova, num movimento incessante que, ora desalenta a criatividade, ora a exige e impõe como pré-requisito da época, se for assim, é impossível sair da modernidade pensando em uma sua ultrapassagem. Ao contrário, recorrer às forças eternizantes implica buscar um caminho diferente. De modo tal, argumenta, que a modernidade poderia ser concebida não apenas pela categoria de superação temporal, sucessiva e linear, mas também pela superação crítica. Nesse sentido, a segunda consideração inatual de Nietzsche, refere-se tanto ao relativismo historicista quanto à metafísica hegeliana da História, que concebe esta disciplina como um progressivo processo de *Aufklärung*. Eis, provavelmente, a razão pela qual Nietzsche recorre, ainda nessa segunda consideração inatual, à arte e ao mito como formas de ultrapassar a modernidade. Cf. VATTIMO, Gianni — *El fin de la modernidad*. Nihilismo y hermenéutica en la cultura posmoderna. Trad. Alberto Bixio. Barcelona: Gedisa, 1987, p. 146-7.

[19] NIETZSCHE, F. *A Genealogia da moral*. Trad. C. J. Meneses. 3ª ed. Lisboa: Ruimarães, 1976, p. 147.

[20] VATTIMO, Gianni, *Más allá del sujeto. Nietzsche, Heidegger y la hermenéutica*. Trad. J. C. Gentile Vitale. Barcelona: Paidós, 1989, p. 38.

[21] DERRIDA, Jacques. *La dissémination*. Paris: Seuil, 1972, p. 229-30.

[22] IDEM. *Ibidem*, p. 303.

[23] IDEM. *Ibidem*, p. 237-8.

[24] Walter Mignolo sugere associar o conceito de pós-modernidade à prática desconstrutiva, reservando ambição descolonizadora à teoria pós-colonial. Cf. *The darker side of Renaissance. Literacy, Territoriality & Colonization*. Ann Arbor: Michigan University Press, 1995.

[25] BHABHA, Homi. *The location of culture*. London: Routledge, 1994, p. 4.

[26] IDEM. *Ibidem*, p. 38.

[27] Essa posição, diríamos, a deliberadamente assumida por Candido, é retomada por Beatriz Sarlo e Carlos Altamirano em *Literatura/Sociedad*. Buenos Aires: Hachette, 1983, p. 105.

[28] Entendendo a heterogenidade cultural como subproduto de diversas modernizações operando na ou sobre a América Latina, o sociólogo chileno José Joaquin Brunner pondera que

> heterogeneidad cultural significa, en fin, algo bien distinto que culturas diversas (subculturas) de etnias, clases, grupos o regiones, o que mera superposición de culturas, hayan éstas o no encontrado una forma de sintetizarse. Significa, directamente, participación segmentada y diferencial en un mercado internacional de mensajes que "penetra" por todos lados y de maneras inesperadas el entramado local de la cultura, llevando a una

verdadera implosión de los sentidos consumidos/producidos/ reproducidos y a la consiguiente desestructuración de representaciones colectivas,fallas de identidad, anhelos de identificación, confusión de horizontes temporales, parálisis de la imaginación creadora, pérdida de utopías, atomización de la memoria local, obsolescencia de tradiciones.
Cf. BRUNNER, José Joaquin. *Los debates sobre la modernidad y el futuro de América Latina*. Santiago de Chile: FLACSO, 1986, p. 39-40.

[29] GARCIA CANCLINI, Nestor. *Culturas híbridas*. Estrategias para entrar y salir de la modernidad. Mexico: Grijalbo, 1990.

[30] LACLAU, Ernesto. "Desconstrucción, pragmatismo, hegemonia" in MOUFFE, Chantal (ed.). *Desconstrucción y pragmatismo*. Trad. M. Mayer. Buenos Aires: Paidós, 1998, p. 101-2.

[31] "All decision is internally split: as required by a dislocated situation, it is *a* decision; but it is also *this* decision, the particular ontic content. This is the distinction between *ordering* and *order*, between *changing* and *change*, between the *ontological* and the *ontic* — oppositions which are only contingently articulated through the investment of the first of the terms into the second. This investment is the cornerstone of the operation called hegemony, which has within it, as we have seen, an ethical component. The description of the *facts* of social life and the normative orders on which those facts are based,which is compatible with a hegemonic approach, is different from those approaches which start by identifying the ethical with a hard normative core, and with those which postulate total decisionism. So, the question: "If the decision is contingent, what are the grounds for choosing this option rather a the different one?", is not relevant. If decisions are contingent displacements within contextual communitarian orders, they can show their verisimilitude to people living inside those orders, but not to somebody conceived as a pure mind outside *any* order. This radical contextualization of the normative/descriptive order has, however, been possible only because of the radical decontextualization introduced by the ethical moment."
Cf. LACLAU, Ernesto. "Identity and Hegemony: The Role of Universality in the Constitution of Political Logic" in BUTLER, Judith et al. *Contingency, Hegemony, Universality*. Contemporary Dialogues on the Left. London: Verso, 2000, p. 85.

[32] CANDIDO, Antonio. "Literatura e subdesenvolvimento" in *A Educação pela Noite*. São Paulo: Ática, 1987, p. 153.

[33] BORGES, Jorge Luis. *Inquisiciones*. Buenos Aires: Proa, 1925.

[34] IDEM. "De alguien a nadie" in *Obras Completas*. Buenos Aires: Emecé, 1974, p. 738.

[35] MOREIRAS, Alberto. *Tercer espacio: Literatura y duelo en América Latina*. Santiago do Chile: LOM Ediciones/Universidad Arcis, 1999.

[36] ANDRADE, Carlos Drummond de. "No meio do caminho" (de *Alguma poesia*, 1930) in *Reunião*. 19 livros de poesia. 2ª ed. Rio de Janeiro: José Olympio, 1985, v. I, p. 15. Os conceitos de tradição literária de

Drummond estão fortemente vinculados aos paradoxos de Chuang-Tzu, lidos nos anos 20 a partir da obra de Oscar Wilde. A respeito dos avatares da tartaruga e sua conexão com as aporias drummondianas, remeto a meu texto, "El veneno de la serpiente", in *Radar libros. Página 12*. Buenos Aires, 25 abr. 1999, p. 6-7.

[37] IDEM. "A máquina do mundo" (de *Claro enigma*, 1951). *Ibidem*, p. 300 e ROSA, João Guimarães. "A terceira margem do rio" in *Primeiras estórias*. Rio de Janeiro: Nova Fronteira, 1997.

[38] ANTELO, Raúl. "La zoologia imaginaria como deslectura de las radiografías y retratos de la nación en crisis" in ROWE, William et al. *Jorge Luis Borges. Intervenciones sobre pensamiento y literatura*. Buenos Aires: Paidós, 2000, p. 113-8.

[39] A título de lembrete esquemático, *L'expérience intérieure* de Bataille, *Le pas au-delà* de Blanchot, *La pensée du dehors* ou *Les mots et les choses* de Foucault, o ensaio sobre *Kafka* ou aqueles outros reunidos em *Critique et clinique* de Deleuze.

[40] LACLAU, Ernesto. "Desconstrucción, pragmatismo, hegemonia" Op. cit., p. 113-4. Lacan e Derrida são, para Laclau, os dois momentos privilegiados de expansão das quase-infraestruturas, absolutamente idecidíveis. Cf. "Identity and Hegemony..." Op. cit., p. 74.

[41] DERRIDA, Jacques. "Notas sobre desconstrucción y pragmatismo" in MOUFFE, Chantal (ed.). Op. cit., p. 163-4.

[42] Cf. NEGRI, Antonio. *Spinoza subversivo*. Variaciones (in)actuales. Trad. Raul S. Cedillo. Madrid: Akal, 2000, p. 33.

[43] Cf., ainda, SLOTERDIJK, Peter. *Eurotaoismus*. Zur Kritik der politischen Kinetik. Frankfurt: Suhrkamp Verlag, 1989 e *En el mismo barco*. Ensayo sobre la hiperpolítica. Trad. Manuel Fontán del Junco, Madrid: Siruela, 1994.

[44] IDEM. *Ibidem*, p. 156-7.

[45] LACAN, Jacques. *Séminaire* 20 (Paris, Seuil, 1975) e *Scilicet* 5 (Paris: Seuil, p. 17).

[46] A condição de *observador* remete diretamente à compensação diante da castração. "Se não pudermos ser criadores", diz Antonio Candido no prefácio a seu livro de ensaios de 1959, "sejamos ao menos observadores literários".

[47] É o que se pressupõe nas páginas iniciais da *Formação da literatura brasileira* de Antonio Candido: "Suponhamos que, para se configurar plenamente como sistema articulado, ela dependa da existência do triângulo 'autor-obra-público'". Cf. *Formação da literatura brasileira*. São Paulo: Martins, 1964, p. 16.

[48] Penso nos aforismos de *O discípulo de Emaús* (1945) de Murilo Mendes que problematizam o caráter ativo da leitura e a dimensão original do parasita, bem como as ficções de Clarice Lispector, notadamente, *Água viva* (1973).

[49] SCHWARZ, Roberto. *Sequências brasileiras*. São Paulo: Companhia das Letras, 1999, p. 51.
[50] BENJAMIN, Walter. *Paris capitale du XIX siècle. Le Livre des passages*. Paris: Cerf, 1993, p. 494.
[51] SCHWARZ, Roberto. Op. cit., p. 57-8.
[52] IDEM. *Ibidem*, p. 58.
[53] CANDIDO, Antonio. Intervenção no *Ciclo de Debates do Teatro Casa Grande*. Rio de Janeiro: Inúbia, 1976, p. 184-7.
[54] Cf. DERRIDA, Jacques. "Mallarmé" in *Cómo no hablar y otros textos*. 2ª ed. Barcelona: Proyecto A, 1997, p. 62.
[55] CANDIDO, Antonio. "O portador" Op. cit., p. 205
[56] AGAMBEN, Giorgio. "On potentiality" in *Potentialities*. Collected Essays in Philosophy. Ed e trad. por Daniel Heller-Roazen. Stanford University Press, 1999, p. 177-184. Analisando o relato de um exilado, Georges Bernanos, Antonio Candido afirma que

> as relações entre os homens mudam, com a mudança das suas técnicas, com o reajustamento de sua atividade econômica. Os valores perdem o seu fundamento concreto, a sua funcionalidade, mas permanecem carregados de conteúdo afetivo. Entram em choque com a vida, tornam-se sobrevivências, padecem. A vida os vence e os ultrapassa, no seu crescimento contínuo.

Cf. "Paixão dos valores" *Brigada ligeira*. São Paulo: Martins, 1946, p. 116. Os valores como sobrevivências ou vidas póstumas é um tema que atravessa a reflexão de Walter Benjamin e Aby Warburg mas que se encontra prefigurado no conceito de escrita memorialista póstuma (Machado de Assis) que, por sua vez, há de ser o tema de vários teóricos da modernidade (Blanchot, Foucault).
[57] SCHWARZ, Roberto. Op. cit., p. 54-5.
[58] SANTIAGO, Silviano. "Atração do mundo" *Gragoatá*, n. 1. Niterói, 1996, p. 50. O conceito de mundo (ainda impreganado das conotações pós-utópicas quando não de biopolítica acefálica de Resnais e Borges) aparece em outro ensaio em que Silviano se interroga sobre a consistência da experiência narrativa e opõe o narrador machadiano, contemporâneo de Nabuco, com o narrador pós-moderno. (Cf. "Toda a memória do mundo" *Folha de S. Paulo*, 13 ago. 1988.)
[59] Em *L'autre cap*, Jacques Derrida insiste nessa posição liminar de uma lei que se desdobra incessantemente. Refutando a perene ambição universalista da cultura francesa, sente-se na obrigação

> de rappeler ce qui s'est promis sous le nom de l'Europe, de réidentifier l'Europe, c'est un devoir qui dicte aussi d'ouvrir l'Europe, depuis le cap qui se divise parce qu'il est aussi un rivage: de l'ouvrir sur ce qui n'est pas, n'a jamais été et ne sera jamais l'Europe. Le *même devoir* dicte non seulement d'accueillir l'étranger pour l'intégrer, mais aussi pour reconnaitre et accepter son altérité. Le *même devoir* dicte de critiquer un dogmatisme totalitaire qui, sous prétexte de mettre fin au capital, a détruit la démocratie et l'héritage européen, mais, aussi de critiquer une religion du capital qui installe son dogmatisme sous de nouveaux visages que nous devons apprendre à

identifier. Le *même devoir* dicte d'assumer l'héritage européen d'une idée de la démocratie, mais aussi de reconnaître que celle-ci n'est jamais donnée; ce n'est même pas une idée régulatrice au sens kantien, plutôt quelque chose qui reste à penser et à venir: non pas qui arrivera demain, mais qui a la structure de la promesse et donc porte l'avenir ici maintenant. Le *même devoir* dicte de respecter la différence, l'idiome, la minorité, la singularité, mais aussi l'universalité du droit formel, le désir de traduction, l'accord et l'univocité, la loi de la majorité, l'opposition au racisme, au nationalisme, à la xénophobie. Le *même devoir* commande de tolérer et de respecter tout ce qui ne se place pas sous l'autorité de la raison.

Il peut s'agir de la foi, des différentes formes de foi. Il peut s'agir aussi de questions ou d'affirmations qui, pour penser l'histoire de la raison, excèdent son ordre, sans devenir pour autant irrationnelles, encore moins irrationalistes; elles peuvent même rester assez fidèles à l'idéal des Lumières, de l'*Aufklärung* ou de l'*Illuminismo*, tout en reconnaissant ses limites, pour travailler aux Lumières d'aujourd' hui. Ce *même devoir* appelle certes la responsabilité de penser, de parler et d'agir conformément à un impératif qui paraît contradictoire.

Para Derrida, em suma, levar a sério um conceito é tomá-lo entre aspas, em sua disseminação paronomásica que se dá recorrentemente como *le même devoir*. Cf. *L'autre cap*. Paris: Ed. du Minuit, 1991.

[60] Em "Um seminário de Marx" (in *Sequências brasileiras*. Op. cit., p. 86-105), Roberto Schwarz enumera as limitações do seminário que reunia gente como ele mesmo, Giannotti, Fernando Henrique e Ruth Cardoso ou F. Weffort: desinteresse pela crítica de Marx ao fetichismo da mercadoria, um certo conformismo nacional que adotava, acriticamente a experiência européia como modelo mas, ao mesmo tempo, pregava a desvalorização das contribuições dos frankfurtianos e, *last but not least*, "uma certa indiferença em relação ao valor de conhecimento da arte moderna, incluída a brasileira, a cuja visão negativa e problematizadora do mundo atual não se atribuía importância".

[61] DERRIDA, Jacques. "Marx and Sons" in SPRINKER, Michael (ed.). *Ghostly Demarcations. A Symposium on Jacques Derrida's Specters of Marx*. London: Verso, 1999, p. 261-2.

Em formação. A literatura brasileira e a "configuração da origem"

Ettore Finazzi-Agrò

> *Mas vocês já se perguntaram suficientemente a que alto preço foi paga a elevação de qualquer ideal sobre a terra? Quanta realidade deveu sempre ser, a esse fim, caluniada e desconhecida, quantas mentiras foram santificadas, quantas consciências foram estragadas, quanta "divindade" foi sacrificada cada vez? Porque um santuário seja erguido, outro santuário deve ser reduzido em destroços: a lei é esta — me indiquem o caso em que não foi cumprida!*
> Friedrich Nietzsche, Genealogia da moral.

A obrigação é reconstruir uma seqüência, isto é, decretar uma História, edificar um templo da memória na terra sem tempo e sem termos que se alarga e se abisma no vazio dum espaço infinito. A Nação pretende este trabalho "glorioso" de reinvenção de um *continuum*, de costura de um tecido (crono)lógico com o qual agasalhar a sua nudez.

E pouco importa, nesse sentido, que essa história recosida — mitificante, mistificadora, "inventada" (*inventum* é, etimologicamente, aquilo que é 'encontrado') — seja a reconstrução de uma continuidade institucional, política ou social, ou de um encadeamento cultural, artístico ou literário, visto que aquilo que sobretudo importa na construção é começar a encostar os tijolos, ligando-os com o cal de uma necessidade que, aparentemente, vem da própria sucessão dos fatos (estranho paradoxo, este, de uma causalidade fundada sobre si mesma, ou melhor, sobre uma razão interna a ela própria). Pouco importa porque, uma vez levantado um patamar do edifício, ele virá se construindo sozinho, ganhando uma evidência, impondo um sentido e modificando o panorama em volta dele.

Temos exemplos ilustres dessa tarefa ideológica difícil, dessa lavra penosa que leva a inventar uma Nação, a fazer um Povo a partir de uma comunidade que não o é — que é conjunto indistinto e sem coerência de pessoas, de tradições, de instituições heterogêneas. Como italiano, todavia, não poderia não lembrar aqui, o caso emblemático de Francesco De Sanctis, autor daquela *História da Literatura Italiana* que, escrita entre 1870 e 1871, representa, à distância de dez anos da Independência política, o primeiro monumento historiográfico da (e à) Itália unida. A celebração da Nação, na obra tanto histórica quanto crítica do estudioso, é sobretudo glorificação de uma ausência, ou mais claramente, tentativa de projetar sobre um tempo partido, sobre um passado em frangalhos, esse fantasma de uma continuidade ideal, essa lógica unitária que deveria impor, mitificando-a e mistificando-a, a evidência de uma comunidade. E é curioso, nesse sentido, que para tanto ele utilize com freqüência a metáfora da "construção", do edifício a ser levantado utilizando as ruínas do passado. Cito apenas, como exemplo, alguns trechos dum estudo sobre Niccolò Machiavelli:

> Nós já temos esboçado uma parte do edifício moderno construído pela mente de Machiavelli. Ao topo dele vimos ter o Estado; na base o indivíduo com a imortalidade do seu espírito criativo. O corpo é a sociedade. E o que é ela para Machiavelli? É a nação. E esta, por sua vez, o que é? É uma idéia, cujo objeto correspondente estava escondido naquele tempo, porque era sufocado entre uma grande generalidade e uma grande particularidade, entre o Império e a Cidade. [...] Machiavelli antecipou de três séculos o seu país, quando previu a situação que nove anos atrás penetrou no sentimento popular. Analisando a Itália ocupada pelos estrangeiros e as nações que se iam formando, dizia que a queda de Itália dependia do não ter tido a virtude da França e da Espanha, de reatar os seus membros.[1]

Esta ordem improvável, ondeando entre desejo, fantasia e memória; este tempo suspenso entre presente, passado e futuro, possui todavia a capacidade de "fazer" um sentido: sentido político e cultural em que se pode espelhar um País finalmente unido, recompondo os *disiecta membra* num organismo solidário.

Aquilo que era apenas um território baldio, ou melhor, um cúmulo de ruínas, se torna, então, chão livre onde erguer o edifício da Nação: efeito finalmente, etimologicamente, "maçônico" (e se sabe, de fato, que a Maçonaria, a *Sociedade dos pedreiros-livres* exerceu, na Itália, um papel fundamental na construção do estado unitário), que faz, de uma vaga noção, uma idéia a ser sem fim (re)pensada.

A função política de De Sanctis foi, justamente, a de reintegrar a legitimidade da Pátria, ou, para usar novamente a metáfora do tecelão, de destrinchar e de retecer os fios emaranhados de uma história comum, a partir de dois elementos de continuidade: a literatura e obviamente, antes dela, a língua. Ambientes, também eles, bastante destroçados, visto que, sobretudo a nível de oralidade, em lugar de uma língua única tinha uma variedade infinita de dialetos e que, por outro lado, a literatura tinha mais a aparência de uma colcha multicolor de estilos, gêneros, temas diferentes, tratados segundo perspectivas heterogêneas. Mas, uma vez segurando na mão o fio de uma história a ser recosida, era relativamente fácil enxergar e seguir, no caos da desigualdade lingüística e da variedade cultural, as diretrizes de homogeneidade e de continuidade: bastava, de fato, saber o que procurar e como questionar aquilo que se vinha achando para delinear uma trama histórica, uma lógica imanente e "necessária", uma seqüência e uma causalidade rumo à construção de uma instância ideal (o Estado e/ou o Povo, a Religião e/ou a Economia...), agindo, por sua vez, no interior do Tempo.

Seria interessante, a esta altura do discurso, aviar uma reflexão mais alargada sobre o lugar e o papel da historiografia na cultura contemporânea, mas, em primeiro lugar, não tenho esta ambição — já outros especialistas de fato, muito mais ilustres do que eu, enfrentaram esse tema de modo exemplar e articulado — nem, na verdade, seria capaz de me adiantar no chão escorregadio da filosofia da história, e aliás, em segundo lugar, isso escaparia ao tema da minha reflexão, que visa apenas questionar o problema de como uma certa idéia de Nação, de Comunidade e/ou de Continuidade, se inscreve e se escreve no âmbito da historiografia e da prática literárias num contexto pós-colonial e, em particular, no caso dum país americano.

Se, de fato, é certo que a descoberta da América tirou à historiografia um dos seus postulados de partida (a finitude e a "medida" do mundo conhecido), sendo um dos fatores que impossibilitaram uma visão global, coerente e progressiva, da história da humanidade — tendo como cerne ou eixo o tempo europeu —, é aliás indubitável que o problema de "como escrever a história", colocado num contexto, por assim dizer, "segundo", isto é, numa dimensão colonizada como é a americana, leva a um impedimento muito mais difícil de se contornar. Aqui, com efeito, o obstáculo é representado pela impossibilidade *objetiva* em estabelecer uma serialidade lógica, em costurar uma seqüência causal: ou seja, enquanto De Sanctis tinha a possibilidade — subjetiva, arbitrária quanto se quer, porém efetiva — de (re)criar uma coerência temporal, de "edificar" uma história, assentando numa continuidade presumida, baseando-se na existência de uma noção em volta da qual reinventar, em retrospecto, um passado comum — a comunidade da Pátria, da Língua, da Cultura e, sobretudo, do Tempo nacional em que tudo isso se passa —; no caso americano, evidentemente, existe uma cisão temporal e (con)sequencial impossibilitando qualquer relação entre "fatos" incomparáveis: esta incongruência, esta "dobra" é, obviamente, aquela que corre entre o Tempo colonial e o Tempo nacional, entre a cronologia importada e a autóctone.

Divisão, esta, que torna objetivamente inviável qualquer pressuposto de continuidade/comunidade nacional, tanto sob o perfil lingüístico (se fala e se escreve, afinal, numa língua imposta por fora) quanto no âmbito da expressão artístico-literária. Se, em outros termos, Francesco De Sanctis consegue apresentar Machiavelli como precursor e profeta da nacionalidade é porque esse autor, afinal, se expressava em italiano e se punha na esteira duma tradição secular, provindo da cultura clássica. Como é possível supor a mesma operação (para ficar no âmbito luso-brasileiro e retomando, aliás, questões banalizadas pelo uso incessante) no caso, por exemplo, de um Gregório de Matos, ou pior ainda, de um Botelho de Oliveira, visto que ambos — formados, aliás, na Universidade de Coimbra — não só não manifestam nenhuma consciência nacional identitária, mas se utilizam duma forma lingüística e de modelos poéticos tributários da tradição ibérica?[2] Como é possível, então, incluí-los *no início* de uma cultura peculiar? Como é possível colocá-los (seja do ponto de vista sincrônico ou diacrônico) às origens de um sistema artístico ou expressivo autônomo? A resposta negativa a esta pergunta leva diretamente a um impasse historiográfico: não naufragar no grotesco que se poderia definir, em termos brasileiros, como o "triste fim de Policarpo Quaresma" — isto é, excluindo o inautêntico e/ou o importado, para considerar apenas aquilo que, de modo mais uma vez mitificante e mistificador, é tido por "essencialmente brasileiro".

Em realidade (como demonstra, magistralmente aliás, a obra de Lima Barreto), a situação se apresenta logo muito mais complexa, visto que, tanto no caso europeu quanto no americano — ou seja, tanto no caso de uma literatura nascida a partir da dissolução do mundo clássico, quanto naquele de uma literatura que se enxerta ("galho secundário...") e cresce no tronco de uma tradição importada —, devemos considerar como o verdadeiro problema está, de fato, *no início*, ou melhor, que o problema essencial *é* o Início: ou seja, quando e onde é a Origem? E o que é, aliás, uma Origem? Afinal, como reconhecer num ato, num gesto, numa palavra ou num texto, que é ali, exatamente, que tudo de fato começa? Um problema, como se vê, que são dois; uma interrogação que se desdobra e que se alastra, abrigando na verdade, na fissura que se cria no interior dela, um enredo problemático, um enleio duvidoso de elementos heterogêneos que deve ser indagado — sabendo porém, de antemão, que a solução não existe ou existe apenas como hipótese de solução. De um lado, teremos, de fato, a questão substancial da localização, no espaço e no tempo, daquilo que pode ser considerado como o Princípio; do outro, teremos a possibilidade de uma forma originária, isto é, do modo de ser daquilo que consideramos o fundamento de tudo o que virá a ser.

O lugar do início, nesse sentido, só pode ser indicado a partir da forma que ele assume, que o delimita e institui, do mesmo modo como a forma é função do espaço e do tempo em que tudo começa. Dito isto, porém, deveríamos reiniciar tudo, visto que, afinal de contas, a Origem, entendida na sua forma e na dimensão que a contém e molda, apresenta-se como uma noção auto-referencial, e afigura-se, justamente, como uma torção lógica remetendo para si mesma: o Início seria apenas aquilo que, por convenção, uma pessoa ou um grupo de pessoas decide assumir como Início. Nesta tautologia, em que se revela o caráter de-cisivo (isto é, produto de uma "cisão", de um corte arbitrário) e altamente ideológico do Princípio, pode-se todavia descobrir uma verdade importante que se encontra em todo Início: ou seja, que a dimensão e a estrutura do Começo são, na sua essência, puramente convencionais e, na sua forma, meramente ficcionais.

Quase todos aqueles — filósofos ou teólogos, cientistas ou historiadores — que refletiram sobre a Origem, acabaram, de fato, por reconhecer que dela só se pode fazer experiência enquanto Mito da Origem; acabaram, em geral, por admitir que aquilo que está no Exórdio só pode se configurar como conto ou como ficção. E isto, repare-se, vale tanto para os que confiam na unicidade do Começo, quanto para aqueles que certificam o caráter dual e diferencial do Princípio: em ambos os casos, aquilo que "se esconde desde a fundação" só pode ser inscrito, só pode ser continuamente lido e incessantemente interpretado no interior de uma narração em que os elementos fundamentais e fundacionais pululam e vêm à tona, combinando-se numa constelação mítica, harmonizando-se numa configuração precária e ao mesmo tempo cheia de Sentido, em que o que conta, de fato, não é a Origem, mas sim o Destino em que tudo encontra, *a posteriori*, a sua (arbitrária) razão de ser. A História, então, enquanto re-construção de um *mythos* (isto é, de um modo de contar, de um "enredo" narrativo), não seria, nesta perspectiva, tanto um modo para lembrar, quanto sobretudo uma maneira particular e necessária de esquecer — aspecto, aliás, que foi fortemente sublinhado pelos teóricos contemporâneos.[3]

Usei, não por acaso, o verbo *configurar* e o substantivo *configuração*: uma repetição necessária se considerarmos a outra noção decisiva — incorporando a de Mito — para entender o modo de ser do Começo, a forma do Início que está escondida na definição de *figura*. De fato, a *figura*, segundo um importante filósofo italiano, é

> o próprio movimento de um "outro pensamento", em relação àquele da filosofia clássica, de um pensamento que transita pelas "imagens" literárias e pelos conceitos, que junta as duas 'meias verdades' que sempre se manifestam no tempo da modernidade: a abstração máxima do conceito e a máxima força daquilo que foi sucessivamente denominado como mito, desrazão, analogia, imagem.[4]

Uma definição útil, então, para entender a sobrevivência do Mito no interior desse tempo híbrido que é o Moderno, mas que dá conta também de um modo diferente de se aproximar da Origem, que não é nem aquele ligado à filosofia tradicional (digamos, à filosofia que se delineia e toma forma a partir de Platão) nem aquele que a História relegou no âmbito do irracionalismo, do "pensamento" outro e inconseqüente, analógico ou mitológico — sendo porém, ao mesmo tempo, uma combinação e uma neutralização dos dois no interior de um "pensar de outra forma", de um relacionar elementos diferentes ou até opostos dentro do enigma fundamental instituído e constituído pela linguagem *figural* (considerando a expressão enigmática, na esteira de Aristóteles, como um "pôr em conjunto coisas impossíveis").

Tentando, enfim, traduzir tudo isto no âmbito do historicismo — e da historiografia literária em particular — teremos que tomar consciência da impossibilidade de uma história linear e conseqüencial, teleológica no sentido mais pontual, que vai desde o Início até o Fim, que explica o futuro a partir do passado e faz do presente uma ponte continuamente reconstruída sobre um tempo que, infinitamente e sem parar, transcorre. Contra este modo de se reportar à cronologia humana, contra toda "razão historicista", já se pronunciou de modo cortante e decisivo Friedrich Nietzsche, na sua condenação dos falsos historiadores, daqueles que vão à procura da Origem, assumindo que ela é "aquilo que já era" desde sempre, o princípio imóvel de todas as possibilidades sucessivas, o fundamento único de tudo aquilo que vem a ser depois. A esta história impregnada de metafísica, a este pensamento que postula um Início absoluto, o filósofo alemão contrapõe a "verdadeira história" (*wirkliche Historie*), que não sai à procura do Aquilo que está antes de tudo — antes do corpo, antes do tempo, antes do mundo... — mas que trabalha, pelo contrário, para descobrir os "inúmeros inícios" desta realidade complexa, deste "mundo misturado" em que o homem é jogado sem ter nas mãos nenhum fio de Ariadne que o leve até o centro do labirinto, até descobrir a razão de seu estar-no-mundo, até explicar o princípio único de que tudo procede.

Esse trabalho paciente e erudito, esse inventário das origens plurais, esse estudo das ordens infinitas que constituem a trama do real (e vale talvez a pena de se lembrar que o latim *ex-ordium* tem a ver justamente com uma ordem retecida), assume, para Nietzsche, um nome alternativo ao de história, no seu sentido tradicional: para ser verdadeira ou efetiva, a história deveria, de fato, se transformar em *genealogia*, isto é, no estudo da proveniência dos eventos, dos valores, dos conceitos, num caminho ao contrário que (como sublinhou magistralmente Foucault) não tende a descobrir uma evolução ou um destino, mas a "manter aquilo que foi na dispersão que lhe é própria".[5] Assim, o papel do historiador não seria o de remontar o curso do tempo para descobrir no passado uma possível razão de ser do presente, mas sim investigar a "disseminação" do fatos e das imagens, até recompor uma constelação precária de *figuras* em que se pode — e nos pode — surpreender um sentido comum (aquele de Nação, por exemplo, escondido na idéia, aparentemente longínqua, de *DissemiNation* estudada por Homi Bhabha).

Aplicando finalmente tudo isso à cultura brasileira, é fácil verificar como a historiografia mais acreditada tenha descoberto desde cedo — de modo análogo ao de Nietzsche — a impossibilidade de uma história linear e conseqüencial, provinda de uma Origem e prevendo um Fim, isto é, funcionando como um sistema peculiar ou como um organismo autônomo. Para citar apenas um exemplo, basta lembrar as palavras de Sílvio Romero, escritas em 1878:

> Na história do desenvolvimento espiritual do Brasil há uma lacuna a considerar: a falta de seriação nas idéias, a ausência de uma genética. Por outros termos: um autor não procede do outro; um sistema não é conseqüência de algum que o precedeu. [...] Na história espiritual das nações cultas cada fenômeno de hoje é um último elo de uma cadeia; a evolução é uma lei. [...] Neste país, ao contrário, os fenômenos mentais seguem outra marcha.[6]

Pode-se afirmar que decorre desta constatação negativa a obrigação de se utilizar várias vezes, ao invés de *História*, a palavra *Formação*, para pensar e dar conta, exatamente, dessa "outra marcha" seguida pela cultura nacional. Num livro recente (do qual tirei a citação anterior), foi justamente estudado o *Sentido da Formação* presente nas reflexões mais agudas sobre a cultura brasileira, mas aquilo que acho importante sublinhar é a ligação, talvez involuntária, entre esse modo de se entender a história e a memória nacionais e a *genealogia* nietzschiana.

Na obra talvez mais conhecida que traz no título a palavra *formação* (a *Formação da literatura brasileira*), esse parentesco ressalta de modo evidente, até se tornar coincidência na utilização do atributo *genealógico* para os fenômenos considerados, pelo autor, como exordiais da cultura literária brasileira. Tanto na obra maior, como em vários outros lugares da sua pesquisa historiográfica e crítica, Antonio Candido tem sublinhado, com efeito, a "tendência genealógica" inscrita na origem da literatura brasileira — ou melhor, "na história dos brasileiros no seu desejo de ter uma literatura"[7] — e que ele considera "típica da nossa civilização".[8] Tendência, essa, que ele liga ao afã em ter — ou melhor, em *inventar* — uma Tradição por parte dos intelectuais da colônia no séc. XVIII, mas que se transforma a meu ver (ou já o é, implicitamente, desde o início) em método de análise, na medida em que o próprio Candido, recusando o papel tradicional de historiador, enquanto investigador da Origem e defensor da continuidade entre passado e presente, se torna, afinal de contas, ele mesmo *genealogista* no sentido nietzschiano, tentando justamente fazer a história daquela *falta*, daquela *ausência* que Sílvio Romero assinalara em 1878.

Paradoxo interessante este de construir uma história a partir de uma lacuna, de um vazio histórico, mas paradoxo que acaba por fazer sentido no momento em que consideramos a possibilidade — que é obrigação para um país colonial — de instituir um discurso e de seguir um percurso não na direção da homogeneidade e da unidade, mas no da heterogeneidade e da diferença, inventariando as *figuras* que aparecem no caminho, sem pretender descobrir nelas uma coerência necessária, uma continuidade lógica com uma suposta Origem — que não existe ou que, pelo menos, nunca está aí onde a procuramos —, mas considerando os eventos na sua dispersão, na sua singularidade e na sua irredutibilidade ao Uno da metafísica historicista. Para entender e re-conhecer a cultura brasileira, em suma, teremos mais uma vez que "pensar de outra forma", inventariando vagarosamente as diferentes *figuras* que nelas se inscrevem; aviando-nos pelo caminho íngreme de uma indagação a-sistemática de um objeto que se apresenta, já nas palavras de Romero, como a-sistemático, fora e longe de qualquer dialética histórica.

De resto, ainda Antonio Candido, no Prefácio à segunda edição da sua *Formação*, aponta, justamente, para o processo de constituição da literatura brasileira, definindo-o como uma prática de *con-figuração*: "[A literatura] brasileira não nasce, é claro, mas se configura no decorrer do século XVIII, encorpando o processo formativo, que vinha de antes e continuou depois".[9]

A noção de Origem, como se vê, dilui-se e some na perspectiva dinâmica de um "processo formativo" sem começo nem fim, que, por sua vez, é incluído numa "configuração" instável dos fatos literários. Apontar para esta constelação *figural*, significa, com efeito, pensar a literatura não como continuidade, mas como acumulação *discreta* e aparentemente inconseqüente de "momentos decisivos" que se *entretêm* (e se *entretecem*) na sua natureza provisória e, ao mesmo tempo, dispersa, até formar, mas só depois de um lento e difícil caminho, um Sistema — isto é, o famoso "triângulo *autor-obra-público*".

A natureza não-dialética desta avaliação da história literária se mostra com clareza quando, um pouco mais adiante, Candido afirma a sua vontade de "jamais considerar a obra como *produto*", atento, por contra, a "analisar a sua *função* nos processos culturais".[10] Essa sincronia contida na diacronia, ou melhor, essa *epokhé* em que se suspende por instantes a cronologia — entendida como acumulação de fatos ou de coisas, como irreversibilidade da "construção" —, reafirma, a meu ver, a importância da atitude "arqueológica" no estudo das *figuras* disseminadas ao longo da história. E isso, partindo justamente do princípio que "il n'y a pas d'objets naturels, il n'y a pas des choses. Les choses, les objets ne sont que les corrélats des pratiques",[11] até chegar, enfim, ao paradoxo foucaultiano, ou seja que "*ce qui est fait*, l'objet, s'explique par ce qu'a été le *faire* à chaque moment de l'histoire; c'est à tort que nous nous imaginons que le *faire*, la pratique, s'explique à partir de ce qui est fait".[12] A atenção emprestada à *prática* que dá forma e consistência ao objeto permite, então, aquele processo de desmistificação, de desmascaramento da história como causalidade, fazendo enfim reaflorar os nexos ocultos que ligam as "meias verdades" sobre as quais assentam as con-figurações literárias, na sua função, ao mesmo tempo, provisória e necessária dentro dos "processos culturais" (e atente-se na forma plural empregada por Candido).

Adiantando-nos na leitura da *Formação*, vamos encontrar, aliás, expressões que parecem reafirmar o caráter provisório e multíplice do trabalho historiográfico, na tentativa de "reter o máximo de vida com o máximo da ordem mental":

> Para chegar o mais perto possível do desígnio exposto, é necessário um movimento amplo e constante entre o geral e o particular, a síntese e a análise, a erudição e o gosto. É necessário um pendor para integrar contradições, inevitáveis quando se atenta, ao mesmo tempo, para o significado histórico do conjunto e o caráter singular dos autores. É preciso sentir, por vezes, que um autor e uma obra podem ser e não ser alguma coisa, sendo duas coisas opostas simultaneamente, — porque as obras vivas constituem uma tensão incessante entre os contrastes do espírito e da sensibilidade. [...] Por isso, quem quiser ver em profundidade, tem de aceitar o contraditório, nos períodos e nos autores, porque, segundo uma frase justa, ele "é o próprio nervo da vida".[13]

Aceitar o desafio da complexidade, então, sem pretender chegar a uma conclusão, a um "destino", porque a única coerência possível se pode dar apenas na *neutralização* incessante, sempre re-começada, das antinomias (o que é, de fato, o Neutro senão o "ser e não ser alguma coisa, sendo duas coisas opostas simultaneamente"?), ou seja, na convivência, no espaço precário da *figura*, de verdades contraditórias.

Este parentesco entre o *Neutro* e a *Figura* constitui um ponto crucial do discurso, que seria bom reler e entender melhor através das palavras iluminantes pronunciadas por Roland Barthes durante uma aula no *Collège de France*:

> Nous allons procéder par une suite, une consécution de fragments dont chacun reçoit un intitulé. Ce seront les "figures du neutre". [...] En donnant une suite de fragments, je réaliserais (conditionnel), l'opération suivante: de mettre quelque chose, — c'est-à-dire le sujet, le neutre —, de le mettre en état de variation continue, et non plus de l'articuler en vue d'un sens final. [...] Je dirai que mettre le neutre en figures, en suite inorganisée de figures, c'est là une procédure qui est demandée par le neutre lui-même, en tant qu'il est refus de dogmatiser. L'exposition du non-dogmatique ne peut être elle-même dogmatique. Et donc le fait d'inorganiser

> les figures revient à "inconclure", à ne pas conclure: le neutre demande de ne pas conclure, c'est une opération de suspension, d'épokhè, comme on dit en grec.[14]

Acho que a "ordem do discurso" barthesiano pode ajudar a compreender minha perspectiva de análise da atitude de Candido (e de outros autores brasileiros, como veremos) frente à hipótese de uma (re)construção histórica do passado, como a que encontramos, por exemplo, em Francesco De Sanctis. A procura da Origem e a identificação, a partir dela, de uma coerência possível — a hipóstase, em suma, de um paradigma — fogem, de fato, do horizonte das intenções declaradas, que apontam, por contra, para uma operação, complexa e reversível, de reorganização "genealógica", de rearticulação em *figuras* dos fragmentos achados durante o trabalho "arqueológico" de investigação das "práticas". É bom sublinhar, nesse sentido, que não quero, evidentemente, chegar à conclusão de que a metodologia empregada por Antonio Candido descenda diretamente, antecipando Foucault, da "genealogia" nietzschiana (outras são, com efeito, as referências explicitas do ilustre crítico brasileiro), mas quero, isso sim, apontar para algumas consonâncias implícitas que desembocam, a meu ver, no efeito de "desmascaramento" de toda metafísica historicista e de tanta mitologia ligada à *pré-sunção* de um Princípio único, do qual descenderia uma evolução linear e conseqüente do discurso literário no Brasil.

Eu poderia, aliás, citar outros críticos que, depois de Candido, empreenderam, a meu ver, esse mesmo caminho — Flora Süssekind, por exemplo, em vários lugares do seu trabalho hermenêutico, e em particular onde ela reconstrói os vínculos ficcionais juntando história, genealogia e paisagem na literatura brasileira,[15] ou Raúl Antelo, de quem foi publicado, há pouco, um texto magistral intitulado, significativamente, "Genealogia do vazio".[16] Prefiro, porém, ater-me ao propósito de analisar como a cultura brasileira tem enfrentado o problema do Começo e da sua ausência, passando do âmbito da historiografia e da teoria literárias para o plano da praxe artística. Vou tratar exemplarmente, nesse sentido, de alguns, poucos escritores que, com maior clarividência e com mais aguda consciência, se colocaram diante da questão de representar o sentido e a forma da identidade nacional sem recorrer a hipotéticas reconstruções históricas da Origem, mas, pelo contrário, escrevendo justamente a partir da Falta, ou seja, instalando-se nesse caráter paradoxalmente "não-histórico" da história brasileira.

O caso que considero exemplar e paradigmático é, obviamente, o de Euclides da Cunha: brasileiro que, dentro da sua adesão inquieta ao positivismo, teve a coragem de descobrir e denunciar aquilo que outros condescendentes tinham escondido sob o tapete da história e das boas intenções nacionalistas. Ou seja, que sendo, a sua Pátria, uma "terra sem a pátria" (o que significa também sem *pai*, sem descendência ou tradição *paterna*), sendo um espaço imenso e fundamentalmente sem história, era preciso pensar o país a partir não do tempo que ele ocupa, que ele organiza e pelo qual é supostamente organizado, mas, justamente, a partir do espaço — espaço fundamentalmente vácuo — que ele realmente preenche e que lhe dá sentido. Toda a sua obra maior pode, de fato, ser lida como uma grande tentativa, finalmente consciente, de substituir a História com a Geografia e, por isso, de encontrar o Passado no Longínquo, o Antigo no Distante e, sobretudo, de identificar o Princípio histórico com o Centro geográfico. "Finalmente consciente", disse e repito, porque a Paisagem não é tomada, em *Os Sertões*, no seu sentido puramente cenográfico ou ambiguamente prosopopéico, como na produção anterior — em que a exaltação do País passava obrigatoriamente pelo enaltecimento das peculiaridades geográficas, metáforas, nem tanto disfarçadas, da autonomia histórica[17] —, mas pela primeira vez se tenta re-escrever a geografia como história, interpretando o "ao lado" como um "antes", numa adesão ímplicita àquela "ideologia do progresso" (fundamental para a leitura da obra de Euclides) que "privilegia a *não-contemporaneidade* do que é contemporâneo".[18] O Homem, de fato, é função e produto da Terra que o age, e o deserto (que é aqui o sertão como o será depois a selva) é o espaço emblemático e "ignoto" de uma Luta ímpar, na qual um presente degradado, opaco, mestiço, destrói o seu passado anacrônico, porém ainda encrustado de *mythos*, todavia incontaminado e "cristalino", condenando o brasileiro a ficar suspenso num tempo sem tempo, num lugar marginal que é apenas uma beira, uma orla, uma borda sem dentro.

O sertanejo, nesse epos negativo, é o *mostrum*, fascinante e terrível, ocupando um Centro medonho onde se manifesta e, ao mesmo tempo, se oculta o Passado nacional: ele é o mito racionalizado da Origem, ele é o ser irracional que logicamente, como todo Fundamento, "vai ao fundo e some",[19] deixando em seu lugar apenas e sempre um vazio. Desse espaço que está no começo dos tempos, desse homem primordial que fica *à margem da história*, só um geógrafo disfarçado de cronista, só um autor épico mascarado de cientista, tenta manter viva a lembrança, tenta dar voz ao seu silêncio, tenta recuperá-lo, justamente, como *figura*, isto é, como presença de uma ausência. E não estamos muito longe, como se vê, de uma outra obra fundacional da literatura brasileira, dado que no Epílogo de *Macunaíma, o herói sem nenhum caráter* temos a ver, basicamente, com os mesmos elementos, os mesmos temas; neste caso, porém, a figura não é a de um sertanejo mas a de um indígena. Um índio, repare-se, que é tão longe de Peri ou de Iracema, como o sertanejo de Euclides o é do *Sertanejo* do mesmo Alencar ou de Bernardo Guimarães: em ambos os casos a história mítica e/ou o mito historicizado, deixam lugar a uma genealogia da falta, a uma linhagem interrompida, a uma história que, na sua imperfeição e na sua abertura, fica a única possível História, verdadeira e efetiva, do ser brasileiro. *Wirkliche Historie* que nos conta, de fato, uma identidade que é apenas uma paródia da identidade visto que

> o plural a habita, almas inumeráveis disputam nela, os sistemas se entrecruzam e se dominam uns aos outros. [...] E em cada uma dessas almas, a história não descobrirá uma identidade esquecida, sempre prestes a renascer, mas um sistema complexo de elementos, por sua vez multíplices, distintos, e que nenhum poder de síntese domina.[20]

Nessa "constelação" de coisas diferentes (basta lembrar, a respeito, a metamorfose decisiva do *herói de nossa gente*:

> Então Pauí-Pódole teve dó de Macunaíma. Fez uma feitiçaria. Agarrou três pauzinhos jogou pro alto fez em encruzilhada e virou Macunaíma com todo o estenderete dele, galo galinha gaiola revólver relógio, numa constelação nova. É a constelação da Ursa maior;[21]

nessa combinação precária de elementos heterogêneos — que se faz *figura* da identidade e da sua origem implausível — resta a considerar evidentemente o papel e o uso da memória.

A cultura e a literatura brasileiras estão, de fato, literalmente ensopadas de memorialismo: mas que tipo de memória atua nesse lugar do esquecimento, nessa terra sem história descrita por Euclides e por Mário e lamentada por Sílvio Romero? A resposta talvez mais lúcida e elucidativa se encontra num famoso poema de Drummond:

> Já não coleciono selos. O mundo me inquizila.
> Tem países demais, geografias demais.
> Desisto.
> [...]
> Agora coleciono cacos de louça
> quebrada há muito tempo.
> Cacos novos não servem.
> Brancos também não.
> Têm de ser coloridos e vetustos,
> desenterrados — faço questão — da horta.
> [...]
> Lavrar, lavrar com mãos impacientes
> um ouro desprezado
> por todos da família. Bichos pequeninos
> fogem do revolvido lar subterrâneo.
> Vidros agressivos
> ferem os dedos, preço de descobrimento:
> a coleção e seu sinal de sangue;
> a coleção e seu risco de tétano;
> a coleção que nenhum outro imita.
> Escondo-a de José, porque não ria
> nem jogue fora esse museu de sonho.[22]

Numa terra sem pátria ou numa pátria que "devorou" os seus pais, a memória só pode recolher o restos ocultos de uma tradição extinta, de uma civilização sepulta, que por sua vez se espelha, com todas as suas falhas e lacunas, num "museu de sonho". Tanto quanto numa Europa sacudida pelo vento que arrasta consigo o Anjo da modernidade, assim num Brasil cujo passado se apresenta desde sempre como um "cúmulo de ruínas", a única *figura* que nos fala de uma redenção possível desse tempo em frangalhos, dessa memória esfarrapada, é o Colecionador, aquele para quem, segundo Benjamin, a história "se torna objeto de uma construção cujo lugar não é o tempo vácuo, mas aquela determinada época, aquela determinada vida, aquela determinada obra": a sua tarefa é a de tirar "a época do âmbito da *continuidade histórica* reificada, e assim a vida da época, e assim a obra da obra de uma vida".

O memorialismo, nesse contexto, representa o trabalho minucioso de quem desenterra da "horta" — não, repare-se, de uma indeterminada terra sem pátria, mas de um lugar delimitado e paterno, do *hortus clausus* da tradição familiar — os indícios dispersos da sua existência presente, num movimento que é, ao mesmo tempo, arqueológico e genealógico, e que pode fazer sentido se, graças a ele, se consegue reconstruir a origem plural e o destino incerto de uma Comunidade que não tem, na verdade, nada em comum senão, justamente, o Nada que a institui, o Esquecimento que a funda. A memória, por isso, sai à procura da identidade, mas volta trazendo consigo apenas fragmentos do tempo vivido, segmentos do espaço percorrido: "cacos coloridos e vetustos" que cada um recompõe a seu modo em tantos, pessoais, museus de sonho, nas mil pátrias que não fazem *uma* Pátria.[23]

O exemplo mais próximo dessa tentativa falhada de desvendar a Origem e de assentar nela uma eventual Comunidade nos é oferecido por um amigo de Drummond: por aquele Pedro Nava que tentou, justamente, construir um monumento à memória pessoal e através dela, por via analógica ou metonímica, à do grupo a que pertencia, tendo talvez em mente o modelo "perfeito" do *Theatrum memoriae* renascentista, mas seguindo um método genealógico, uma atitude de colecionador, que o levou, afinal, a se extraviar num labirinto sem saída de coisas, pessoas, imagens, eventos heterogêneos, em que lhe era, no fim, impossível recuperar uma "prática" realmente comum, ou seja, recompor um Sentido sobre o qual "fundar", finalmente, uma Identidade — tanto individual, quanto coletiva.[24]

O resultado, mais uma vez, é que a procura do Princípio e a tentativa de instituir uma continuidade e uma comunidade a partir dele, se concretizam apenas numa disseminação memorial, num percurso caótico e emaranhado que se reflete e encontra a sua possível razão de ser apenas num discurso novo e outro, oblíquo em relação a qualquer lógica historicista, suspenso entre a verdade e o desejo, entre a coisa e a palavra que a diz, entre a memória e o esquecimento. Num contexto, aliás, em que a dialética histórica tende a se resolver na forma estática de uma descrição geográfica; numa terra em que o passado se espelha apenas numa coleção de coisas diferentes, juntadas e reconstruídas de modo subjetivo, a única possibilidade (para citar ainda Foucault, parafraseando mais uma vez Nietzsche) fica a de "fazer da história uma contramémoria, — e de desenvolver nela, por conseguinte, uma forma de tempo totalmente diferente".[25] Uma forma plural e esgarçada, em que a identidade não se recompõe na sua perfeição e integridade, mas se mantém (como acontece na obra de Nava) na maravilhosa complexidade e opacidade das suas origens, na dissipação de um espaço heterogêneo, na forma inacabada e arbitrária de uma genealogia que se ramifica e se dissipa em vez de se concentrar num Fim, de se recolher numa Coerência, de se solidificar num Sentido.

Sobre as ruínas, de fato, sobre os vazios que se entreabrem na compacidade ilusória do espaço e do tempo, não se pode — nunca, talvez, foi possível — construir uma História, decifrar um Destino, supor uma Origem única. Aquilo que resta são, de fato, apenas os restos: os míseros restos de um tempo morto e irrecuperável na sua inteireza, de um passado que só com amor e paciência, com os dedos feridos e com o desencanto irônico do genealogista, pode ser desenterrado e reorganizado em novas constelações de sentido, em muitas pequenas "pátrias". Em *figuras* precárias, enfim, nas quais a razão co-habita com o seu contrário, nas quais a identidade convive com a pluralidade, nas quais cada Presença esconde uma Ausência, nas quais o Início guarda a forma antiga e enigmática de uma interrogação sem resposta.

NOTAS

[1] DE SANCTIS, Francesco. *Storia della letteratura italiana e antologia*. Org. Bassi e E. Conte. V. III. Gorle (BG): Velar, 1996, p. 255.

[2] Cf. KOTHE, Flávio R. *O cânone colonial*. Brasília: Editora da UNB, 1997, p. 279-94 e 319-44.

[3] Cf. VEYNE, Paul. *Comment on écrit l'histoire* [incluindo o ensaio: "Foucault révolutionne l'histoire"]. 2ª ed. Paris: Seuil, 1996, p. 59-69; WEINRICH, Harald. *Lete. Arte e critica dell'oblio* [trad. ital. de: *Lethe. Kunst und Kritik des Vergessens*. München: Beck, 1997]. Bologna: Il Mulino, 1997, p. 287-301.

[4] RELLA, Franco. *Miti e figure del moderno*. 2ª ed. Milano: Feltrinelli, 1993, p. 10.

[5] FOUCAULT, Michel. "Nietzsche, la généalogie, l'histoire" In: *Hommage à Jean Hyppolite*. Paris: P. U. F., 1971, p. 152 (republicado em *Dits et écrits*. V. II (texto n. 84). Paris: Gallimard, 1994, p. 136-56).

[6] ARANTES, Otília Beatriz Fiori e ARANTES, Paulo Eduardo. *Sentido da formação*. São Paulo: Paz e Terra, 1997, p. 15.

[7] CANDIDO, Antonio. *Formação da literatura brasileira: momentos decisivos*. 6ª ed. V. I. Belo Horizonte: Itatiaia, 1981, p. 25.

[8] IDEM. "Estrutura literária e função histórica" In: *Literatura e sociedade*. 7ª ed. São Paulo: Companhia Editora Nacional, 1985, p. 171.

[9] CANDIDO, Antonio. *Formação da literatura brasileira*. Op. cit., p. 16.

[10] IDEM. *Ibidem*, p. 17.

[11] VEYNE, Paul. *Comment on écrit l'histoire* [incluindo o ensaio: "Foucault révolutionne l'histoire"]. 2ª ed. Paris: Seuil, 1996, p. 402.

[12] IDEM. *Ibidem*, p. 403.

[13] CANDIDO, Antonio. *Formação da literatura brasileira*. Op. cit., p. 31.

[14] BARTHES, Roland. "Le désir du neutre (Introduction au cours de 1978, et première "figure")" In: *La regle du jeu*. II, 5, août 1991, p. 50-1.

[15] Cf. SÜSSEKIND, Flora. *O Brasil não é longe daqui. O narrador, a viagem*. São Paulo: Companhia das Letras, 1990; "O escritor como genealogista" In: PIZARRO, Ana (org.). *América Latina. palavra, literatura e cultura*. V. II. São Paulo: Memorial; Campinas: Unicamp, 1994, p. 451-85.

[16] Cf. ANTELO, Raúl. "Genealogia do Vazio" In: *Studi Portoghesi e Brasiliani*. Roma: Istituti Editoriali e Poligrafici Internazionali, I, 1999, p. 57-68.

[17] CANDIDO, Antonio. "Literatura de dois gumes" In: *A educação pela noite & outros ensaios*. 2ª ed. São Paulo: Ática, 1989, p. 170.

[18] MORETTI, Franco. *Opere mondo. Saggio sulla forma epica dal Faust a Cent'anni di solitudine*. Torino, Einaudi, 1994, p. 49.

[19] AGAMBEN, Giorgio. *Il linguaggio e la morte*. Torino, Einaudi, 1982, p. 49.

[20] FOUCAULT, Michel. "Nietzsche, la généalogie, l'histoire" Op. cit., p. 168-9.

[21] ANDRADE, Mário de. *Macunaíma. O herói sem nenhum caráter*. Ed. crítica org. por Telê Porto Ancona Lopez. 2ª ed. Madrid; Paris; México; Buenos Aires; São Paulo; Rio de Janeiro; Lima: ALLCA XX, 1996 (Col. Arquivos, 6), p. 166.

[22] ANDRADE, Carlos Drummond de. *Nova reunião. 19 livros de poesia*. 2 v. 2ª ed. Rio de Janeiro: José Olympio, 1985, p. 734-5.

[23] MIRANDA, Wander Melo. "Imagens de memória, imagens de nação" In: *Scripta* I, 2 (1º semestre 1998), p. 132-5.

[24] ARRIGUCCI JR., Davi. "Móbile da Memória" In: *Enigma e comentário*. São Paulo: Companhia das Letras, 1987, p. 83-8.

[25] FOUCAULT, Michel. "Nietzsche, la généalogie, l'histoire" Op. cit., p. 167.

"O brasileiro abstrato":
o malandro como persona nacional

K. David Jackson

A representação do mundo social brasileiro na prosa de ficção continua uma prática, comum desde a época romântica, de retratar a vida nacional em crônicas ou caricaturas, reconhecidamente uma das principais técnicas estéticas do romance brasileiro. A presença de um amplo mundo social faz parte de um sistema de referências romanescas, embora sua presença às vezes não seja aparente ou enfatizada pelo autor. O Rio de Janeiro de Machado de Assis, por exemplo, só se torna reconhecível através dos nomes de algumas ruas, ou de alguns distritos ou edifícios. Alguns dos romances mais comemorados na literatura brasileira —incluindo *Memórias póstumas de Brás Cubas*, *Macunaíma* e *Memórias sentimentais de João Miramar*— estão compostos de retratos de uma galeria de tipos nacionais. Na ficção, a oscilação entre um herói "cronista-narrador" e a caricatura do mundo social forma a base de uma construção dialética, fundada em meados do século XIX, e que contribui o seu impulso à questão da identidade nacional e da organização social na literatura brasileira.

No celebrado ensaio, "Dialética da malandragem" (1970), Antonio Candido estudou as *Memórias de um sargento de milícias* (1854-5), de Manuel Antônio de Almeida,[1] o primeiro romance a refletir a estrutura social do Rio de Janeiro, espelhando a hierarquia do Império. Nesse sentido, representa a crônica de uma época da vida nacional, à base da economia social da estrutura colonial. Os seus esboços são reminiscentes de uma série de desenhos célebres da vida diária brasileira e da cultura mercantil nas primeiras décadas do século XIX por Jean-Baptiste Debret, publicados em três volumes em 1834 com o título *Voyage pittoresque et historique au Brésil*.[2] Focalizando a descrição física e a aparência externa dos personagens, o romance cria uma imagem de época, um verdadeiro auto-retrato de tipos sociais. Ao mesmo tempo, ao retratar a vida cotidiana das ruas da capital, as cenas dissolvem os indivíduos em categorias sociais do Império, ou em caricaturas de figuras semi-folclóricas ou míticas: "[...] designados pela profissão ou a posição no grupo, o que de um lado os dissolve em categorias sociais típicas, mas de outro os aproxima de paradigmas lendários e da indeterminação da fábula [...]".³

Uma explicação da origem destas duas correntes fala de "duas tradições européias muito diferentes da prosa: romances ingleses satíricos e semi-picarescos do século XVIII, como aqueles de Fielding e de Smollett, que Almeida e outros brasileiros leram em tradução francesa; e a primeira fase do costumbrismo romântico de Espanha e de Portugal — descrições geralmente simpatéticas, mesmo nostálgicas, de costumes locais e tradições ameaçados pela modernização".⁴ Ao reconhecer características do romance picaresco nas *Memórias* de Almeida, a crítica brasileira prefere chamar a nossa atenção, entretanto, para os antecedentes cômicos e satíricos na Regência (1831-1840) e no Segundo Império (1840-1889).

A descrição de "gente operária, de baixa burguesia, ciganos, suciantes e os grenadeiros" — a frase é de uma introdução por Mário de Andrade⁵ — é um reflexo da sátira panorâmica em palavras e imagens publicada em jornais. A crônica — gênero popular na imprensa brasileira desde a década de 1830 que relata um episódio semi-fictício — funcionou freqüentemente como laboratório onde os escritores se preparavam para o romance.⁶ O herói-cronista, narrador por excelência da prosa moderna, dá voz a uma corrente de auto-consciência nacional, que se torna constante no ideário brasileiro,⁷ resultada do retrato de personagens ou *personae*. A crônica pode ser responsável pela mistura de figuras históricas e de personagens de ficção criados para refleti-los. Tal o caso nas *Memórias* do Major Vidigal, o Chefe caprichoso da *Guarda Real de Polícia* do Rio de Janeiro, que como personagem de ficção age como "uma espécie de bicho-papão, devorador da gente alegre".⁸ Ilustrando a natureza dupla da autoridade, Vidigal pode ser considerado um predecessor do industrialista italiano voraz Pietro Pietra em *Macunaíma*, uma figura que caricatura um capitão real da indústria de São Paulo, Matarazzo. Pietro Pietra aparece à guisa de um canibal urbano, associado também a um gigante mítico, Piaimã, comedor de gente.

A caricatura começou a enraizar-se nesse período nos suplementos de revistas populares, influenciando com seus recursos cômicos a formação de personagens nacionais. Uma tradição satírica também parece ter sua origem no jornalismo de época, onde surgiu a caracterização de personagens principais pela sua natureza física e aparência social:

> E, considerando a própria movimentação entre materiais heterogêneos, entre a exigência de passar em revista as questões da semana e ser, ao mesmo tempo, breve, entre o registro do cotidiano e certos esforços no sentido da ficção, não é de estranhar que o cronista ou o narrador romanesco próximo ao cronista se vejam, muitas vezes, compelidos a tentativas de fixação da própria imagem, a ensaios, com frequência irônicos, de autofiguração, em meio a suas mutações obrigatórias.[9]

As caricaturas na imprensa ajudaram a ajustar o tom satírico dessa escrita, enquanto a reprodução da fala popular fixou o tom coloquial da linguagem brasileira. Excluindo os escravos e a elite, o retrato social restringe o seu campo de visão às "classes livres mais baixas, existindo às margens da hierarquia do poder e dos interstícios da estrutura social".[10] O autor imitou o caricaturista, cujo retrato cândido de personagens na imprensa coloca a todos "a meio caminho entre o bilontra e o simplório [...] de modo jocoso e deseroizado".[11] O uso da sátira nas crônicas e caricaturas visuais ajudou a transformar o mero retrato de um mundo social na complexidade de um romance, juntando um elenco estreito e superficial de personagens para comunicar as suas críticas sociais incisivas.

Leonardo, o herói aventureiro e picaresco das *Memórias*, fixa o padrão do herói satírico e articula uma forma particular de crítica social que ainda caracteriza uma linha de ficção satírica:

> A voz narrativa talvez seja a contribuição mais significativa de Almeida à prosa de ficção [...] a voz narrativa serve como única garantia da autenticidade e veracidade do texto [... e] controla as reações dos leitores.[12]

O ensaio de Candido identifica algumas das características duradouras deste tipo de herói e da sua função no mundo social. Leonardo não representa os pontos de vista nem os valores da elite, sendo apenas um personagem entre muitos; tampouco é símbolo de interesses de classe ou da cultura popular, em si. O seu ponto de vista, outrossim, produto de uma tela social flexível e móvel, é motivado por um instinto de sobrevivência frequentemente visto em um herói picaresco, "uma espécie de sabedoria irreverente, que é pré-crítica, mas que [...] se torna afinal mais desmistificadora".[13] A sua perspectiva pré-malandra, por assim dizer, flutuando entre camadas sociais, gera um novo tipo de objectividade, marcada por reflexões cínicas mas isenta de julgamentos morais. Parece, como observa Candido, que o herói "nada conclui, nada aprende"[14] propositadamente, pois no coração permanece otimista e aceita de bom grado o *status quo* da sociedade. Essa é sua fórmula especial enquanto herói moderno, "cinismo e bonomia".[15] Desviando-se das normas do gênero picaresco, Leonardo joga o papel de "aventureiro astucioso", enquanto ao mesmo tempo, sem dúvida, é o "menino da sua mãe".

No seu ensaio, Candido sugere formas de interpretação simbólica para as funções sociais no romance, mas sem reivindicar para a sua leitura uma teoria geral da função da realidade social brasileira. A sua análise literária, não obstante, contém observações que chegaram a ser centrais para o debate contemporâneo sobre a natureza e função do país como entidade nacional. Primeiro, na sociedade brasileira dessa época Candido repara numa dialética entre a ordem e a desordem, que estão caprichosamente balançadas num sistema de relacionamento humano. Há uma equivalência relativa entre os mundos que simbolizam a ordem e aqueles da desordem, tendo por resultado um mundo moral neutro, habitado por uma sociedade sem culpa, remorso, recalque, ou sanção, onde as ações são avaliadas somente à base de seu resultado prático:

> [...] o referido jogo dialético da ordem e da desordem, funcionando como correlativo do que se manifestava na sociedade daquele tempo. Ordem dificilmente imposta e mantida, cercada de todos os lados por uma desordem vivaz, que antepunha vinte mancebias a cada casamento e mil uniões fortuitas a cada mancebia.[16]

Se a desordem é a expressão caótica de uma sociedade jovem e vigoroso, a ordem representa a sua tentativa de aculturação, seguindo o velho padrão de cultura colonial que serviu de regra.

A segunda observação de importância no ensaio coloca o herói-narrador como mediador entre as categorias dialéticas, que são socialmente porosos. A composição híbrida da hierarquia social permitiu que abrisse um espaço de intermeio:

> Na sua estrutura mais íntima e na sua visão latente das coisas, este livro exprime a vasta acomodação geral que dissolve os extremos, tira o significado da lei e da ordem, manifesta a penetração recíproca dos grupos, das idéias, das atitudes mais díspares, criando uma espécie de terra-de-ninguém moral, onde a transgressão é apenas um matiz na gama que vem da norma e vai ao crime.[17]

Candido percebe um ritmo na construção social, criado pela passagem entre instituições ou tipos, de um lado, e pela sátira irreverente e desmistificadora das expressões populares, no outro:

> [...] a tensão das duas linhas que constituem a visão do autor e se traduzem em duas direções narrativas, interrelacionadas de maneira dinâmica. De um lado, o cunho popular introduz elementos arquetípicos, que trazem a presença do que há de mais universal nas culturas, puxando para a lenda e o irreal, sem discernimento da situação histórica particular. De outro lado, a percepção do ritmo social puxa para a representação de uma sociedade concreta, historicamente delimitada.[18]

O malandro vem a representar as formas mediadoras e espontâneas da vida social no romance.

Uma terceira observação essencial no ensaio focaliza o ato de renúncia do herói. Na dialética social do malandro, Candido detecta uma forma particular de "tolerância corrosiva"[19] à raiz da cultura, que deseja a legitimidade enquanto ataca a rigidez de toda a norma ou lei. Ao tentar participar na disciplina e na ordem da cultura convencional ou legítima, o herói é forçado a reprimir ou renunciar a sua personalidade de rua em favor daquilo que Candido denomina um ser alienado ou mutilado, automático. O malandro, entretanto, possui "uma liberdade quase feérica",[20] porque identifica com as formas espontâneas das classes livres mais baixas, servindo de mediator na dialética social. Finalmente, Candido observa que um mundo amoral de irreverência picaresca, governado somente pela agência livre e a impunidade, evoca certos arquétipos de heróis lendários cavaleirescos. As memórias do herói constituem uma corrente de eventos fabulosos, pertinentes ao romance satírico brasileiro a seguir, em que os eventos prosseguem do nascimento de um herói à falha econômica, e ao absurdo das relações sociais. O drama dialético termina em uma espécie de ópera *buffa*, na qual o intercâmbio da ordem e desordem sociais é aceito e até comemorado em um espírito cômico positivo.

Ao destacar nas *Memórias* a primazia da imaginação e da improvisação sobre o retratismo ou a reconstituição histórica, o ensaio de Candido funda uma tradição cômica na literatura brasileira que exprime a irreverência cômica e a amoralidade das narrativas folclóricas, oriundas da tradição oral. Essa linha de ficção satírica, segundo Candido, atinge o seu apogeu na ficção experimental do modernismo, em *Macunaíma*, de Mário de Andrade, *Miramar*, de Oswald de Andrade, e a sua sequela *Serafim Ponte Grande*.[21] A "Dialética da malandragem" apresenta as *Memórias de um sargento de milícias* em termos de "um romance representativo", cujo humor irreverente venha somente a ser plenamente reconhecido e realizado nos grandes romances do modernismo, que fazem do malandro um símbolo nacional. O ensaio nem reivindica uma linha de originalidade ou de autenticidade para a sua interpretação da sociedade nacional, tampouco ele analisa a herança a seguir no romance satírico moderno, assunto apenas tocado como sugestão aliciante para o futuro. O presente estudo pretende levar a dialética do malandro ao romance moderno, onde a pertinência das observações fundamentais de Candido possa ser confirmada. Ao mesmo tempo, ao considerar a "Dialética da malandragem" à luz de interpretações simbólicas e estruturais da sociedade brasileira mais recentes das ciências sociais, a plena autenticidade e a originalidade do ensaio, e portanto do legado da tradição humanista na ficção brasileira, se tornam mais evidentes e empolgantes.

Em *Carnavais, malandros e heróis* (1978), o antropólogo Roberto DaMatta interpreta o Brasil como um sistema, propondo conceitos quase idênticos aos do ensaio "Dialética da malandragem". Da mesma maneira do analista literário, o antropólogo procura também as origens da especificidade e da individualidade brasileiras em forças ou sistemas universais. DaMatta discute a ritualização da organização social brasileiro em termos de uma dicotomia ou uma dialética, dominada também por uma oposição entre a ordem e a desordem e conduzida por seus principais tipos sociais, os malandros e os heróis:

> É evidente que temos um continuum que vai da ordem à desordem, ou da rotina fechada aos pontos onde ela se abre totalmente, cada ponto contendo posições sociais estereotipadas e reconhecidas em todas as camadas da sociedade brasileira.[22]

As esferas da ordem e da desordem constituem os estereótipos reconhecidos da vida diária, em que o drama da sociedade brasileira é encenada. O estudo de DaMatta juxtapõe o carnaval e o feriado nacional; trajes e uniformes; o povo e as autoridades; a casa e a rua; a pessoa livre e a pessoa jurídica. Em cada caso, o primeiro elemento da equação representa os direitos, a consciência e as regras de indivíduos iguais, enquanto o segundo é governado pela definição jurídica da totalidade social.

A segunda observação de DaMatta, recapitulando a análise do Candido, é que as categorias são intercambiáveis, elidindo em conseqüência da sua própria instabilidade. O trânsito de uma categoria à outra, por exemplo, permite uma troca da identidade entre o malandro e o herói: "Desse modo, sabemos que os heróis do Carnaval, isto é, os tipos que denunciam aquele período como sendo 'carnavalesco', são os marginais de todos os tipos".[23] O mundo do *malandro* é usualmente um de uma figura fora do lugar:

> Seja porque estão situados nos limites do tempo histórico, como os gregos [...] seja porque estão situados nos pontos extremos das nossas fronteiras, como as havaianas, as baianas, os chineses e os legionários; seja porque estão

escondidos pelas prisões, pela polícia e por nossa ingenuidade [...] sabemos que todos eles são malandros.²⁴

O papel de mediador jogado pelo malandro, uma figura alérgica ao trabalho e que se insinua nos espaços individuais da hierarquia social, tal como o carnaval, é considerado "muito mais criativo e livre" do que o seu oposto, uma figura de farda militar que marcha em procissões simbolizando a ordem.

Há dois pontos adicionais de comparação com o ensaio de Candido. No espaço neutro e hesitante aberto entre a ordem e a desordem na análise de DaMatta, o herói transforma-se num renunciador. A sua rejeição da sociedade é de um grau mais elevado do que a do malandro, tornando-o comparável às figuras messiânicas ou revolucionárias. O herói renunciador é arquétipo da história social brasileiro e DaMatta identifica-o na história e na literatura, seja ele Augusto Matraga, de João Guimarães Rosa, Antônio Conselheiro de *Os sertões*, de Euclides da Cunha ou os heróis folclóricos Lampião e Padre Cícero, da tradição oral nordestina. Da mesma forma, os malandros são representados pelos arquétipos de contos populares, tal como Pedro Malasartes, a quem DaMatta aplica uma análise extensa. Mais uma vez, a flexibilidade da dialética da ordem social leva à permeabilidade de papéis. Se o malandro corre o risco de cair numa existência totalmente marginal, segundo nos lembra DaMatta, o renunciador por sua vez pode atravessar a linha para o banditismo e a vingança. Assim, o ritual do drama social brasileiro chega a formar um teatro comparável à *opera buffa* de Candido, ou seja, uma "dialética das indecisões, reflexos e paradoxos".²⁵ Exprime um espírito essencialmente cômico, em que "o bandido pode perfeitamente ocupar o salão e o mocinho [...], de anarquista e futurista-canibal, passar a ser como a maioria, revolucionário de praia".²⁶

Os NARRADORES-CRONISTAS

Nos setenta anos após Leonardo e suas *Memórias de um sargento de milícias*, dois grandes narradores-cronistas continuaram a desenvolver o romance satírico, Brás Cubas, de Machado de Assis, autor de memórias póstumas, e João Miramar, de Oswald de Andrade, autor de memórias sentimentais. Ambos são exemplos de uma narração desconfiada, de autores que se distanciam da sociedade. Uma investigação da relação *malandro* e sociedade nesses dois romances satíricos, à luz das categorias do ensaio de Candido, pode exemplificar a persistência e a pertinência desse gênero no romance moderno. Em um ensaio recente, Samira Mesquita de fato intercala os dois romances com um título cômico, "Memórias póstumas de João Miramar/Memórias sentimentais de Brás Cubas".[27]

Brás Cubas exemplifica a voz da desordem, desde que é um narrador falecido, narrando sua vida de além da sepultura e ciente da liberdade que esta posição privilegiada lhe reserva. Não tem, aparentemente, nada a ganhar mais do que uma franca avaliação da vida que viveu; contudo, a dúvida permanece, como se o narrador estivesse inteiramente ciente de que viveu ou, certamente, procurou uma vida de desordem fora do corpo social. Seus antepassados, segundo aprendemos, fabricaram uma genealogia para a família Cubas com pretenções falsas à nobreza. Os temas principais de sua vida, congruentes, ocorrem à margem da sociedade e nos espaços de proibição, simbolizando suas falhas, sendo intrusões de um narrador não só falhado mas também falecido. Seu caso com a esposa de sociedade Virgília, tema central das memórias, representa a união potencial que nunca houve, quando Brás hesitou, ficando demais no período de luto ou exílio em Petrópolis, assim permitindo que a Virgília escolhesse outro político mais promissor. Sua paixão rediviva, porém tardia, é a corrente subterrânea do romance, vivida no mundo viciado dos subúrbios, enquanto a relação política de Brás com o marido, Lobo Neves, é baseada na decepção de uma espécie de falso parentesco. Quando Brás chega a ser deputado, no ápice da sua fortuna política, não pode mais que dedicar seu discurso inaugural a uma crítica do estilo de chapéu usado pela milícia, cena que talvez seja a homenagem cômica de Machado às *Memórias* de Leonardo. A persistência de sua dedicação à desordem é manifestada no estilo do romance, nos capítulos curtos que truncam a descrição, cheios de alusão e sugestão, e às vezes compostos somente por marcas de pontuação ou símbolos semióticos.

A mediação de Brás entre níveis do universo social é um indício central, porém velado, de sua função social. Cria para Virgília um mundo proibido, ao aproveitar-se da benevolente D. Plácida, que lhe deve sua salvação da ruína econômica, emprestando a sua respeitabilidade ao rendezvous dos amantes. Brás inverte os papéis sociais sérios e externos, representados pelo marido, Lobo Neves, e finalmente, transformando-se no discipulo do filósofo louco, Quincas Borba, demonstra que intelectualmente "nada conclui, nada aprende" das próprias memórias, sendo incapaz de distinguir entre o coerente e o louco.

Sempre o malandro, Brás abre o romance com a dedicatória "Ao verme que primeiro roeu as carnes frias do meu cadáver", e intensifica a sátira no estilo, ao se despedir do leitor no prefácio com "um piparote". Os capítulos numerados de sua impossível "autobiografia póstuma" levam os títulos irônicos de um auto-retrato satírico. Como um mero menino numa *soirée* da sociedade, sem se dar conta, Brás denuncia o beijo trocado no jardim entre o Dr. Vilaça e a D. Eusébia, surpreendendo e deleitando a sociedade interesseira. Esse momento retorna sutilmente à sua autobiografia na pessoa da filha bonita mas coxa do casal, Eugênia, cujo amor sincero Brás rejeita apenas por causa de um defeito físico, atitude que subjaz o seu próprio trajeto de fortunas ilícitas e insinceras. A sua juventude picaresca no Brasil chega a um fim abrupto, quando o pai o manda para a Europa para tirá-lo da Marcela, amante avara que diminui a sua fortuna, embora dê margem aos seus poderes consideráveis de decepção. Como estudante em Coimbra, igual a gerações de alunos, continua a celebrar uma vida festiva ao esperar colar um título sem valor.

"De como não fui ministro d'Estado", o título que desmente um vazio, indica o seu trajeto de renúncia, de si e da sociedade. Brás renunciou a Eugênia, evitou a união com Virgília, atrasou a entrada na vida política; não é de surpreender que suas ambições políticas estejam truncadas, desde que seus objetivos sempre foram fraudulentos, sendo aqueles de um fingidor à margem de instituições reais. Levanta-se a dúvida se Brás, conscientemente ou não, não esteja construindo a vida marginal e negativa de um malandro, para quem a sátira é também uma forma de renúncia. O narrator, apesar de tudo, está ciente de "defeitos na composição" das memórias, uma idéia à qual dedica um capítulo: "Mas o livro é enfadonho, traz certa contração cadavérica, vício grave, e aliás ínfimo, porque o maior defeito deste livro és tu, leitor. Tu tens pressa de envelhecer, e o livro anda devagar".[28]

A falta aparente de seqüência, de cronologia e de conclusão significativos — seja na vida ou nas memórias — é o indício da função inversa e negativa de sua sátira. No capítulo final, Brás o memorialista faz uma confissão frequentemente citada, dada a expressar o seu pessimismo filosófico: "achei-me com um pequeno saldo, que é a derradeira negativa deste capítulo de negativas: — Não tive filhos, não transmiti a nenhuma criatura o legado da nossa miséria". Contudo, mesmo aqui se esconde um duplo sentido e uma mensagem oculta. Brás alude a outro capítulo, "A causa secreta", no qual Virgília revela misteriosamente a sua gravidez, suprema supreza que, por um momento, dá a Brás a visão de um lugar oficial no mundo exterior da ordem. O aborto, revelado no capítulo seguinte por seu marido, é a sua condenação fatal à marginalidade e sublimidade que, aliás, sempre desejou e procurou, mas que agora pode ser justificado e mesmo lamentado como um golpe injusto do destino. A declaração de seu "saldo pequeno" não se refere enfim a nenhum pessimismo amargo; pode ser lida como uma confirmação disfarçada da coerência de sua vida de malandro, uma declaração de seu sucesso em conseguir e evitar o que a vida poderia e não poderia lhe ter dado. Mas conseguir ficar com um livro, substituíndo a "transmissão" de memórias reais.

Nas memórias sentimentais, João Miramar, narrador e personagem, também constrói uma narração retrospectiva para o fim de reconstituir o mundo social brasileiro através da sátira. O romance é escrito não por um narrador falecido, mas por um homem chegado à meia-idade, trinta e cinco anos, o ponto incompleto simbólico da vida, com referência obrigatória a Dante. Desde um segundo ponto de vista exterior, baseado na viagem do narrador a Europa enquanto jovem, Miramar retorna ao Brasil com perspectivas críticas. Os capítulos, pequenos fragmentos de prosa compostos em estilo cubista, com títulos sucintos e irônicos, estão escritos num tempo presente transparente, à guisa de "kodaks" dos momentos formativos da vida do herói-narrador, Miramar. Esssa imagens estão imbuídas, porém, de outras camadas irônicas de significação, da parte dos "outros" Miramar, o viajante que voltou e a cronista de meia-idade. Lembrando o romance de Joyce, *A portrait of the artist as a young man*, as memórias de Miramar partem de uma linguagem infantil, o que enfatiza o auto-retrato ingênuo, feito por um jovem aprendiz para quem o mundo social nacional é rotinizado e superficial.

Miramar fala desde a perspectiva da desordem por diversas contas: a sua alienação da família e da sociedade, a sua descoberta na infância dos frutos proibidos de Eros e do carnaval, o panteísmo de um professor da escola primária, o circo — e a confusão do rito religioso com a sexualidade em sua instrução religiosa: "Senhor convesco, bendita sois entre as mulheres, as mulheres não têm pernas, são c omo o manequim de mamãe até embaixo. Para que pernas nas mulheres, amém".[29]

Ao voltar ao Brasil da Europa, depois de experimentar a vasta "ladeira do mundo", o exilado soube que também é órfão de mãe, assim duplamente alienado do mundo da família e da sociedade. A sua tentativa de reintegração na sociedade acaba apenas passando por uma galeria satírica de tipos sociais, inclusive o próprio Miramar, outro herói motivado por cinismo e bonomia. Em *Miramar*, a sátira se inicia com o círculo da família e dos amigos, que sempre achava "abomináveis": as primas fofoqueiras e insípidas Nair e Cotita, a tia ingênua Gabriela, o "Conde" picaresco e malandro José Chelinini e a sua futura esposa trivial, Célia. No mundo profissional, cada nome parodia um tipo: o crítico Dr. Limão Bravo, o médico sedutor Dr. Pepe Esborracha, o guia moral Dr. Pôncio Pilatos da Glória. As dimensões semi-folclóricas de uma família nacional de personagens se comprovam na exótica *danseuse* Catarina Pinga-Fogo, a *femme fatale* Madame Rocambola, assim como nas cartas caipiras de vários parentes analfabetos na Fazenda paulista, "Nova Lombardia".

Como Brás Cubas, João Miramar é também um renunciador. Em termos de estilo, a distância irônica entre os títulos de seus capítulos fragmentários e o respectivo conteúdo, paralela a sua relação a-lógica, digressiva e antitética com a cultura e linguagem nacional, que lhe são estranhas. Nos capítulos "O grande divorciador" e "Último film", o seu fracasso matrimonial e a bancarrota da empresa vedam qualquer possível retorno ou reintegração na vida social. João compara a sua vida a um verbo irregular, "crackar" — anglicismo que ainda vai aplicar a Wall Street. No último capítulo, "Entrevista entrevista", João suspende as memórias, em face da pressão do conformismo da *inteligentsia* literária do seu tempo. O seu "descanso meditativo" deixa as memórias em aberto, abrindo uma distância, que é também a de Brás Cubas, como marca de sua profunda alienação e marginalização.

Finalmente, João Miramar, o pseudônimo real do autor emprestado ao jovem escritor enquanto modernista, é consagrado como exemplo de um novo classicismo pelos pilares do conservadorismo crítico, que prefaciam e resenham as suas memórias. Machado Penumbra, aceitando o simultaneismo sintático porém rejeitando os "erros de pontuação," pergunta: "Será esse o Brasileiro do Século XXI?". E Pôncio Pilatos, leitor das memórias antes de uma viagem a Europa, atesta, "lembrou-lhe Virgílio, apenas um pouco mais nervoso no estilo". Assim consegrado pelo conservadorismo tradicionalista, Miramar recapitula ironicamente a viagem de Odisseu, partindo do Brasil a fim de forjar a consciência social de sua raça.

O AUTO-RETRATO MODERNISTA

No seu retrato da sociedade, as obras principais de ficção modernista não criam novas perspectivas, tal como fazem na estrutura e no estilo, que seguem inovações encontradas nas vanguardas européias. Depois da semana de 1922, alguns romances se identificaram como crônicas da cidade de São Paulo. Nesse sentido, podem ser considerados como extensões de romances de maneiras do século XIX, em que a crônica e a caricatura continuavam a dominar o retratismo social. A razão desse aparente anacronismo se encontra na diferença entre a visão modernista de arte e progresso social e a realidade atual urbana de São Paulo:

> [...] a demolição de tudo que era considerado sagrado e respeitável iria ser dirigido, no Brasil, não só contra o estabelecido intelectual, mas também contra o abismo que nele existia entre a vida real e a contemporânea que tinha apenas a externa aparência de progresso.[30]

Os escritores modernistas procuravam a sua autenticidade na vida diária, uma vez que correspondia à sua própria experiência de um Brasil preso ao passado:

> Como brasileiros encontraram autenticidade [...] numa vida de dia a dia que eram, tal como o seu próprio passado, profundamente incrustados em estruturas sociais e padrões

extremamente patriarcais, tremendamente conservadores, e recordando dramaticamente tudo o que conservou o Brasil num estado de escravatura semi-colonial e semi-feudal.[31]

Monica Schpun confirmou o estado de relacionamentos sociais em São Paulo dos anos 20 em *Les années folles a S. Paulo* (1997), em que classifica como crônicas ["Chroniques"] os ensaios contemporâneos que condenam a repressão da mulher, no caso de Ercília Nogueira Cobra e Maria Lacerda de Moura. Nicolau Sevcenko documenta a interrelação entre sociedade e cultura artística e a urbanização de São Paulo em *Orfeu extático na metrópole*.[32]

Em 1918, Oswald de Andrade aparece na imprensa numa série de caricaturas, traçando o seu perfil rotundo. No escandaloso "O Parafuso", usando terno branco, a sua foto leva o título, "Sr. Oswald de Andrade, sedutor de menores", enquanto a revista esteticista, *Papel e Tinta* identifica-o como "Marquis d'Olz". O nome alude a "D'Olzani", nome de solteira da jovem musa Deisi que conhece na *garçonnière*, com quem Oswald se casa *in extremis* em 1919. Desde joven, Oswald havia usado o pseudônimo "João Miramar" como persona poética, uma identidade e assinatura que chega a sua apoteose nas memórias sentimentais de 1924.

Oswald manteve um diário coletivo na *garçonnière* (1918-9), que atesta a invasão do estúdio dos jovens artistas pelos ritmos das ruas do centro de São Paulo:

> Este diario colectivo escrito en la garçonnière de Oswald durante 1918 no es el diario que escribe un letrado en su estudio fin-de-siècle, sino un texto que se compone en consonancia con los ritmos de la calle [...] La relación entre las escritura del diario y la ciudad es de presuposición: no importan aquí tanto las referencias sino la forma del texto (su ritmo, su estructura) en el que la urbe es una presencia tácita [...] El afuera ya no es el lugar familiar al que los integrantes de la garçonnière estaban acostumbrados (muchos de ellos pertenecientes a familias tradicionales de San Pablo) sino un lugar extraño en el que predominan la multitud y los encuentros fortuitos. La experiencia de una ciudad que se vuelve ajena se consuela en la pequeña comunidad de firmas y anotaciones que ofrece el diario una vez aque se atraviesa la puerta de la garçonnière, ubicada en el centro de la ciudad.[33]

Oswald de Andrade coleciona descrições de bolso dos membros do círculo modernista no estilo de retratos-relâmpago, constituindo um volume de caricaturas de *personae* sociais. Estas impressões estão desenhadas com uma certa malícia, jogando com a identidade da pessoa em questão, como a descrição de Mário de Andrade como "Macunaíma de conservatório". Esta coleção de esboços satíricos estava guardada num caderno e publicada seletivamente apenas em 1990 com o título de *Dicionário de bolso*. Mário de Andrade, da mesma maneira, fez uma caricatura dos bacharéis de Direito numa cena de *Macunaíma*, quando na sua fuga pela selva o herói encontra o bungalô de um *bacharel*:

> Correndo correndo, légua e meia adiante deram com a casa onde morava o bacharel de Cananéia. O coroca estava na porta sentado e lia manuscritos profundos. Macunaíma falou pra ele:
> — Como vai, bacharel?
> — Menos mal, ignoto viajor.
> — Tomando a fresca, não?
> — C'est vrai, como dizem os franceses.
> — Bem, té-logo bacharel, estou meio afobado...[34]

À base da referência a Cananéia, é provável que o objeto da sátira marioandradina seja o diplomata Graça Aranha, autor de *Canaã*, também referido por Oswald em manuscrito como "velha besta".

Em *Macunaíma*, Mário de Andrade invocou o seu círculo modernista, incorporando os amigos numa cena de macumba: "E os macumbeiros, Macunaíma, Jaime Ovalle, Dodô, Manu Bandeira, Blaise Cendrars, Ascenso Ferreira, Raul Bopp, Antônio Bento, todos esses macumbeiros saíram na madrugada".[35]

Também mencionou por nome várias artesãs regionais, assim juntando o nacional ao folclóre mítico:

> Mandaram buscar pra ele em São Paulo os famosos sapatinhos de lã tricotados por dona Ana Francisca de Almeida Leite Morais e em Pernambuco as rendas "Rosa dos Alpes", "Flor de Guabiroba" e "Por ti padeço" tecidas pelas mãos de dona Joaquina Leitão mais conhecida pelo nome de Quinquina Cacunda. Filtravam o milhor tamarindo das irmãs Louro Vieira, de Óbidos.[36]

Nas sátiras do mundo social de São Paulo, Mário invoca os tipos pelo vestimento e comportamento, tal como as mulheres da elite paulistanas, parodiadas por Macunaíma na famosa carta às Icamiabas:

> [Monstros encantados] nem brincam por brincar, senão que a chuvas do vil metal, repuxos brasonados de champagne [...] assaz se preocupam elas de si mesmas [...] importam das regiões mais inhóspitas o que lhes acrescente ao sabor, tais como pezinhos nipônicos, rubis da Índia, desenvolturas norteamericanas; e muitas outras sabedorias e tesoiros internacionais.[37]

Esta carta pode ser lida à luz de uma avaliação dos papéis socialmente aceitáveis para a mulher brasileira na época, atestada por Michelle Perrot:

> Aux femmes, la maison, la direction d'une nombreuse domesticité, une maternité revalorisée, les rencontres de l'intérieur, des apparitions publiques ritualisées, de plus en plus obsédées par le devoir de cette beauté que les femmes se doivent d'offrir en spectacle aux hommes.[38]

Na ficção urbana do modernismo, em muitos dos personagens se reconhecia o retrato ou a caricatura de personalidades conhecidas na cidade. Não somente a vida e paisagem citadina eram consideradas fontes de material artístico, a prática era de tal maneira aceita e até esperada que eram todos leitores uns dos outros, procurando se reconhecer nos trabalhos mútuos. Com a passagem do tempo, não ficou quase ninguém capaz ainda de identificar as alusões específicas a personalidades da cidade nos romances modernistas, a não ser através de uma pesquisa na correspondência entre autores ou nas referências de suas biografias.

O mundo social em *Miramar*, o romance cubista e experimental de Oswald de Andrade, confere o parentesco desse romance com um mundo social superficial e caricaturizado. A organização social não sai dos padrões estabelecidos por Candido para as *Memórias de um Sargento de Milícias*, ilustrando de um lado um círculo amplo de cultura, através de situações arquétipas e, do outro, a realidade brasileira. No primeiro caso, ilustrativo do conhecimento geral do autor, há um elenco de personagens, reais e fictícios, que povoa ambos os romances, tirados do mundo universal de cultura política, as humanidades e as artes. Em *Miramar*, a galeria de nomes inclui o mundo clássico (Alexandre o Grande, Aspasia, Cleopatra, Cúpido, Ícaro, Petrônio, Plutarco, Telémaco), a culture política (Lloyd George, o Kaiser, Lenino, Catarina de Médici, Mussolini, Napoleão, o Kemal Pacha, Poincaré, Woodrow Wilson), escritores (Lord Byron, Cocteau, Musset, Rimbaud, Virgilio), atrizes de cinema (Sarah Bernhardt, Baby Daniels, Mae Murray), a música e dança (Chopin, Isadora Duncan, Mozart, Puccini, Salomé, Satie, Schubert, Tosca) e a pintura (a Gioconda, Picasso, Rafael). Certos nomes brasileiros figuram na lista internacional, nos casos de figuras muito conhecidas: o diplomata Rui Barbosa; escritores Olavo Bilac e Basílio da Gama; os políticos José Bonifácio e Tiradentes; os imperadores Dom Pedro I e II; e o aviador Santos Dumont. Se os romances são convincentes, não é devido ao pastiche de tipos sociais, mas a uma visão da sociedade na sua totalidade. Nesse panorama social, os narradores-cronistas são eles mesmos os heróis e os malandros de suas próprias histórias, reafirmando a análise que faz DaMatta do dilema social brasilerio.

"O BRASILEIRO ABSTRATO": O MALANDRO

No ensaio "Nacional por subtração", Roberto Schwarz considera o problema da literatura e cultura imitativa no Brasil, enfraquecidas historicamente pela cópia de modelos importados das metrópoles européias. A sugestão, vinda do pano de fundo colonial, é que o Brasil tem sido vítima de uma "expropriação cultural" e ainda procura as raízes legítimas e genuínas de uma identidade nacional. Esse paradigma incômodo, de fonte e cópia, leva a uma divisão histórica que Schwarz detecta no mundo social brasileiro, que inevitavelmente nos faz lembar da dialética de Candido: a ordem e a desordem. Notando que as instituições coloniais, como a escravidão, a *latifundia* e o clientelismo criaram um conjunto de relacionamentos sociais, cada um com as próprias regras e fechado a influências exteriores (a desordem), esses entraram em conflito com o regime do Direito, as provisões de igualdade estabelicidas no século XIX (ordem). Em vista do dilema, Schwarz conclui que a dialética do pessoal e do legal é o fundamento de uma sociedade que apresenta elementos de originalidade (desordem) e falta de originalidade (ordem), mas sem chegar a uma solução para o seu dilema histórico.

Referindo-se à tentativa modernista de definir um caráter nacional autêntico, Schwarz inventa o termo " o brasileiro em geral",[39] expressão corrigida na tradução inglesa por John Gledson a "o brasileiro abstrato", para descrever um herói modernista que sintetize as características nacionais, como no célebre caso do polimorfo Macunaíma.

Para Schwarz, a categoria é negativa, porque não especifica uma determinada classe social. Mas se o herói "sintético" for visto no seu papel de mediador entre as várias camadas de um sistema social dialético, porém, e sobretudo se o herói-narrador escrever desde um ponto de vista exterior, tal como o "póstumo" Cubas ou o viajante Miramar, então a categoria de "brasileiro abstrato" cabe bem na definição que Candido faz do malandro literário. Na nossa leitura da tradição de prosa satírica, o brasileiro abstrato, ou sintético, é também o malandro nacional, seja ele Malasartes, Macunaíma ou Miramar, figura essa que torna possível uma leitura miscigenada e exteriorizada da absurda configuração da dialética cultural brasileira. O que possibilita essa leitura é a função do narrador como cronista, mediador e renunciador, nos termos estabelecidos por DaMatta. Da crônica das classes populares e da caricatura das instituições sociais, na sua inversão cômica, faz o retrato autêntico e inovador de um sistema nacional de carnavais, malandros e heróis. Dando voz à irreverência popular e zombando a hierarquia e as instituições sociais, o malandro — como autor de memórias retrospectivas, satíricas e desconfiadas — tem uma qualidade especial que Schwarz encontra nos romances de Machado de Assis: a capacidade de perceber "um modo particular de funcionamente ideológico"[40] numa sociedade da cópia e da exceção. O conjunto de memórias satíricas cujos heróis — Leonardo, Brás e João — estão em desacordo com o sistema social equivale afirmar que a carnavalização e a ritualização do mundo social, segunda os esquemas desenvolvidas por Candido e DaMatta, neutralizam o estigma da imitação e da cópia trazidas pelos modelos culturais europeus. É o brasileiro abstrato que, atravessando as barreiras sociais e zombando as hierarquias estreitas, escreve a história fabulosa de sua própria autobiografia e cria o auto-retrato nacional. O herói-malando funda uma linha de originalidade e autenticidade nas belas artes, sob o signo de humor, afirmando na crônica de origem popular o mundo híbrido e flexível criado pela sociedade brasileira.

NOTAS

[1] Cf. ALMEIDA, Manuel Antônio de. *Memórias de um sargento de milícias*. Rio de Janeiro: Tipografia Brasiliense, 1854; para as versões em inglês, cf. *Memoirs of a militia sargent*. Trad. Ronald W. Sousa. Oxford: Oxford U. P., 1999; trad. L. L. Barrett. Washington, D. C.: Pan American Union, 1959.

[2] Cf. DEBRET, Jean-Baptiste. *Voyage pittoresque et historique au Brésil*. 3 v. in 2. Paris: Didot Freres, 1834.

[3] CANDIDO, Antonio. "Dialética da malandragem" in *O discurso e a cidade*. São Paulo: Duas Cidades, 1993, p. 27. Originalmente em *Revista do Instituto de Estudos Brasileiros*, n. 8, 1970, p. 67-89. Para a versão inglesa, cf. "Dialectic of malandroism" in *On literature and society*. Trad., ed. e introd. Howard S. Becker. Princeton: Princeton U. P., 1995, p. 79-103 (no mesmo volume, cf. "Literature and underdevelopment", p. 119-41).

[4] HABERLY, David T. "The Brazilian novel from 1850 to 1900" in GONZÁLEZ ECHEVARRÍA, Roberto & PUPO-WALKER, Enrique (eds.). *The Cambridge history of latin american literature*. Cambridge: Cambridge U. P., 1996, p. 140-1.

[5] ANDRADE, Mário de. *Macunaíma*. São Paulo: E. Cupolo, 1928, p. 129. Para a versão inglesa, cf. *Macunaíma*. Trad. E. A. Goodland. New York: Random House, 1984.

[6] ARRIGUCCI JR., Davi. "Fragmentos sobre a crônica" in *Enigma e comentário*. São Paulo: Companhia das Letras, 1987, p. 58.

[7] DANIEL, Mary L. "Brazilian fiction from 1900 to 1945" in GONZÁLEZ ECHEVARRÍA, Roberto & PUPO-WALKER, Enrique (eds.). Op. cit., p. 140-1.

[8] CANDIDO, Antonio. "Dialética da malandragem" Op. cit., p. 27.

[9] SÜSSEKIND, Flora. "The novel and the *crônica*" in ALMEIDA, Manuel Antônio de. *Memoirs of a militia sergeant*. Trad. Ronald W. Sousa Oxford: Oxford U. P., 1999, p. 177.

[10] HOLLOWAY, Thomas H. "Historical context and social topography of *Memoirs of a militia sergeant*" in ALMEIDA, Manuel Antônio de. *Memoirs of a militia sergeant*. Trad. Ronald W. Sousa. Op. cit., p. xii.

[11] SÜSSEKIND, Flora. "The novel and the *crônica*" Op. cit., p. 178.

[12] HABERLY, David T. "The Brazilian novel from 1850 to 1900" Op. cit., p. 140-41.

[13] CANDIDO, Antonio. "Dialética da malandragem" Op. cit., p. 52.

[14] IDEM. Ibidem, p. 23.

[15] IDEM. Ibidem, p. 23.

[16] IDEM. Ibidem, p. 44.

[17] IDEM. Ibidem, p. 51.

[18] IDEM. Ibidem, p. 46.
[19] IDEM. Ibidem, p. 53.
[20] IDEM. Ibidem, p. 50.
[21] Cf. ANDRADE, Oswald de. *Serafim Ponte Grande*. Rio de Janeiro: Ariel, 1933. Para a versão inglesa, cf. *Seraphim Grosse Pointe*. Trad. Kenneth D. Jackson e Albert G. Bork. Austin: New Latin Quarter, 1979.
[22] DAMATTA, Roberto. *Carnavais, malandros e heróis: para uma sociologia do dilema brasileiro*. Rio de Janeiro: Zahar, 1979, p. 203. Para a versão inglesa, cf. *Carnivals, rogues and heroes: an interpretation of the brazilian dilemma*. Trad. John Drury. Notre Dame e London: University of Notre Dame Press, 1991, p. 203.
[23] IDEM. Ibidem, p. 203.
[24] IDEM. Ibidem, p. 203-4.
[25] IDEM. Ibidem, p. 13.
[26] IDEM. Ibidem, p. 13.
[27] Cf. MESQUITA, Samira Nahid. "Memórias Póstumas de João Miramar/ Memórias Sentimentais de Brás Cubas" In MORAES, Helenice Valias de (ed.) *Oswald plural*. Rio de Janeiro: Universidade do Estado do Rio de Janeiro, 1995, p. 147-58; repub. in SANTOS, Gilda et al. (org.) *Cleonice: clara em sua geração*. Rio de Janeiro: Editora da Universidade Federal do Rio de Janeiro, 1999, p. 609-21.
[28] MACHADO DE ASSIS, Joaquim Maria. *Memórias póstumas de Braz Cubas*. Rio de Janeiro: Tipografia Nacional, 1881, p. 119. Para a versão inglesa, cf. *The posthumous memoirs of Brás Cubas*. Trad. Gregory Rabassa. New York e Oxford: Oxford U. P., 1997; *Epitaph of a small winner*. Trad. W. L. Grossman. New York: Noonday, 1952.
[29] ANDRADE, Oswald de. *Memórias Sentimentais de João Miramar*. São Paulo: Independência, 1924, p. 13. Para a versão inlesa, cf. *Sentimental memoirs of John Seaborne*. Trad. Ralph Niebuhr e Albert Bork. *Texas Quarterly* 15.4, winter 1972, p. 112-60.
[30] SENA, Jorge de. "Modernismo brasileiro: 1922 e hoje" In JACKSON, K. David. *A vanguarda literária no Brasil: bibliografia e antologia crítica*. Frankfurt: Vervuert, 1998, p. 100.
[31] IDEM. Ibidem, p. 100.
[32] Cf. SEVCENKO, Nicolau. *Orfeu extático na metrópole: São Paulo, sociedade e cultura nos frementes anos 20*. São Paulo: Companhia das Letras, 1992.
[33] AGUILAR, Gonzalo. "Poesía concreta brasileña: las vanguardias en la encrucijada modernista" Tesis de doctorado. Universidad de Buenos Aires: Facultad de Filosofía y Letras, 2000, p. 86, p. 185. Cf., ainda, FERREIRA, Antonio Celso. *Um Eldorado errant: São Paulo na ficção histórica de Oswald de Andrade*. São Paulo: Editora UNESP, 1996.
[34] ANDRADE, Mário de. *Macunaíma*. Op. cit., p. 30.
[35] IDEM. Ibidem, p. 63.
[36] IDEM. Ibidem, p. 24.
[37] IDEM. Ibidem, p. 72-74.

[38] SCHPUN, Monica Raisa. *Les années folles a São Paulo: hommes et femmes au temps de l'explosion urbaine (1920-1929)*. Paris: L'Harmattan, 1997, p. ii.
[39] SCHWARZ, Roberto. "Brazilian culture: nationalism by elimination" in *Misplaced ideas*. Trad. e ed. John Gledson. London: Verso, 1992, p. 38.
[40] IDEM. Ibidem, p. 44.

Retrato de uma geração

Antonio Arnoni Prado

Nos textos de *Recortes*, que Antonio Candido publicou em São Paulo em 1993, alguns dos perfis do crítico e do militante convivem de maneira inédita com a apuração de uma escrita que surpreende pela articulação dos motivos com que vai encadeando os figurantes e todo o cenário de uma época significativa da vida brasileira, valendo o conjunto como uma espécie de balanço de geração.

Depoimento sem ser memória, memória sem ser ensaio, anotação meticulosa sem ser texto de análise, a novidade da mescla — coisa rara na crítica — é que vale para o livro o que o próprio Antonio Candido diz num dos textos de abertura a respeito da prosa de Carlos Drummond de Andrade, segundo ele recheada de "movimentos livres do pensamento e da imaginação [que] vinculam estreitamente o detalhe insignificante à reflexão cheia de conseqüências, de um modo que escapa à classificação".

Pois *Recortes* na verdade é um livro que parece escapar à classificação, não apenas por ser um argumento de muitas formas, mas principalmente por enriquecer a imaginação ensaística com a variedade da reflexão e do comentário. A vantagem é que sem deixar de ser um trabalho de crítica, ele sai dos limites convencionais do gênero para entrar, muitas vezes com o coração e a lembrança, em domínios inexplorados da análise.

É verdade que, para o leitor, o grande risco de início é confiar demais na aparência visível da estrutura, um conjunto de 50 textos mais ou menos alinhados por núcleos temáticos aparentemente soltos e tratados com o olhar de quem retrata pessoas e circunstâncias movido apenas pelo sentimento do testemunho e da reminiscência. Um bloco de reflexões críticas sobre gêneros, estilos e influências concentrado em autores brasileiros; outro bloco sobre críticos literários, entre os quais alguns estrangeiros; um segmento de textos e falas sobre a América Latina; outro, sobre amigos e companheiros militantes; um núcleo sobre violência e censura; e, por último, uma pequena seqüência de reconstituições e lembranças.

Mas, ao contrário de ser um conjunto estático de segmentos estanques, a singularidade do livro está na forma como recupera as relações entre a literatura e a ação intelectual, fazendo com que em *Recortes* a crítica não seja apenas uma crítica de livros, mas a avaliação de uma época a partir do significado da obra coletiva dos homens representativos que a viveram.

Nas breves considerações deste estudo, julgo oportuno sublinhar alguns aspectos desse processo e ver como neles se expande uma escrita que se altera e modifica com reflexos diretos nos recursos narrativos, transfigurando o gênero e enriquecendo as dimensões da análise.

Um bom modo de entrar em *Recortes* é pensar na fisionomia fragmentária do livro (contemporâneo da pulverização dos homens e das idéias imposta pela força) como uma contrafacção inevitável que a experiência do crítico agregou ao sentido integrador da literatura como sistema, coisa que se definiu já na *Formação da literatura brasileira* mas que o arbítrio veio desarticulando ao longo de boa parte da vida de Antonio Candido e de sua geração, com a finalidade de silenciar a cultura e fazer calar os seus representantes. Perante ela o livro responde, a meu ver, em duas chaves distintas mas simultâneas. A primeira amadureceu no passado e é um dos princípios básicos no método crítico do Autor: o pré-requisito da reflexão transparente, sob o argumento de que a magnitude do assunto e a pompa da linguagem têm sempre o perigo de funcionar como *disfarce da realidade e mesmo da verdade*. Quem ler com cuidado, na *Formação*, os efeitos que Antonio Candido tira da superação da ilustração pelo individualismo dos árcades; quem registrar as ambigüidades que ele destaca, por exemplo, no estilo da laicização da inteligência, responsável pelos conflitos que anulam mais tarde tanto a sensibilidade de um poeta como Álvares de Azevedo quanto, por exemplo, a modulação da consciência nas três vozes de José de Alencar, sabe do que Antonio Candido está falando quando adverte, em *Recortes*, que a literatura não pode persistir no "risco de quebrar no leitor a possibilidade de ver as coisas com retidão e pensar em conseqüência disto".

A outra chave vem da cultura para a experiência e retraça no livro um procedimento já utilizado em momentos anteriores, como por exemplo na trajetória de Terezina Carini Rocchi; como no prefácio a *Raízes do Brasil* e como nos comentários à formação da biblioteca de seu pai, o dr. Aristides Candido de Mello e Souza, onde aparece a noção da superposição progressiva das camadas de interesse na evolução intelectual de um homem, a partir de cuja cultura é possível esclarecer a história intelectual de todo um período.

Com um pé em cada uma dessas pontas, o ritmo do livro se abre para um movimento alternado em que muitas vezes a leitura vale menos que a escrita porque o traço pessoal da subjetividade interfere no curso (e mesmo na distância) da interpretação convencional, o que resulta num ganho expressivo para revelar a intervenção militante nas relações entre o crítico e o seu objeto. A variação na ênfase de um pólo para o outro é que dá equilíbrio ao livro; menos intensa nos dois primeiros blocos (de crítica e reflexão sobre críticos), mais visível a partir dos textos de fala política e com peso absolutamente inédito nos textos de evocação dos companheiros e nos de reconstituição e lembranças. O modo de compreendê-la, no entanto, só se esclarece quando fazemos o contraste com os textos do Antonio Candido anterior, onde a reflexão do trabalho de análise raramente oscila em seu tom primordial de aclarar literariamente o tema em estudo. Não que em *Recortes* a literatura não seja o ponto de chegada. O que dá riqueza ao contraste é justamente isso, que, nele, as direções do mundo que se despedaça passam também pela reflexão inconformada que as reconstitui no plano da ideologia e da consciência histórica e que avança ao ponto de muitas vezes esquecer a qualidade de um poema para ficar na grandeza da expressão humana de seu autor.

Dois momentos, no primeiro bloco do livro, mostram bem esse processo de variação. No primeiro, tirado dos dois estudos sobre a obra de Carlos Drummond de Andrade ("Drummond prosador" e "Fazia frio em São Paulo"), o enfoque literário é claramente o centro, mas não mais na função integradora com que em geral aparecem os seus temas e motivos enquanto estrutura que coexiste e se organiza ao lado das vicissitudes do mundo de fora, como por exemplo no ensaio "Inquietudes na poesia de Drummond", publicado em *Vários escritos*, de 1970, onde uma das idéias centrais era mostrar, por exemplo, que o poema, trazido pela memória afetiva, "oferece farrapos de seres contidos virtualmente no eu inicial", por mais insatisfatório que este possa ser.

Em *Recortes*, a leitura desintegra as linhas da obra, procurando primeiro a singularidade do traço e depois a sua relação com o que Antonio Candido chama de "personalidade literária forte" em Drummond. Na primeira direção, o alvo é a fisionomia da crônica, e os critérios de leitura ficam num nível predominantemente literário como se o foco ainda fosse o mesmo daquele ensaio de quase trinta anos. Só que agora a "vertente da memória" (que ele retoma) é vista de uma perspectiva interpolada e responde — segundo o crítico — à descontinuidade da forma como sinal inconfundível de que, nesta, a poesia pode estar em qualquer registro. Ou, para falar com os termos do próprio Antonio Candido, "insinuando poemas no conjunto das crônicas [...] e dando tonalidade de crônica aos livros de poemas", como acontece, por exemplo, com *Boitempo* e com *As impurezas do branco*.

Percebemos então que perante uma escrita livre como essa — do ângulo da crítica — qualquer solução seria arbitrária, tão arbitrária quanto chamar de ensaio aos ensaios de Montaigne, nos diz Candido. E em seguida o estudo se fecha deixando no ar uma sensação de impotência calculada, que no entanto é apenas provisória. Mas isso nos só é possível compreender se cruzarmos esse texto com o que vem depois ("Fazia frio em São Paulo"), onde a interpretação literária dá lugar a um escrito reminiscente que volta aos tempos do Estado Novo, quando Antonio Candido era ainda estudante e Drummond já um poeta de expressão.

Aqui, o registro da notação militante invade a crítica e põe lado a lado, o poeta e o jovem, de tal modo que a subjetividade do crítico — revigorada no tempo — transforma a sensação de impotência em testemunho de ação direta, a partir da qual — em relação a Drummond — as muitas faces da forma descontínua vão completando a imutabilidade do caráter e da coragem política do poeta. E isto é feito à proporção que reacendem na memória do crítico as leituras quase clandestinas dos poemas datilografados de *Sentimento do mundo* durante o autoritarismo do Estado Novo, quando se inicia a amizade entre ele e Drummond. Aqui a emoção do crítico jovem como que revive no tempo e se cola às reflexões do crítico de hoje, com a mesma força com que a leitura da poesia, e só ela, podia recompor os destinos naqueles idos de exceção e de violência.

O segundo momento encontra-se num texto em que Antonio Candido surpreende a personalidade de Oswald de Andrade em plena *atividade de espantar burguês*. Está no texto "Os dois Oswalds" e trata da leitura de um episódio em que o escritor aparece retratado como personagem no livro *De Paris ao Oriente* (1928), de Cláudio de Souza. Cláudio, o narrador, compõe, ao lado de Altino Arantes, a dupla de "monumentos acadêmicos" que faz contraste, no enredo, com a irreverência antiburguesa de Oswald.

Em oposição a esta, aliás, Antonio Candido destaca no texto o caráter profundamente convencional desses dois figurantes. Altino Arantes, ex-presidente do Estado (1916-1920), por exemplo, é autor de um livro sobre *A devoção mariana perante a razão e o coração*. Cláudio de Souza, membro da Academia Brasileira de Letras, aparece "como literato do tipo homem de sala".

O leitor fica logo imaginando a sucessão de rasteiras que um espírito como o de Oswald não passará nesses dois ilustres confrades durante o longo período em que ficarão juntos. O relato narra os episódios da viagem de 1926 que os três, em companhia das esposas (incluindo Tarsila do Amaral) e do menino Nonê, fazem ao Oriente Próximo, embarcando em Marselha e passando por Nápoles, Pompéia, Rodes, Chipre, a Síria, a Palestina e o Egito. O narrador é anônimo e, no livro, os nomes vêm alterados. Altino Arantes, por exemplo, é Amaral e Oswald aparece como Gonçalo.

O dado a registrar no caso é a natureza da leitura crítica, articulada não com o mérito da obra literária em si mesma, mas com a retificação das imagens que a intervenção pessoal e as vivências do crítico permitem opor ao jargão acadêmico do narrador, sempre que este distorce as características de Oswald ou erra a mão ao inverter as linhas de seu retrato. O resultado logo se esclarece como uma espécie de traço de ingenuidade narrativa, desvendada aos poucos pela análise. E nós, levados por essa segunda voz que retraduz as imagens do livro, descobrimos logo um divertido conflito de aparências: o narrador acadêmico pensando em fazer figura de modernista, indo na corda das estripulias de Oswald e posando o tempo todo de Marinetti. Antonio Candido, por trás dele, mostrando o quanto se engana a não perceber que Oswald trapaceia com ele, interessado não em fazer figura de personagem, mas em arreliar a sua impostação de classe, como quem posa para a fotografia rindo, não da cena e das circunstâncias, mas da própria cara do fotógrafo. O narrador não sabia (nem ficou sabendo) de um detalhe que só uma crítica como esta podia nos revelar: o da existência de dois Oswalds — o de verdade e o visto pela sociedade convencional, a que ele pertencia.

No entanto, como no exemplo anterior, o alcance dessa revelação só se completa no texto seguinte ("O diário de bordo"), onde o argumento deriva de um comentário sobre um episódio narrado no *Itinerário de um homem sem profissão*, que tem por tema a *garçonnière* da rua Líbero Badaró. Aqui, a perspectiva se inverte. O texto nada tem de avaliação literária, valendo pelas anotações que encorpam o assunto do ponto de vista da história do modernismo, mais ou menos naquele plano admirável da "Digressão sentimental sobre Oswald de Andrade", também de 1970, que vimos no estudo anterior. Estão lá as anotações de "O perfeito cozinheiro das almas deste mundo", está lá o famoso usurário, lá as alusões à burrice de Fulano, e em canetas de cores diferentes os elogios à beleza da malograda Cíclone.

A evocação fica nesse registro aparente de alusão a coisa que evaporou. Uma ou outra frase pode sugerir ali um retrato da fugacidade do próprio Oswald, como por exemplo a observação de que era um homem que não sabia ficar sozinho, o que explicaria, segundo o crítico, a existência do "Diário de bordo". Até que, num corte abrupto, um movimento final do crítico deixa esse Oswald da reminiscência para literalmente abrir uma porta em sua narrativa e nela entrar para se juntar ao outro, ao verdadeiro Oswald, muito diferente daquele que momentos antes driblava a ingenuidade dos figurões assustados.

Pela beleza da intuição, rara em si mesma como um recurso crítico do próprio autor, reproduzo a passagem. Oswald tinha ido visitar Antonio Candido na sua casa da Aclimação, mais ou menos em 1950. Na saída, este o acompanha e eles saem conversando para buscar um taxi.

> Atravessamos a rua Pires da Mota — escreve Antonio Candido — e entramos na rua Conselheiro Furtado. Era uma

tarde fresca, azul e sossegada, como ainda havia naquele tempo. Oswald explicava com detalhes alguma coisa sobre a sua obra. Ouvindo, eu olhava o renque de casinhas baixas, encardidas. E de repente me pareceu estar numa rua de romance dele, *Condenados* ou *Estrela de absinto*, vogando na ficção junto com o autor, que seria ao mesmo tempo um dos seus personagens. Foi apenas um segundo, durante o qual senti sem poder explicar que estávamos ambos no mundo da sua narrativa. Mas não disse nada. O taxi passou, ele subiu e foi embora. A sensação permaneceu em mim como lembrança [...].

Esse modo de explicar o literário recompondo por dentro a história e a referência de seu processo de autoria amplia-se no terceiro e no quarto blocos do livro, quando a leitura se volta primeiro para os críticos e a crítica e, depois, para o legado dos colegas de geração, aí incluindo companheiros de vida militante. Aqui se aprofundam os dois movimentos que harmonizam no texto, de um lado, a lucidez integradora da reflexão crítica (com foco na literatura) e, de outro, a avaliação intelectual que responde à ação desintegradora do arbítrio (com foco na militância socialista).

A singularidade desses registros é que, neles, o *scholar* e o militante, sem perderem a sua especificidade, valem-se um das habilidades do outro para, cada um na sua esfera, afirmar na vida e na experiência com a desigualdade, a mesma firmeza de ideais manifestada nos artigos e na sala de aula, nos livros e na atuação partidária, ou seja: a afirmação dos valores humanos e a luta em favor de uma sociedade mais justa. Isso explica em *Recortes* que a intuição intelectual capaz de recompor uma imagem ficcional precária em favor da autenticidade da invenção (como no exemplo de Oswald de Andrade personagem), se recuse agora a recompor na vida as coisas que o arbítrio despedaçou. No terreno da crítica, por exemplo, discordando do expressionismo de Alceu de Amoroso Lima e de seu interesse limitado pela forma, sem deixar de reconhecer, nele, "uma das mais completas organizações morais que o Brasil conheceu". Em Gilberto Freyre, desvendando o crítico "de autores, mais que de livros", sem deixar de reconhecer a sua contribuição radical ao desmonte das categorias fixas da história social. Em Otto Maria Carpeaux reconhecendo o peso da paixão humanística, mas só enfatizando a sua grandeza no momento em que ela sai do âmbito dos livros para militar em favor do socialismo.

É essa visão que não atenua as diferenças no terreno das convicções, mas que valoriza o menor gesto em favor das mais humanas e solidárias, que explica — na nossa América — a convergência, por exemplo, entre a vocação libertária de um Manuel Bonfim, no começo do século, e a presença integradora da crítica de Angel Rama, nos nossos dias. Como também é ela, na seqüência de depoimentos sobre companheiros e militantes, que destaca na contribuição de cada homem o traço distintivo de vidas inteiras para, dentro destas, chegar ao significado de cada obra, de cada geração, de toda uma época.

Nessa escala de valores, vale menos o erudito que o anticonvencional, menos a celebridade que o intelectual dedicado e por vezes anônimo. Assim é que, em Cruz Costa, por exemplo, a timidez do professor é apagada pela generosidade intelectual e a coragem política; o amadorismo de Ítalo Bettarello é recompensado pelo desapego dos cargos e a birra contra a vida acadêmica; a erudição de Rui Coelho é substituída pela alusão à técnica do puxa-assunto, tão abrangente para Antonio Candido, quanto a contribuição de Hélio Pellegrino na invenção de um novo gênero: o da reflexão filosófica na escala da crônica.

No plano da memória dos militantes, que serviria de roteiro para uma história do velho partido socialista (o de 1947), o dado novo é o tom dos relatos e da própria intervenção pessoal na busca do melhor ângulo para documentar o empenho dos colegas na resistência à opressão. Diante dela estamos no melhor do livro, e dentro dela se move uma espécie de narrador coringa, pouco ortodoxo, sem qualquer sentimentalismo ou pretensão redentora, e às vezes mesmo com muito humor e ironia. Em muitas de suas passagens os sentimentos se misturam. A indignação perante o sofrimento de Salinas no cárcere, por exemplo, convive com a satisfação de narrar a coragem de Azis Simão a um passo de esbofetear um impertinente numa reunião de partido.

O tom ameniza logo adiante, quando a alusão à convivência fraterna rememora a aproximação ocasional com os anarquistas, isolados na celebração de um Primeiro de Maio longínquo da década de 40. E se ampliam, no bloco final do trabalho, com um vasto roteiro de anotações pessoais de grande interesse para uma eventual biografia. Mas não é o caso de entrar por eles. A intenção foi apenas ressaltar, nas passagens comentadas, uma verdade que passou despercebida: no panorama do Brasil de hoje, *Recortes* é um dos raros e mais expressivos depoimentos intelectuais em que é possível encontrar a liberdade e a igualdade produzindo esperança na vida de cada um de nós.

Os escritores e a ditadura

Antonio Carlos Santos

> *Les intellectuels n'esperent-ils pas, par la lutte idéologique, se donner un poids politique supérieur à celui qu'ils ont en réalité?*
> Michel Foucault

No prefácio que escreve ao livro de Sérgio Miceli, *Intelectuais e classe dirigente no Brasil (1920-1945)*, Antonio Candido[1] deixa claro um certo desconforto. O sentimento é causado pela diferença entre a sua geração, que havia se formado em contato direto com os personagens do livro de Miceli — "Mas eu não os vejo assim, porque me formei olhando-os na rua, nas fotografias de jornal, nas salas, no noticiário e na referência viva de terceiros" — e um distanciamento que permitia ao autor do livro "o olhar sem paixão e quem sabe sem 'piedade'". Cuidadoso, entre o elogio pela abertura de um "caminho novo na interpretação do papel dos intelectuais na sociedade brasileira contemporânea" e o alerta para a entrada em um "terreno escorregadio e cheio de armadilhas", Candido não resiste a fazer a defesa de Drummond, lembrando que se ele, por um lado, serviu o Estado Novo como funcionário do gabinete do ministro da Educação Gustavo Capanema, por outro manteve sua autonomia mental, produzindo nesta mesma época os versos revolucionários de *Sentimento do mundo* e *Rosa do povo*. O desconforto de Candido é, sem dúvida, sintoma de um descompasso que não cabe apenas nos traços específicos de cada geração, mas da própria mudança do papel do intelectual em uma época de exaustão e declínio das letras no campo da cultura. A inutilidade do prefácio, alusão primeira de Candido no texto citado, transforma-se então na chave de leitura de uma diferença que sobressai entre a posição desconfortável de um e a criação de um objeto de estudo que engloba o próprio autor, também ele parte da "grande e lamentável família" dos intelectuais. Sim, porque de inútil o texto passa a ser índice dessa diferença, apontando para um evento por vir que acabaria de vez com as ilusões dos "critérios especiais de avaliação" reivindicados por aqueles que se ocupam com o saber e se revestem assim de uma "certa sacralização".

Como alegoria desse momento de transição, vale recuperar aqui um texto que Antonio Candido escrevera pouco antes para o jornal *Opinião*, "Os escritores e a ditadura",[2] texto em que, falando do passado, do final da ditadura Vargas e do Congresso dos Escritores de 1944, em São Paulo, aferra-se ao presente, estratégia possível em um momento de censura, e, de alguma forma, aponta a um futuro no qual a figura do intelectual há de perder visibilidade. Apesar do otimismo utópico do autor, o ensaio traça o retrato de um tipo de intelectual que vai aos poucos deixando a cena pública. Vamos a ele.

Candido, que neste ano de 1975 havia chegado com sua *Formação da literatura brasileira* à 5ª edição, começa seu artigo fazendo a ponte entre o passado e o presente, entre enunciado e enunciação:

> A mania de comemorar é quase tão perigosa quanto a de inaugurar, porque ambas podem servir para impor à opinião pública uma versão dirigida dos fatos, em benefício de pessoas, governos ou grupos que desejam a realidade indevidamente deformada. Por isso, o intuito desse artigo não é propor comemoração de nada, nem mesmo fazer retórica sentimental sobre acontecimentos passados, como está ficando cada vez mais em moda neste tempo de complacência autobiográfica; mas apenas lembrar que certos momentos do passado podem servir de pretexto ou estímulo para refletir sobre o presente.

Vale lembrar que, em 1972, o país havia comemorado os 50 anos da Semana de Arte Moderna com várias homenagens, dentre elas, a exposição "Brasil: 1º Tempo Modernista 1917/29",[3] organizada pelo Instituto de Estudos Brasileiros (IEB), da Universidade de São Paulo, com patrocínio do Ministério das Relações Exteriores e da Secretaria de Cultura do Estado de São Paulo. A exposição foi aberta em Paris no dia 18 de maio, na Galeria Debret, e contou com a presença do diretor do IEB, José Aderaldo Castello,[4] e do embaixador do Brasil na França.

Comemorar e inaugurar, portanto, haviam se transformado em uma estratégia oficial de vender o país no exterior durante o governo Médici, num momento em que o modernismo começava a se tornar canônico e que o tropicalismo, que poderíamos ver como uma contra-comemoração, havia se esgotado com o exílio de Caetano Veloso e Gilberto Gil em Londres. Não se estranhe, portanto, a rejeição às comemorações. Voltando ao texto, Candido passa a falar do presente via passado:

> No fim de 1944, estávamos em regime de ditadura no Brasil, como todos sabem. Uma ditadura que se ia desenvolvendo, porque o ditador de então começara por acertar o passo com as chamadas Potências do Eixo; mas quando os EUA entraram na guerra e pressionaram no mesmo sentido seus dependentes, eles não só passaram para o outro lado, como tiveram de concordar em que o país interviesse efetivamente na luta, como aliás pedia a opinião pública, às vezes em manifestações de massa que foram as primeiras a quebrar a rotina disciplinada de tranqüilidade aparente nas grandes cidades.
> Essa orientação externa contrastava com a situação política interna, assentada, desde 1937, na restrição drástica da liberdade de opinião, com censura total da imprensa, punições para as discordâncias públicas, repressão contra os opositores ativos, demissões e aposentadorias dos inconformados, tribunais de exceção, tortura (incipiente), confisco de livros, hipertrofia do conceito de segurança, transformada em palavra-chave e onímoda. Como não havia Senado, Câmara, nem Assembléias, dissolvidos pelo golpe de 10 de novembro, o arrocho era completo.

A partir da descrição de uma situação de ditadura não muito diferente da que se vivia naquele momento, anos 70, passa a narrar a articulação dos escritores em torno a uma associação, ou seja a ação dos intelectuais em um momento de exceção política:

> Em 1942 tinha sido fundada no Rio de Janeiro a Associação Brasileira dos Escritores, que logo se multiplicou em seções estaduais. Havia no intuito dos fundadores a idéia de criar uma associação de classe, voltada em parte para o problema então muito mal atendido dos direitos autorais, e alguns membros da primeira e da segunda hora ficaram sempre mais

ou menos limitados a isto. Mas o grosso das preocupações foi estabelecer uma agremiação que organizasse os escritores e intelectuais em geral para a oposição à ditadura do Estado Novo. Tanto assim que da ABDE (sigla rapidamente consagrada) não faziam parte os mais ou menos chegados ao governo, seja porque o apoiavam ideologicamente, seja porque trabalhavam, com ou sem convicção, em organismos oficiais de informação e propaganda, que então proliferaram, ou escreviam assiduamente em publicações orientadas neste sentido.

Em 1944, a ABDE cogitou de realizar um Congresso de Escritores, o primeiro do Brasil. Não sei quem teve a idéia, nem quais foram as primeiras providências, mas estou quase certo de que tudo partiu do Rio para logo repercutir em São Paulo. Naquele tempo, o presidente nacional da Associação era Aníbal Machado, e o da seção paulista Sérgio Milliet, ambos de clara inclinação para as definições políticas do intelectual, tema particularmente vivo e debatido depois de 1930, com a radicalização acentuada de posições, para a direita e para a esquerda.

A estratégia naquele momento era a das alianças, ou seja, a de construir uma frente capaz de demonstrar coletivamente a insatisfação com uma situação que se fazia insustentável em função das próprias atitudes tomadas pelo governo em relação ao conflito na Europa, estratégia, diga-se de passagem, não muito diferente da utilizada naquele momento em que Candido escrevia. O próprio *Opinião*, vale lembrar, era fruto dessa vontade de aliança contra um inimigo comum, costurando interesses da chamada burguesia nacional, de setores da esquerda que viviam na ilegalidade ligados à corrente maoísta e intelectuais independentes com vínculos com a universidade.[5] Mas voltemos ao texto de Antonio Candido:

> Em 1944, o congresso projetado visava a uma tentativa de congraçamento de todos os opositores do Estado Novo, passando por cima das divergências não apenas entre esquerda e liberais, mas dentro da própria esquerda, o que geralmente é mais difícil... Foi, essencialmente, um movimento de frente única das diversas correntes, com um senso de entendimento mútuo que levou quase toda a gente a entrar em compasse de trégua e até reconciliação, havendo muito aperto de mão entre desafetos e acordo de paz para

velhas brigas. O essencial era unir taticamente as formas contra a ditadura.

A escolha de São Paulo como sede talvez tenha sido devida ao desejo de não ficar muito perto do governo federal e seu aparelho repressor, que naquele tempo era mais concentrado no Rio. Seja como for, o congresso foi mesmo aqui, com sessão de abertura em 22 de janeiro de 1945, na Biblioteca Municipal, todas as sessões de trabalho no Centro do Professorado Paulista, rua da Liberdade, e um encerramento apoteótico no Teatro Municipal, no dia 27, quando se comunicou ao público a esperada Declaração de Princípios.

Ela tinha sido bastante discutida e elaborada, porque se tratava de ser firme sem provocação, de ser explícito sem entrar em considerações doutrinárias, de exprimir o mínimo aceitável por um leque aberto de opiniões — desde conservadores oposicionistas até esquerdistas de vário matiz. A redação ficou a cargo da Comissão "D", de assuntos políticos, da qual faziam parte: Alberto Passos Guimarães, Arnon de Melo, Astrojildo Pereira, Caio Prado Júnior, Carlos Lacerda, Dionélio Machado, Fritz Teixeira de Sales, Jair Rebelo Horta, Jorge Amado, Moacir Werneck de Castro, Osório Borba, Paulo Emílio Sales Gomes, Prado Kelly e Raul Ryff. Carlos Drummond de Andrade, que também tinha sido eleito, não pôde vir a São Paulo. Creio que nem todos os mencionados participaram da discussão e elaboração do documento; em compensação, outros que não pertenciam à Comissão "D" colaboraram, como foi o caso de Homero Pires e, se bem me lembro, Hermes Lima.

Nas palavras prévias a *O observador no escritório*, Carlos Drummond de Andrade defende a idéia de que o homem de ação se empenha em manter registro do vivido para ser justificado no futuro, valendo, nesse sentido, seus diários como documentos de arquivo. Em seu caso particular, Drummond salvou algumas dessas anotações tão somente "por força de motivação psicológica obscura, inerente à condição de escritor, alheia à noção de utilidade profissional".[6] Em sutil dissenso com seu amigo poeta, Candido não só manteve registro dos dias vividos senão que os rememora, num instante de perigo para a inteligência, porque neles vê um valor simbólico: romper, tanto então como outrora, com o silêncio imposto pela ditadura e que marcava a posição dos intelectuais:

Lido hoje, depois de tanta água corrida e turvada, o documento pode causar certa perplexidade, porque, sendo simples, curto e aparentemente ameno, não dá impressão de ter requerido tanta discussão e causado tanto impacto; aliás, durante as sessões o clima de oposição e as palavras usadas foram muito mais duras e explícitas, porque os mais radicais falaram abertamente. O plenário tomou conhecimento da declaração no final dos trabalhos, quando o presidente Aníbal Machado deu a palavra a Dionélio Machado para lê-la. Astrojildo Pereira propôs que todos a ouvissem de pé, e foi sob uma enorme tensão emocional, naquela atmosfera de opressão política onde a palavra "democracia" era subversiva e falar em eleição podia dar cadeia, que o grande romancista gaúcho leu o texto.

Segue-se o texto lido por Dionélio Machado que foi aprovado por aclamação, como havia proposto Caio Prado Júnior, e relido no mesmo dia no Teatro Municipal em clima de muita emoção. Candido passa então a marcar a importância da ação dos intelectuais naquele momento:

> A sua importância foi grande, por ter sido a primeira vez que uma declaração contra a ditadura era feita na presença de pelo menos 2 mil pessoas, com aquela força de adesão coletiva. Em 1943, um grupo de políticos do estado de Minas Gerais tinha lançado o famoso e histórico Manifesto ao Povo Mineiro, que foi de fato o primeiro ataque público à situação; mas não foi comunicado diretamente ao povo. Ainda em 1943, um grupo numeroso de estudantes de São Paulo lançou enérgico manifesto à nação, reclamando a restauração dos direitos democráticos e protestando contra a prisão de um colega. Mas nem um, nem outro, puderam agitar um grupo concreto, como o que aclamou o dos escritores naquela tarde. É que em 43 a situação era bem mais dura: os signatários mineiros, chamados pelo ditador de "leguleios em férias", foram exemplarmente punidos com a perda de cargos e funções; os estudantes de São Paulo foram dispersados a tiro, resultando na morte de duas pessoas e ferimentos em vinte e cinco. Em 1945, como é claro quando se vê de agora, a ditadura já estava meio acuada e não molestou ninguém. Mesmo porque, dali a pouco a entrevista famosa de José Américo de Almeida começou a pôr abaixo o seu edifício abalado e a liberdade de imprensa e associação rompeu por toda a parte.

Só então os jornais puderam divulgar mais a Declaração de Princípios do I Congresso Brasileiro de Escritores, que desde logo tinha sido impressa e distribuída em volantes que rodaram por todo o país. E com isto se entende a importância e o efeito de um documento lacônico, planejado para congraçar as oposições, cuja força estava na simplicidade direta com que reivindicava o que fazia falta. Geralmente as coisas essenciais são simples, enquanto os conceitos retorcidos e ambíguos, e as cascatas de palavras, podem servir para esconder o vazio ou evitar o confronto com a reta singeleza dos princípios que definem o necessário para viver com dignidade, como proclamou o Congresso, e como queremos todos nós, 30 anos depois, e sempre.

É um texto exemplar, este de Antonio Candido, na medida em que reivindica a união das forças de oposição intelectuais, em um jornal em que esta idéia de aliança vivia sob clima de instabilidade e em um momento em que a voz de escritores e intelectuais produzia efeitos apenas em círculos pequenos; exemplar, posto que chamava a atenção para o exemplo da experiência do passado, de um passado que, olhado a partir de hoje, nos parece já muito distante deste outro passado, o presente do texto, os anos 70, anos de consolidação de um mercado de bens simbólicos marcado pela expansão da indústria cultural[7] e consequente enfraquecimento da figura do escritor e do intelectual, paulatinamente substituídos pelos astros da sociedade do espetáculo. Anos em que começa a se esboçar uma discussão ainda em curso sobre a mudança do papel do intelectual, se orgânico ou específico,[8] se legislador ou intérprete,[9] e sobre o alcance de suas reflexões, cada vez mais restritas aos *campi* universitários ou formatadas e editadas pela indústria cultural.[10]

É nesse contexto ainda que as posições hegemônicas de esquerda, digamos as várias maneiras de se pensar o materialismo histórico, começam a ser postas em dúvida dentro da própria esquerda com a entrada no país daquilo que se convencionou chamar de "estruturalismo". Digo convencionou porque junto com as análises propriamente estruturais à moda de Lévi-Strauss e dos lingüistas que, alguns acreditam, era apenas uma maneira de um grupo de intelectuais manter-se na universidade nos tempos da ditadura e de perseguição a tudo que fosse marxista, chegava ao Brasil também o pensamento de

Michel Foucault, Gilles Deleuze, Jacques Derrida, para citar apenas alguns. Desta forma, abria-se um debate na esquerda, mais precisamente na universidade e disseminado em jornais e revistas, sobre a questão da teoria. Drummond, justamente, publica no *Jornal do Brasil*, em abril de 1975, o poema *Exorcismo*, no qual satiriza a moda estruturalista e seu vocabulário que tomavam de assalto os estudos universitários:

> Do programa epistemológico da obra
> do corte epistemológico e do corte dialógico
> Do substrato acústico do culminador
> Dos sistemas genitivamente afins
> *Libera nos, domine.*

Luiz Costa Lima, professor de Teoria Literária na PUC do Rio, responde com um artigo em *Opinião*, "Quem tem medo da teoria (21 de novembro de 1975). Nele, lista as principais críticas que são dirigidas a este novo fantasma, chamado teoria, de maneira simples: o conhecimento da astronomia mata o prazer de uma noite estrelada? O autor de *Estruturalismo e teoria literária*, tese de Doutoramento defendida na USP, sob orientação do professor Antonio Candido, chama a atenção ainda para o fato de a crítica brasileira ter permanecido mais próxima do tradicional do que a ficção, ressaltando que o salto teórico que não havia sido dado pela geração de 50 e 60 estava sendo preparado nos anos 70. Mesmo Haroldo de Campos ou Antonio Candido, lembra, não se dedicaram sistematicamente à produção de teoria.

O artigo de Costa Lima provocou várias reações. No próprio *Opinião*, Carlos Nelson Coutinho ("Há alguma teoria com medo da prática?") e Antonio Carlos de Brito, o Cacaso, ("Bota na conta do Galileu, se ele não pagar nem eu").[11] O primeiro coloca explicitamente o "estruturalismo" contra "uma outra teoria", aquela que "fez seu aprendizado passando pelo famoso capítulo sobre o fetichismo da mercadoria", ou seja, o materialismo histórico, e invoca a visão do literário enquanto uma realidade social contra "uma crítica literária neutra" em termos sociais. O segundo cita Antonio Candido, polariza a discussão em termos de Rio e São Paulo e afirma que o principal é "problematizar determinadas formas de se conceber e praticar a atividade teórica" e não simplesmente negar a teoria. A discussão segue seu curso com novo artigo de Costa Lima em *Opinião* ("O bloco do eu sozinho"),[12] no qual esclarece, entre outras, uma divergência sobre a questão da linguagem literária. Para Carlos Nelson Coutinho, o papel da linguagem no texto literário seria "o portador material da literatura" e não se confundiria com seu conteúdo estético. Para Costa Lima, isto remeteria a uma teoria *sobre* e não *da* literatura.

Roberto Schwarz entra na polêmica publicando em *Almanaque* os "19 princípios para a crítica literária", um texto que ironiza a moda "estruturalista" e novamente coloca de um lado o marxismo e de outro a linguística, o formalismo russo, o estruturalismo etc. Nesta polêmica, claro, havia outras vozes, e entre elas a de Ana Cristina César, então aluna da PUC, que publica, também no *Opinião* ("Os professores contra a parede").[13] Ana Cristina entrava no debate tentando deslocar a questão para o ponto de vista do aluno, já naquela época imprensado entre uma formação absolutamente vazia, dirigida exclusivamente para o treinamento com vistas ao vestibular, e uma universidade que se sofisticava — claro, em alguns setores — e exigia um conhecimento de que os alunos não dispunham. Não se tratava apenas de opor teoria a não teoria, como lembra Italo Moriconi em *Ana Cristina César*, mas de considerar o desabafo dos alunos como um sintoma de uma situação institucional "sem com isso engrossar o coro de intelectuais extra-universitários, como por exemplo Otto Maria Carpeaux, que acusavam o movimento estruturalista de ser uma corrente de pensamento resultante de um 'tecnocratismo' acadêmico supostamente implantado pelo regime militar".[14]

Não é o caso de continuar a listar aqui as várias contribuições a esta polêmica que aponta para um racha no sistema de alianças da esquerda intelectual em um momento delicado como aquele de regime de exceção. Um racha que podia ser observado na vida do próprio jornal *Opinião* que além de ter de conviver com a censura buscava um equilíbrio cada vez mais precário entre as diferentes correntes de sua redação[15]. A polêmica aponta ainda para uma disputa dentro do campo intelectual e a reação de um determinado setor à entrada de novas tendências teóricas na universidade. E é essa reação que acaba produzindo generalizações injustas, como a de Schwarz em *Almanaque*, que coloca todos aqueles que não trabalham na direção que acredita ser a correta sob o rótulo da moda estruturalista. Em uma carta publicada ao final do artigo "Querelas da crítica",[16] de Eneida Maria de Souza, Costa Lima deixa claro que sua produção teórica continua a linha reflexiva aberta nos anos 70 pelo "estruturalismo" e que a posição de Drummond; Merquior e Schwarz representaria "a reação de nossa tradição".

Neste momento, poderíamos dizer que o sistema de alianças dentro do campo intelectual já está comprometido. Se ele parecia precário com as eternas brigas dentro das correntes de esquerda e com os compromissos frágeis assumidos historicamente com liberais e setores da burguesia nacional, agora ele se pulverizava e se disseminava em questões específicas. Vale lembrar que é nos anos 70 que o governo militar constrói toda uma estratégia de sedução dos meios intelectuais e artísticos através da criação de uma política cultural responsável pela criação da Fundação Nacional de Arte (Funarte), pela ampliação das atribuições da Empresa Brasileira de Filmes (Embrafilme) etc.[17]

O espaço do intelectual, então, se redesenhava entre o velho esquema de sedução do Estado, a prática cada vez mais frágil das alianças e o questionamento do que poderíamos chamar de hipertrofia do papel dos intelectuais na sociedade. A função ordenadora e pedagógica que lhe era reservada no projeto de modernidade entrava em declínio com a expansão da indústria cultural, o sucateamento das escolas, a exaustão do humanismo, a desconfiança nas utopias e na teleologia da redenção.

Dar forma, dar ordem, é, segundo Zygmunt Bauman,[18] o arquétipo de todas as tarefas da modernidade que começa exatamente na descoberta da ordem enquanto projeto e ação. Por isso, Bauman afirma que a existência só pode ser moderna quando é produzida e sustentada por *projeto*, *manipulação*, *administração* e *planejamento*. E por que esta vontade de ordem? Para deter a ambivalência, definindo o mundo com precisão e domando o caos que nos assusta. O desempenho da função nomeadora/classificadora é dado pela clareza de suas divisões entre grupos, pela precisão de suas fronteiras e a exatidão com que essa divisão é trabalhada. O ideal dessa vontade de ordem é a construção de um arquivo total que teria a capacidade de conter todos os itens do mundo, classificados e ordenados segundo seus grupos, classes etc., ou seja, uma espécie de biblioteca de Borges.

O procedimento do intelectual moderno é definido por Bauman como o do crítico legislador:

> O que melhor caracteriza a estratégia tipicamente moderna do trabalho intelectual é a metáfora do papel de "legislador".

Este consiste em fazer afirmações de autoridade que arbitram em controvérsias de opiniões e escolhem as que, depois de terem sido selecionadas, passam a ser corretas. A autoridade para arbitrar se legitima neste caso por um conhecimento (objetivo) superior, ao qual os intelectuais tem um melhor acesso que a parte não intelectual da sociedade. A melhor qualidade deste acesso se deve a regras de procedimento que asseguram a conquista da verdade, a construção de um juízo moral válido e a seleção de um gosto artístico apropriado. Tais regras de procedimento têm um valor universal.[19]

Podemos situar a atuação de um crítico como Antonio Carlos de Brito, o Cacaso, exatamente como a de um legislador. Grande parte de seus textos escritos para jornais e revistas durante os anos 70 e 80 é constituída de resenhas; nelas, o crítico e poeta legisla sobre o gosto, batendo, por exemplo, em Thiago de Mello — "Se é verdade que Glauber Rocha foi o grande deputado da cultura brasileira [...], também é certo que o amazonense Thiago de Mello é o grande deputado baiano de nossa poesia engajada"[20] —, atacando as vanguardas, o estruturalismo, fazendo a defesa e a teoria da chamada poesia marginal e reivindicando Antonio Candido como o modelo de intelectual a ser seguido, em contraposição àqueles que neste momento produzem nas universidades cariocas. Não procede de maneira diferente da tradição da crítica brasileira, dando juízos de valor sobre obras literárias, e se detendo muito pouco, ou quase nunca, mesmo em revistas especializadas, sobre a questão teórica. Quando entra no debate com Luiz Costa Lima, não é para debater o quanto uma teoria pode avançar ou não em determinado sentido, mas para desautorizá-la enquanto uma "moda" imposta de fora para dentro do país, com um jargão ridículo e seguidores intelectualmente fracos. Mas nesse momento em que o legislador entra em declínio, o que vemos é um Cacaso que se enamora e se aproxima do mercado, deixando de lado os muros da universidade para se dedicar mais às produções de letras para as cações populares. Roberto Schwarz lembra em "Pensando em Cacaso"[21] que durante uma época ele chegou a acreditar que a vida de intelectual seria mais livre no campo da música popular do que na universidade: "Na época chegou a idealizar bastante a liberdade de espírito proporcionada pelo mecanismo de mercado. Penso que ultimamente andava revendo essas convicções".

Em um texto do início dos anos 80, "Melhor a emenda que o soneto",[22] Cacaso não toma uma posição definitiva sobre o assunto, preferindo deixar a questão em aberto com muitas interrogações:

> O mercado é outro divisor essencial de águas entre o poeta de livro e o poeta de disco. O poeta de livro não faz carreira através do mercado; na área da letra não se faz carreira senão no mercado. Esse assunto de letras de música e poemas, poesia em geral, certamente interessa a muita gente. Uma letra, quando lida, vira poema? Um poema musicado vira letra? O letrista é poeta? O poeta é poeta quando faz letra? O mercado é uma liberdade a mais ou a menos?

O legislador parece abandonar então suas funções na alta cultura para, primeiro, aventurar-se no mercado, e logo em seguida adotar a linguagem simples e popular das trovas quadrinhas. Era uma reviravolta em uma produção que até aquele momento havia se caracterizado como "poesia marginal".

Heloísa Buarque de Holanda chamava a atenção em sua crônica de 13 de março de 1982 no *Jornal do Brasil* para o que havia de diferente no sexto livro de Cacaso em relação aos outros dos anos 70.

> Mar de Mineiro compõe-se de 250 páginas de textos mais extensos, papel de alta qualidade, projeto visual classe "A" de Martha Costa Ribeiro, com fotos de Pedrinho de Moraes e ilustrações de Malena Barreto. Outra novidade, a poesia dividindo seu espaço com letras de música: Mar de Mineiro compõe-se em três partes (ou três movimentos) — Postal (poemas), Papos de Anjo da Guarda (letras de amor), e Sete Preto (letras do sertão, com forte sabor de cordel).

Este livro distancia-se assim daqueles publicados por Frenesi ou Vida de Artista e parece indicar o esgotamento da opção "marginal", e o investimento de Cacaso na música popular e na poesia de dicção também popular. Outra mostra deste tendência aparece nos fragmentos publicados por Inimigo Rumor do poema-projeto *Canudos, uma epopéia nos sertões*, que deveria ter a forma final de um Auto. Na mesma crônica, Heloísa conta:

Cacaso insistia em afirmar que nunca teve especial atração por literatura, que a maioria dos romances o entediam e que, finalmente, nunca quis ser escritor. Por outro lado, a trova, a quadrinha, o longo poema rimado foram sempre sua grande fascinação.

Na apresentação que escreve em *Inimigo Rumor*, Carlito Azevedo, citando o filho de Cacaso, Pedro Ladim, como fonte, afirma que *Canudos* era o principal projeto de seu pai.

De Antonio Candido a Cacaso, o que se percebe é o declínio da figura do intelectual que deixava seu mundo específico das letras, das artes plásticas ou da música, para fazer de sua voz uma arma na esfera pública. Acuado pela indústria cultural e passado o momento das alianças, o que lhe resta é repensar seu lugar. Em "Regras para um parque humano",[23] Peter Sloterdijk, lembrando Jean Paul, afirma que livros são cartas volumosas dirigidas a amigos e que esta seria a melhor definição para o humanismo: um meio de telecomunicação escrito fundado na amizade. O que os tempos pós-modernos nos trazem é o desaparecimento dos deuses e dos sábios e o arquivamento nas bibliotecas ricas dos grandes centros daquele saber produzido pelos intelectuais:

> O que ficou para nós no lugar dos sábios são os seus textos em seu rude brilho e crescente obscuridade; eles ainda aparecem em edições mais ou menos acessíveis, eles ainda podem ser lidos, se ao menos soubéssemos por que deveriam ainda ser lidos. É seu destino ficar em silenciosas prateleiras, como cartas armazenadas no correio que não mais serão reclamadas — imagem ou ilusão de uma sabedoria em que os contemporâneos não mais acreditam — enviadas por autores que não sabemos mais se ainda podem ser nossos amigos.
> Cartas, que não serão mais remetidas deixam de ser remessas a possíveis amigos — transformam-se em objetos arquivados. Na verdade foi do fato de livros importantes cada vez mais deixarem de ser cartas a amigos e não mais estarem nas mesas diurnas e noturnas de seus leitores e, sim, mergulhados na intemporalidade dos arquivos — foi, de fato, daí que o movimento humanista tirou seu primeiro impulso. Cada vez mais raramente, os arquivistas descem em busca de textos da antiguidade para consultar comentários antigos com o objetivo de entender expressões modernas. Talvez aconteça

que nestas pesquisas nos porões mortos da cultura os papéis há muito não lidos comecem a cintilar como se relampejassem raios distantes sobre eles. Pode o arquivo do porão tornar-se clareira? Tudo indica que os arquivistas assumiram a sucessão dos humanistas. Para os poucos que ainda consultam os arquivos impõe-se o ponto de vista de que nossa vida é a resposta confusa a perguntas que esquecemos onde foram feitas.

Notas

[1] Candido, Antonio. "Prefácio" in Miceli, Sérgio. *Intelectuais e classe dirigente no Brasil (1920-1945)*. São Paulo/Rio de Janeiro: Difel, 1979, p. ix. Caberia apontar, em sintonia com essa atitude revisionista, o debate sobre intelectuais e repressão incluído, nesse mesmo ano, na 31ª Reunião Anual da Sociedade Brasileira para o Progesso da Ciência (SBPC); a ficção de Silviano Santiago *Em liberdade* (1981) ou, ainda nesse mesmo ano, a tese de Raúl Antelo, *Literatura em revista*, desenvolvida a partir dos arquivos do IEB.

[2] O artigo de Antonio Candido sai em *Opinião* n. 151, de 26 de setembro de 1975.

[3] O IEB publicou também o livro *Brasil: 1º Tempo Modernista 1917/29. Documentação*, com pesquisa, seleção e planejamento de Marta Rossetti Batista, Telê Acona Lopez e Yone Soares de Lima, no mesmo ano.

[4] O Prof. Castello, titular de Literatura Brasileira na Universidade de São Paulo, fora em 1964 co-autor com Antonio Candido de um manual de muito sucesso à época: *Presença da Literatura Brasileira*.

[5] Sobre o jornal *Opinião*, cf. Kucinski, Bernardo. *Jornalistas e revolucionários*. Nos tempos de imprensa alternativa. São Paulo: Scritta Editorial, 1991.

[6] Andrade, Carlos Drummond de. *O observador no escritório*: páginas de diário. Rio de Janeiro: Record, 1985, p. 7.

[7] Cf. Ortiz, Renato. *A moderna tradição brasileira*. Cultura brasileira e indústria cultural. 2ª ed. São Paulo: Brasiliense, 1989, p. 113 e ss.

[8] Cf. Foucault, Michel. "Les intellectuels et le pouvoir" (entretien avez G. Deleuze; 4 mars 1972); "L'intellectuel sert à rassembler les idées mais son savoir est partiel par rapport au savoir ouvrier" (entretien avec José, ouvrier de Renault, de Billancourt, et J.-P. Barrou, 26 mai 1973); "La politique est la continuation de la guerre par d'autres moyens" (entretien avec B.-H. Lévy, 27 janvier 1975), todos publicados em *Dits et écrits*. V. II 1970-1975. Paris: Éditions Gallimard, 1994.

[9] Bauman, Zygmunt. *Legisladores e intérpretes*. Sobre la modernidad, la posmodernidad y los intelectuales. Trad. Horacio Pons. Buenos Aires: Universidad nacional de Quilmes, 1997.

[10] Vale conferir o debate produzido pelo "Tendências e Cultura", o segundo caderno de *Opinião*, sobre jornalismo cultural e o espaço dos intelectuais na imprensa. São eles: "Entre os spots e as academias", de Ronaldo Brito, em *Opinião* n. 219 (14 de janeiro de 1977) e o de Júlio César Montenegro, no mesmo número, e "Jornalismo Cultural e imprensa nanica", de Luiz Costa Lima, no n. 229 (25 de março de 1977).

[11] Ambos publicados no número 160, de 28 de novembro de 1975.

[12] Publicado no n. 164, de 26 de dezembro de 1975.

[13] Cf. *Opinião* n. 162, de 12 de dezembro de 1975.

[14] Cf. MORICONI, Italo. *Ana Cristina César. O sangue de uma poeta*. Rio de Janeiro: Relume Dumará/Prefeitura do Rio, 1996, p. 63-4.

[15] O jornal acabou sucumbindo às pressões da censura e às desavenças internas em 1977. O último número, 230, de abril, sai como uma provocação às ruas, driblando a censura prévia e estampando na página 6 o editorial *Fim de uma etapa*. Nas páginas 16, 17 e 18, uma entrevista de Bernard Henri Lévy com Roland Barthes tinha com título "Para que serve um intelectual?".

[16] SOUZA, Eneida Maria de. "Querelas da crítica" in *Traço crítico*. Belo Horizonte e Rio de Janeiro: Editora da UFMG e Editora da UFRJ, 1993.

[17] Cf. MICELI, Sérgio. "O processo de 'construção institucional' na área cultural federal (anos 70)" in MICELI, Sérgio (org.). *Estado e cultura no Brasil*. São Paulo: Difel, 1984, p. 53.

[18] BAUMAN, Zygmunt. *Modernidade e ambivalência*. Trad. Marcus Penchel. Rio de Janeiro: Jorge Zahar Editor, 1999.

[19] IDEM. *Legisladores e intérpretes*. Op. cit., p. 13.

[20] "Engajamento e retórica" in *Veja*, 16/09/1981. Publicado posteriormente em *Não quero prosa*. Org. e seleção Vilma Arêas. Rio de Janeiro/Campinas: Editora da UFRJ/Editora da Unicamp, 1997.

[21] Cf. *Novos Estudos CEBRAP*, n. 22, outubro de 1988.

[22] *Folhetim*. Folha de São Paulo, 4 de julho de 1982. O texto aparece sem alterações em *Não quero prosa*, p. 224.

[23] SLOTERIDJK, Peter. *Regeln für den menschenpark*. Frankfurt: Suhrkamp, 1999. Tradução minha.

Crítica e grouxismo

Celia Pedrosa

Em agosto de 1941, ainda um jovem formando em Ciências Sociais pela Universidade de São Paulo, Antonio Candido assina no terceiro número da revista *Clima*[1] um pequeno texto-manifesto a que dá o título de *O Grouxismo*. A um conhecedor do conjunto da produção do Autor — desenvolvida ao longo de mais de sessenta anos de contínua e intensa atividade como professor de Teoria da Literatura e crítico literário —, esse texto pode parecer à primeira vista anacrônico, valendo apenas como simples curiosidade a respeito das primeiras experiências de um iniciante no ofício da reflexão. Acostumado com a amorosa minúcia de suas análises literárias, com a erudição, a amplitude e a acuidade de sua perspectiva histórica, sempre atenta a matizes e contradições,[2] direcionada para questões cruciais à organização da vida cultural brasileira, esse leitor com certeza estranhará, além do teor ligeiro próprio a todo manifesto, a proposta de adesão a um novo credo passível de ser depreendido das aventuras cinematográficas do cômico Grouxo Marx.

Irrefletida e jocosa lhe parecerá a entronização de Grouxo como um dos grandes heróis do século XX, comparável a Lênin e Freud e visto como modelo de uma prática transformadora mais produtiva que a deles. A carnavalizante aproximação de três personagens tão diferentes, e, através destes, de política, ciência, comicidade e indústria cultural, desmonta hierarquias e expectativas, de um modo tão mais surpreendente se se leva em conta o contexto em que é proposta. Primeiro, porque se inseria numa revista que representava a primeira iniciativa comum de uma geração preparada pela universidade para o trabalho lento e cuidadoso de análise, sistematização e crítica intelectual — "pedra sobre pedra", nas palavras com que Mário de Andrade a saudava no texto de apresentação ao primeiro número, opondo-a a uma tradição de brilho e adivinhação, pragmatismo imediatista ou beletrismo poético.³ Segundo o próprio Candido, inclusive, a revista era "severa com acontecimentos intelectuais e artísticos do momento, e, no geral, respeitosa, explícita ou implicitamente, do passado imediato", carregando uma ar sério e massudo que levaria Oswald de Andrade a apelidar seus organizadores de "chato-boys".⁴ E ainda porque vivia-se então o conturbado período da 2ª guerra mundial, radicalizava-se o engajamento político dos intelectuais, acirrava-se a polarização entre socialismo e fascismo... E a todo esse processo Antonio Candido não estava infenso, como não o estará ao longo de toda a sua vida intelectual, marcada pela militância em associações de classe e partidos políticos, pelo posicionamento firme face a situações de crise. No primeiro número da revista, inclusive, havia inaugurado sua participação como crítico da seção *Livros* deixando clara a preocupação com o valor atribuível à literatura num momento de catástrofe como aquele.⁵ E logo em 1942, o grupo de *Clima* viria a colaborar na formação da Associação Brasileira de Escritores, cujo engajamento na luta contra o Estado Novo culminou no 1º Congresso Brasileiro de Escritores, em 1945, e no manifesto democrático então lançado.

No entanto, uma leitura mais atenta pode identificar na irreverência aparentemente gratuita e episódica desse manifesto grouxista a figuração do movimento crítico que fundamentará a riqueza e o alcance do pensamento deste que é, sem dúvida, um dos mais importantes intelectuais brasileiros do século XX. De fato, e para nos atermos de imediato à prática engajada do pensamento, no momento político em que o manifesto vem à luz, tal irreverência pode ser considerada já uma manifestação da necessidade de infringir toda forma de sectarismo e, por isso, de repudiar, por exemplo, o "socialismo e o comunismo das internacionais numeradas" e "marxismos, leninismos, trotskismos ou stalinismos acadêmicos", conforme ele mesmo declara um pouco mais tarde, no décimo primeiro número da revista, publicado em agosto de 1942. É essa necessidade que vai levá-lo a ajudar a organizar o Partido Socialista Brasileiro, em 1947, opção depois justificada por nele se defender "a manutenção das liberdades essenciais no processo de construção do socialismo" e não se adotar "uma filosofia política obrigatória", acatando um "leque aberto de opiniões".⁶

Essa recusa do sectarismo, isto é, da submissão da prática política a um discurso a priorístico e fechado — acadêmico — vai se estender também a seu trabalho intelectual, pautado pelo empenho em organizar o pensamento sem deixar de acolher a diversidade, em articular valor social e literário e, mais ainda, em compreender de que modo o específico e o particular podem funcionar como resposta às aspirações de sua época. É nesse sentido que podemos entender sua auto-nomeada "tendência para o concreto e para as coisas tal como se apresentam",[7] da qual decorre também sua recusa em definir-se como teórico da literatura — categoria à que vai sobrepor as de crítico e professor. Para Candido, estas representam uma oportunidade de colocar o pensamento em ação, atento antes às exigências postas pela situação concreta a ser avaliada que à necessidade de coerência com uma organização conceitual e metodológica rígida. Afinal, alerta ele, a coerência pode ser apenas uma forma de racionalizar a timidez, o medo de enfrentar a diferença enigmática, ainda indomada.[8] A respeito dessa tendência para o concreto, inclusive, ele vai apontar a importância, em sua formação universitária, de Jean Maugüé, que optando por ser professor de Filosofia, em vez de filósofo, inculcou-lhe a convicção de que o saber interessava na medida em que voltado para a reflexão sobre o cotidiano, os sentimentos, a política, a arte. Em suas aulas, quase sempre iniciadas por um comentário sobre o filme da semana ou o noticiário dos jornais, Candido com certeza iniciou-se no exercício de flexibilização das doxas teóricas, de abertura da disciplina acadêmica à provocação dos acontecimentos particulares ou coletivos, enfim, da capacidade de compreensão que para ele deve orientar a atividade crítica.[9]

E é justo aí que residiria também o heroísmo de Grouxo Marx: na recusa da palavra-parábola, que serve apenas para ilustrar uma doutrina já organizada, em nome da palavra como acompanhamento de atitudes motivadas pelo otimismo e pela rejeição do convencional. Segundo Candido, a articulação dessas duas motivações implica em uma prática crítica transformadora na medida em que prescinde da negação total de uma realidade já existente, e da idealização de uma outra plenitude a ela alternativa, — negação e idealização fundadas em algum tipo a priori discursivo—, atuando, ao contrário, otimista e criativamente, no interior mesmo daquilo que se quer transformar. Como exemplo dessa prática, cita a célebre cena da cabine de navio do filme *Uma noite na ópera*. Nela, Grouxo, circunscrito a um espaço físico exíguo, supera essas limitações e consegue acolher dentro da cabine onde mal caberia uma pessoa cerca de vinte delas, fazendo conviver diferenças humanas e sociais várias, rompendo ao mesmo tempo toda sorte de expectativa — no interior mesmo da realidade que lhe cabia administrar, sem necessitar idealizar outro espaço mais pleno, como faria seu surrealista irmão Harpo.

O valor atribuído à performance de Grouxo no interior da cabine, até mesmo por seu humor irreverente, remete a uma outra avaliação feita por Candido bem mais tarde, a propósito do romance de Manuel Antonio de Almeida, *Memórias de um sargento de milícias*, no qual identifica uma configuração ficcional de um realismo totalmente diverso do entronizado pelo cânone oitocentista. Esta configuração se basearia num movimento a que Candido dá o nome de *dialética da malandragem*, caracterizada pela capacidade demonstrada pelo malandro personagem principal, de, no interior mesmo da ordem sócio-econômica estabelecida, e que lhe é completamente adversa, desenvolver práticas que a desestabilizam e lhe garantem espaço para usufruir do que em princípio lhe estaria vedado. Através dela, segundo o crítico, o romancista representaria um segmento da sociedade brasileira escravocrata, formada por homens livres que se recusam ao trabalho escravo, não têm chances de ascensão social e econômica e, por isso, criam formas alternativas de sobrevivência, consciência moral e relacionamento afetivo, fora dos padrões convencionais.[10]

E se é alegremente irreverente e criativa a atitude do personagem malandro, mais ainda se revela a do crítico que a valoriza. Pois através da noção de *malandragem* articula uma imagem ficcional a uma categoria de análise antropológica, recuperando ao mesmo tempo traços de nossa tradição cultural folclórica, e nessa articulação identifica marcas de uma postura existencial e ética cuja importância transcende os limites concretos da obra, do sistema e do momento de que se originou. De modo otimista e bem pouco convencional, à semelhança de Grouxo Marx, portanto, ainda vai considerar a malandragem tanto uma estruturação narrativa realista diversa da tradição picaresca européia a que este romance vinha sendo associado e do realismo oitocentista canônico, descritivo e documental, quanto uma produtiva estratégia de luta contra as concepções disciplinares de racionalidade e de moralidade que contribuiriam para legitimar a dominação burguesa e capitalista. Esta avaliação, inclusive, vai lhe custar a incompreensão de uma crítica mais ortodoxa, fiel a um modelo mais coerentemente marxista de análise histórico-social e de perspectiva revolucionária, como é o caso da de seu discípulo da Universidade de São Paulo, Roberto Schwarz.[11]

No entanto, é justamente nessa sensibilidade para o imprevisto e o diverso, nessa capacidade de acolher os desafios colocados à vontade analítica pela especificidade concreta de uma obra, uma situação ou momento, nessa necessidade de integrar aquilo que ao pensamento convencional aparece como antinômico e excludente, nesse interesse pela possível produtividade do que se apresenta, em princípio, como limitado e problemático — recusado o comodismo de toda sorte de idealização — que reside o mais importante legado de sua reflexão. Nos limites necessariamente estreitos desse estudo, vamos nos ater a duas questões por ela colocadas e desenvolvidas, indicando de que modo repercutem na elaboração de nossa crítica literária contemporânea, em suas manifestações em nosso entender mais produtivas.[12]

A primeira delas se define a partir de seu esforço de repensar o processo de *Formação da literatura brasileira*,[13] considerado por ele como "uma história dos brasileiros no seu desejo de ter uma literatura" própria, diferenciada daquela imposta pelos mecanismos de dominação colonial. Tal esforço vai resultar numa organização absolutamente inédita de dados literários e culturais, cuja produtividade decorre de pelo menos três opções metodológicas básicas. Inicialmente, porque, de novo evidenciando sua tendência a integrar movimentos antes pensados como excludentes, Candido vai aliar a sistematização sócio-histórica à análise particularizada de autores e obras, evitando assim tanto a generalização uniformizadora quanto a particularização atomizante. Sua formação inicial de sociólogo se abre à contribuição do *close reading* proposto pelo New Criticism e começa a definir a proposta metodológica, mais tarde claramente apresentada, de avaliação do extrínseco a partir de sua configuração intrínseca a cada texto.[14] Nesse sentido, pode-se dizer que Candido retoma a clássica formulação eliotiana sobre as relações entre tradição e talento individual, renovando-a, no entanto, na medida em que para ele a tradição, ao invés de pensada como repertório de modelos clássicos, ganha feição dinâmica e complexa, seja em virtude da importância maior dada à capacidade de diferenciação e transgressão individual, seja em virtude da relação desse repertório com circunstâncias sócio-culturais concretas.

Nessa visão dinâmica reside a segunda característica inovadora de sua reflexão. Pois ao pensar a tradição como efeito de uma vontade, Candido retoma o tema da *nacionalidade* em torno da qual ela sempre se organizou, desveste-o da naturalidade com que era compreendido, e revela-o como uma construção tanto ideológica quanto estética, condicionada por valores diversos e sujeita a transformações e efeitos imprevistos. E assim como a *nacionalidade*, também a *literatura brasileira* vai ser vista como decorrência de um processo social em que a relação entre autores e públicos ganha feição sistemática, validando as obras como agentes de circulação e coesão de idéias e valores. Enquanto efeito de um processo construtivo, então, a relação entre literatura e nacionalidade vai se definir, segundo Candido, somente a partir do século XVIII, relegadas à condição de simples manifestações literárias as obras produzidas antes disso e até então consideradas parte de nossa tradição apenas pelo fato de aqui terem sido publicadas. A esse respeito, é bem ilustrativa a posição do crítico Afrânio Coutinho, contemporâneo de Candido, que a ele se contrapõe por considerar que a "tradição afortunada" da literatura brasileira se inicia desde

> o momento em que aqui aportaram os colonizadores, diferenciando-se desde logo da metropolitana à custa de uma nova experiência histórica, de novos contactos sociais, numa situação geográfica diferente, "obnubilando" a sua condição de europeus.[15]

E, ao identificar justo no século XVIII o início de tal sistematização, procede à desconstrução de outro paradigma crítico convencional, o da oposição dicotômica entre literatura neo-clássica e romântica, fundada por sua vez na clara delimitação entre valores iluministas e universalizantes e valores nacionais particularistas e autóctones. A partir dessa nova perspectiva, Candido propõe a compreensão de nossa literatura como *faca de dois gumes*, em que dialeticamente interagem o geral e o particular, mecanismos de imposição e de adaptação cultural.¹⁶ Assim, o bucolismo pastoril da literatura neoclássica, de mera cópia de modelos europeus passa a ser visto como uma prefiguração da vida indígena romântica, ambos representando uma aproximação entre tema literário e rusticidade de nossa realidade sócio-cultural. Do mesmo modo, a preocupação neoclássica com a racionalidade e a clareza discursivas, em vez de antagônica ao expressivismo espontaneísta dos românticos, passa a ser considerada um produtivo freio aos excessos decorrentes dessa postura, bem como uma aliada no esforço de organização de uma linguagem de compreensão mais ampla e socializada. Essa visão dialetizante vai permitir que a crítica desvincule a idéia de nacionalidade de sua concepção romântica *strictu sensu*, questione o exotismo idealizante e o costumbrismo dela decorrentes e enfatize a importância de "clássicos" como Machado de Assis e Graciliano Ramos na construção de nossa tradição literária. Nêstes, mais que elementos imediatos de identificação, se buscaria representar relações e formas próprias à organização de nossa vida social, conforme a aguda distinção feita por Roberto Schwarz a propósito dos romances de Machado.¹⁷

Independente das discordâncias que tal avaliação possa suscitar, importa o movimento crítico que a fundamenta, capaz de introduzir, de novo como Grouxo Marx, uma visão anticonvencional e otimista nas análises sobre as conseqüências da dependência cultural inerente à história das nações colonizadas. De fato, esse movimento possibilita a relativização da lógica determinista que se debate entre a afirmação da inevitável submissão e a expectativa idealista de uma autonomia plena, ambas motivadoras de uma visão simplificada face à realidade diversificada da produção cultural colonizada. Apostando na possibilidade de uma alternatividade malandra construída por "aprendizes de feiticeiro",¹⁸ no interior e com os próprios elementos veiculadores da dominação, Candido pode então estender um olhar positivamente compreensivo para as possibilidades criativas de nossa vida cultural, e evitar um olhar pessimista e excludente que enxerga essa criatividade como fenômeno raro e isolado, perceptível apenas em escritores de algum modo alçados a uma condição superior que a da maioria. Segundo Roberto Schwarz, por exemplo, em Machado de Assis encontraríamos o "espetáculo indispensável e talvez único em nossas letras de um espírito sem prevenções e verdadeiramente independente...".[19]

É esse olhar compreensivo que, segundo Candido, direciona e torna fecunda a reflexão de um crítico como o uruguaio Ángel Rama, no qual vai valorizar, por exemplo, a capacidade de articular vanguardismo universalista e tradição regionalista na identificação de tendências literárias fundamentais à modernidade latino-americana.[20] E é esse olhar que vai aparecer intensificado e desdobrado no ensaísmo de um dos mais importantes críticos brasileiros contemporâneos, Silviano Santiago. Como seu antecessor, Silviano vai se preocupar em associar a acuidade analítica de obras e autores tomados em sua particularidade a uma contextualização histórica e cultural capaz de revitalizar nossa tradição literária e ao mesmo tempo abrir caminhos para a compreensão de formas discursivas diversas do cânone modernista que Candido começou a consolidar, de modo a identificar um *entre-lugar* para a ação do escritor e do intelectual não só brasileiro mas também latino-americano. Retomando a alegria modernista, relendo a malandragem antropofágica de Oswald de Andrade, através de Montaigne e com a ajuda da perspectiva desconstrucionista de Jacques Derrida, Silviano vai avaliar os mecanismos de dependência cultural à luz já agora da crítica filosófica à metafísica da origem e da história, de extração nietzscheana.

Assim, radicalizando o movimento dialético proposto por Candido, Silviano não só vai reafirmar o valor de nossa realidade cultural como diferença constituída a partir mesmo dos elementos impostos pela cultura de dominação, como também chega a operar uma inversão na hierarquia dos discursos ocidentais, produzindo uma visão da literatura mundial enraizada no próprio olhar periférico latino-americano. A possibilidade de constituição desse olhar, por sua vez, é garantida por sua postulação da leitura como prática constitutiva do valor literário, independente de a prioris canônicos — prática essa que, definida teórica e metodologicamente enquanto *interpretação*, oposta à *análise*, vai representar um adensamento, com alcance social e histórico, da ênfase que sempre fora dada, de modo informal, por Candido, à leitura intuitiva e interpretativa como etapa anterior e fundamental à organização do objeto de análise.

À luz dessa dupla perspectiva — literária e política —, Silviano vai reler a obra de autores canônicos brasileiros, como Machado de Assis, José de Alencar e Raul Pompéia, e latino-americanos como Jorge Luis Borges, de modo a desconstruir a tradicional *lógica da influência*, especificamente tematizada, por exemplo, em sua avaliação das relações entre Eça de Queiroz e Flaubert.[21] Ao lado dessa releitura, direciona seu interesse para a produção cultural pós-anos 70, marcada pela inexistência de uma ideologia estética unificadora, pela pluralidade de dicções, pela revitalização de formas literárias pouco valorizadas até então, como o conto, pela contaminação entre o literário e o não-literário, como nos romances-reportagem e nas autobiografias, pelo diálogo entre o culto e o popular, pela vivência desierarquizada entre linguagens artísticas e as veiculadas pela mídia e a indústria cultural, como o jornal, o cinema e a música pop. Para abrir espaço à compreensão dessas novas linguagens, Silviano vai propor a relativização dos cânones modernistas tal como até então entronizados e, em vez da elipse enigmática de seus "clássicos", valorizar a redundância e a prolixidade de autores como Euclides da Cunha e Lima Barreto, até então relegados à incômoda categoria de "pré-modernistas".[22]

Ao fazê-lo, configura questões que nortearão, ao longo das décadas de 80 e 90, as discussões sobre o pós-modernismo, em que a compreensão da pluralidade e da desierarquização vai implicar, além da relativização dos valores estéticos modernos, a reativação de uma visada antropológica, igualmente atenta à função estética e política de diferentes "níveis" de manifestação cultural. As instigantes polêmicas provocadas por essa reorientação apontam, entre outras motivações, para a polarização entre duas formas de definição de nosso pensamento acadêmico a partir da metade do século XX, que repõem em termos específicos uma tradicional luta pela hegemonia cultural no interior do eixo Rio de Janeiro-São Paulo.

De um lado, teríamos a crítica devedora do pensamento formulado pela Universidade de São Paulo a partir de 1940 — pensamento esse voltado para a problematização das ideologias ligadas ao processo de construção do Estado nacional, e para uma análise da dependência cultural de cunho sócio-econômico, com nítida inspiração marxista, preocupações às quais se soma a de definir uma tradição moderna de literatura brasileira a partir de uma constante releitura de obras já canônicas, cujos parâmetros se limitam, por um lado, pela narrativa machadiana, e, por outro, pela produção dos autores modernistas "verdadeiramente" modernos. De outro lado, teríamos a crítica cujos agentes se inserem em universidades do Rio de Janeiro e evidenciam um débito em relação a diversos modos de reflexão estruturalista e pós-estruturalista, basicamente francesa, ao invés da filiação unilinear a uma doxa entendida como autenticamente brasileira e voltada para nossa verdadeira realidade. É o que ocorre com Silviano Santiago, e sua atualização do desconstrucionismo derridiano, e Luiz Costa Lima, que transita da antropologia estrutural de Claude Lévi-Strauss às teorias da recepção da Escola de Kontanz.

Tal correlação, embora significativa, pode ser no entanto relativizada se nos damos conta, por um lado, que na origem dessa doxa uspiana está justamente o pensamento de Antonio Candido, cujo caráter multifacetado lhe permite lançar pontes para a releitura pluralista do trabalho crítico empreendida no Rio de Janeiro. A esse propósito, convém lembrar a heterodoxa visada antropológica de sua interpretação do valor da malandragem na organização do romance e da sociedade brasileira oitocentistas, já comentada. Ou o olhar desarmado, com que investiga o panorama literário do início dos anos 70, nele descobrindo dados que inquietam e aguçam o desejo de compreender. Entre outros, ressalta a dessacralização da literatura, a mistura de gêneros, a convergência na crítica de influência marxista e orientação antropológica, a pluralidade de tendências poéticas e ficcionais. E, entre vários modos de avaliar esse panorama, aponta para a necessidade de entender o modernismo não univocamente, a partir de posturas tão diversas como as de Mário de Andrade e Oswald de Andrade, bem como a de reconhecer a diversidade de leituras que podem ser feitas de seu valor. Assim, percebe que Oswald é então reapropriado de modo a motivar tanto o teatro dionisíaco de José Celso Martinez Correa quanto o racionalismo construtivista dos poetas concretos — um e outro vistos como manifestações culturais a exigir atenção crítica.[23]

Por outro lado, a crítica carioca, quando observada de perto, se revela bastante diferenciada. Em "O assassinato de Mallarmé", por exemplo, texto emblemático de sua perspectiva crítica, publicado em seu primeiro livro de ensaios,[24] Silviano demonstra curiosidade em relação a uma nova dicção poética, que virá a ser conhecida como "marginal", perguntando-se sobre o significado de seu aparecimento e confrontando-a com o cânone poético então legitimado pela crítica. Evitando o olhar excludente, ele identifica nessa poética a recusa do objetivismo e do ascetismo formal, característicos da poesia de João Cabral de Melo Neto tal como lida pela vanguarda concretista, que nela identifica assim uma retomada da linhagem mallarmaica de *écriture* — em lugar dos quais são colocados, em oposição a toda tradição livresca, a coloquialidade, a escrita da e de circunstância, o registro da emoção subjetiva despertada pelos acontecimentos e acasos cotidianos. Essa curiosidade antecipa uma outra das principais marcas da sua produção posterior, e uma relevante contribuição sua para a renovação do panorama crítico contemporâneo. E ela reside justo na recuperação da subjetividade, em suas configurações mínimas e cotidianas, como elemento fundamental à produção e à crítica literárias. Além de patente em sua compreensão da leitura como efeito de uma vontade interpretativa, essa recuperação vai se dar em seu discurso de dois outros modos. Através da reincorporação de dados de ordem biográfica —pelo estudo de diários, correspondências, memórias— ele contextualiza renovadoramente a leitura de obras e autores, fugindo ao imanentismo formal, por um lado, e enriquecendo com dados da *petite* histoire a perspectiva histórico-sociológica, por outro. Exemplares da produtividade desse olhar são, por exemplo, sua valorização das marcas afetivas e biográficas na poesia de João Cabral de Melo Neto,[25] em direção oposta à definida por Luiz Costa Lima e endossada na maior parte da fortuna crítica do poeta, centrada na fria lucidez metapoética;[26] e sua avaliação da trajetória profissional de Mário de Andrade, de modo a lançar luz sobre as relações entre o escritor e o Estado brasileiro da década de 1930 e, por extensão, entre modernismo e tradição conservadora, desconstruindo assim a imagem canônica do movimento consolidada pela crítica de extração uspiana.[27]

Ao mesmo tempo, desprezando conceituações rígidas sobre a especificidade do literário, atenta para o cruzamento discursivo de experiência, memória e ficção, utilizado inclusive na estruturação de seu *Em liberdade*,[28] diário ficcional de Graciliano Ramos, cuja vida e obra são integradamente revisitadas de modo a configurar um exercício literário radicalmente inovador, onde se discute a experiência de ser intelectual no Brasil e se redefine a imagem convencionalizada do romancista. De um e de outro modo, acreditamos, ele contribui para a recuperação de uma dicção lírica que fertiliza, por exemplo, a dicção poética modernista marioandradina e teria sido relegada à inferioridade como neo-romântica, pela leitura oswaldiana e cabralina feita pela crítica de cunho mais formalista, voltada para a ênfase no rigor e na impessoalidade, na concisão lúdica, e pela crítica sociológica preocupada em evitar os desvios escapistas e alienantes atribuídos à experiência emocional subjetiva. E, nesse sentido, podemos identificar a segunda faceta antecipadora da reflexão de Antonio Candido, estendendo sua produtividade e alcance para além das fronteiras entre Rio de Janeiro e São Paulo — fronteiras a que seu pensamento fica circunscrito às vezes, por uma leitura excessivamente preocupada em mantê-lo fiel a marcas tidas como originalmente determinantes de sua formação e valor.

A esse respeito, importa ressaltar que Antonio Candido foi o primeiro crítico brasileiro moderno a propor a importância da retomada de questões relativas à interação vida-obra, confissão/memória e elaboração poética e ficcional, seja na poesia pastoril universalizante do neoclacissismo, seja na narrativa realista de Graciliano Ramos, por exemplo.[29] E que essa proposta, decorrente da necessidade de articular diferenças e contradições, particular e geral, psicológico e social na composição de seu método crítico, implica na superação tanto do determinismo biográfico convencional quanto da dicotomia imanentismo-historicismo para a qual caminhava a crítica na época em que começa sua atividade e que parece reduzir o alcance da produção de muitos de seus discípulos ou sucessores.

Tentando seguir seu exemplo, transcendemos de novo a dicotomia Rio de Janeiro/São Paulo,[30] para considerar que essa orientação, que sem dúvida Silviano Santiago foi o primeiro a compreender em todo seu alcance, a atualizar e utilizar de modo a transformar radicalmente os procedimentos de leitura seja do cânone modernista, seja de toda a produção literária a partir dos anos 70, está na raiz também da produção crítica paulista e uspiana naquilo que em nosso entender ela vai apresentar de mais renovador e produtivo. É o que ocorre, por exemplo, no ensaísmo de Davi Arrigucci. Nele valorizamos o esforço de transformação de dados extraídos da experiência afetiva individual do autor em categorias e procedimentos fundamentais à compreensão da formalização discursiva, como em seu belíssimo, rigoroso, mas também emocionado estudo sobre a poética de Manuel Bandeira.[31] Ou seu resgate das crônicas de Rubem Braga e do memorialismo de Pedro Nava, como material fundamental a uma reflexão sobre o literário em que se rompem hierarquias, incorporando um gênero antes considerado em segundo plano, como aliás já o fizera Antonio Candido, também em relação à crônica, e perseguindo os laços entre memória e ficção na narrativa brasileira moderna.[32]

Mas assim como nos detivemos mais na obra de "carioca" de Silviano Santiago, e em virtude da inevitável limitação a que nos obriga o espaço desse ensaio, nos detemos agora, e em forma de póstuma homenagem, na produção de outro paulista: João Luiz Lafetá. Prematuramente falecido, Lafetá deixou publicados dois livros: — um sobre as relações entre a crítica e o modernismo a partir de 1930, outro sobre a poética de Mário de Andrade.[33] No primeiro, analisa o dilema entre participação social e experimentação da linguagem, vivido tanto por artistas como por críticos em sociedades subdesenvolvidas e injustas como a brasileira, onde, em especial, a tradição empenhada do intelectual é uma honrosa mas pesada herança, como apontara Candido em seu estudo da formação da nossa literatura. Entre os críticos por Lafetá analisados sob essa perspectiva, ressalta Mário de Andrade, aquele que viveu dramaticamente esse dilema, explicitando-o em textos críticos e no processo de elaboração de sua linguagem poética, nas circunstâncias de sua atribulada vida pessoal e profissional, nas incontáveis cartas enviadas a inúmeros companheiros de vida literária, nas quais deixava gravada a lição sobre a inextricável teia em que se entrecruzam o afetivo e o político, o biográfico e o ficcional, o estético e o ideológico.

Figura emblemática de nosso modernismo, Mário foi uma importante referência para a geração de Antonio Candido. Foi ele o escolhido para fazer a apresentação do primeiro número da revista *Clima*, a ele Candido dedica seu primeiro grande ensaio, sobre o método crítico de Sílvio Romero. No entanto, só publicou a seu respeito dois textos, ambos sobre o lirismo poético: o primeiro, uma resenha sobre o volume das Poesias (1941), publicada em janeiro de 1942 no número 8 de *Clima*, e dedicada ao balanço dos aspectos, maneiras e temas da poesia de Mário;

o segundo, intitulado O poeta itinerante, publicado já em 1993, centrado na leitura de apenas um poema, Louvação da tarde.[34] Embora tão distantes, ambos os textos revelam tanto a sensibilidade quanto a acuidade de cuja articulação resultaria a capacidade de abrir-se à experiência da emoção poética, evitando o perigo da redução intelectualista, como alerta ele na resenha. Aí também Candido se preocupa em relacionar concepção de vida e de poesia, afirmando que Mário buscava "fazer a sua poesia da mesma maneira por que faz o seu destino".

E esse temor do intelectualismo, essa ênfase nas relações entre poesia e experiência pessoal, se desdobra também na recusa da esquematização sociológica, levando-o a valorizar em Mário justamente "o poeta de si mesmo: o homem que dá mergulhos no fundo das suas águas e procura aprisionar com fios tenuíssimos as coisas inefáveis que viu por lá", porque é principalmente nesse mergulho que se constitui o poeta do "eu mais o mundo". Essa dialética entre o intrínseco e o extrínseco é também o móvel de sua leitura de Louvação da tarde, onde percebe que é precisamente no mergulho lírico construído através da retomada da tradição romântica de meditação reflexiva, que Mário consegue, desligando-se dos imperativos imediatos do modernismo, inserir-se criticamente no espaço mais amplo da Modernidade sócio-cultural.

Se nos detivemos no comentário sobre a leitura marioandradina de Candido, é porque a observação da posterior fortuna crítica do poeta vai deixar clara a amplitude generosa e dialética da abordagem desse crítico, bem como a herança dessa amplitude em Lafetá. De fato, o lirismo de Mário, abundante e irregular, tem sido vítima de rigorosas restrições de uma crítica que, por diferentes vias, considera incompatíveis expressividade, filiação mesmo que atualizada a uma linhagem romântica, de um lado, e qualidade poética e alcance social por outro. É o que ocorre, por exemplo, com Roberto Schwarz, discípulo assumido de Candido, no qual condena, no entanto, os desvios face à ortodoxia sociológica, como vimos a respeito da dialética da malandragem. E que, também a contrapelo das lições do mestre, vai desqualificar o lirismo psicologizante do poeta, considerando que a ênfase expressiva e particularizante o impede tanto de alcançar um bom nível de elaboração poética, quanto de, através desta, alcançar a figuração social e histórica adequada de nossa realidade.[35]

É o que ocorre também com Luiz Costa Lima, que privilegiando como cânone a formalização poética de João Cabral, vai considerar que a fraqueza da poesia de Mário resulta justamente da supervalorização do eu lírico, resquício descuidado e improdutivo do subjetivismo romântico.[36] Tal postura vai provocar também sua restrição a grande parte da produção literária brasileira moderna e contemporânea —que ele considera refém da realidade individual e social a ela apriorística, conforme comenta em ensaio sobre a narrativa de Graciliano Ramos, onde faz interpretação totalmente antagônica à de Candido sobre a imagem dos *caetés*, que dá nome a um dos romances do escritor.[37] Além de ser bastante diversa daquela com que Candido acolhe esta característica, ela vai ser contestada por Lafetá, em seu livro dedicado justamente às figurações da intimidade na poesia de Mário. E de fato, demonstrando aí notável autonomia crítica, Lafetá vai apontar também o equívoco inerente à postura analítica do colega uspiano, Roberto Schwarz, resgatando à sua revelia um outro valor possível de ser depreendido da genealogia paulista de pensamento crítico. Desta genealogia, atualiza a leitura que valoriza o *close reading* dos textos, de modo a compreender o enigmático de sua composição, abre mão da fidelidade stalinista e acadêmica a uma forma específica de fechamento teórico-conceitual, recorre a visadas interpretativas diversas, de Roland Barthes a Freud e G. Bachelard, de modo a priorizar como núcleo gerador do poético as inquietudes do indivíduo, os conflitos exibidos pelo eu lírico, para daí proceder à avaliação de seu significado social, à luz de Herbert Marcuse e Theodor Adorno, principalmente.

Para Lafetá, então, poesia e força lírica se identificam através de diferentes máscaras/configurações, nas quais até mesmo por meio da invisibilidade do poeta, escondido sob o jogo da linguagem, encena-se a exploração da profundidade dos trezentos e cinqüenta eus marioandradinos. A "viagem na noite" é a metáfora com que o crítico identifica essa exploração que percorre toda a poesia de Mário e culmina no belo e último poema Meditação sobre o Tietê, onde o fluxo do rio —"noite líquida", "água noturna"— metonímia da cidade, e, por extensão, do espaço de inserção social do poeta, se constitui pela enxurrada de imagens eloqüentes e contraditórias onde ao mesmo tempo imerge e emerge, como "alga escusa", a subjetividade lírica. Não por acaso, o jogo entre mascaramento e revelação, assim como a imagem noturna da exploração das profundezas, atualizam as duas figurações com que Antonio Candido já definira a narrativa de Graciliano Ramos — jogo entre *ficção e confissão*, representação do *homem subterrâneo*. E o fato de Lafetá dedicar a esse escritor seu único ensaio além dos citados parece confirmar o trançado crítico que estamos sugerindo, desdobrando as pistas indicadas já pela leitura com que Silviano Santiago tecera sua vida e sua obra, em liberdade.

Lembremos então que Candido, ampliando a compreensão da escritura de Graciliano, percebe nela a tensão entre clareza e dramaticidade, contenção e derramamento, rigor e força expressiva, definida com a imagem do "gelo ardente", por meio da qual sugere a relação entre uma das melhores manifestações da narrativa moderna brasileira e a interação clássico-romântica que, segundo ele, presidiria o processo de formação de nosso sistema literário. Tomando a leitura de Candido como motivação explícita de seu ensaio, O mundo à revelia,[38] Lafetá vai nos mostrar como o romance *São Bernardo* se organiza por meio da tensão entre representação objetiva e subjetiva, entre apresentação clara e seca da realidade exterior por um narrador distante e pseudo-onisciente e infiltração dos signos da subjetividade que a transtornam. Desse transtorno resulta a contaminação da narrativa pelo lirismo e é assim, finalmente, que ela pode alcançar a representação de uma forma mais complexa de objetividade realista. Para compreendê-la, o crítico percebe a necessidade de mobilizar diferentes recursos teóricos, fazendo dialogar Lukács e Adorno, problematizando as formas convencionais de definir o realismo romanesco e sugerindo o trabalho com a categoria da *tragicidade* proposta por Northrop Frye.

De sua leitura, assim como da de Silviano, emerge então um Graciliano à revelia de cânones realistas ou formais de interpretação enriquecido pela tematização da problemática subterrânea da subjetividade. Em Silviano, essa emersão é associada a uma libertação do cárcere político e ideológico e à exposição do escritor, transformado em seu personagem, à viagem curiosa e solar por entre os apelos do espaço cotidiano expandido, pela mobilização de pensamento como força vital, manifestação da nietzscheana alegria de expor-se à realidade enquanto contingência, precariedade, diversidade — viagem em que se encena o próprio movimento da escritura crítica que escolheu Graciliano como seu duplo. Em Lafetá, essa emersão se instala como viagem angustiada e noturna por entre figurações do espaço escavado pela mobilidade do pensamento como força desejante, em busca de uma resposta sempre fugidia — viagem em que se encena também o movimento discursivo de seu ensaísmo, marcado pela tensão entre a vontade de clareza expositiva e o reconhecimento de seus limites, a definição conclusiva dando lugar à constatação de enigmas vários e à sugestão de trilhas críticas ainda por percorrer.

Um e outro demonstram, cada um a seu modo, as potencialidades da flexibilidade grouxiana que constitui o maior legado da experiência intelectual de Antonio Candido. Experiência em que a força generosa e socializante da vontade crítica atualiza o sentido complexo e contraditório da subjetividade —na literatura e em sua leitura— tal como figurada por Walt Whitman nos versos de sua "Song of myself": *I am large, I contain multitudes*.

NOTAS

[1] A revista *Clima*, organizada por um grupo de jovens intelectuais oriundos da Universidade de São Paulo —entre eles Paulo Emílio Salles Gomes, Décio de Almeida Prado, Lourival Gomes Machado e Gilda de Morais Rocha—, dedicava-se à crítica de literatura, artes plásticas, cinema e teatro, tendo circulado, ao longo de 16 números, de 1941 a 1944.

[2] "A contradição é o nervo da vida", afirma Antonio Candido nos "Pressupostos", terceira parte da Introdução de sua *Formação da literatura brasileira*. São Paulo: Martins, 1964, v. 1, p. 31.

[3] Esse texto, "A elegia de abril", que contém importante avaliação da produção intelectual e literária brasileira nas primeiras décadas do século XX, foi posteriormente incluído na coletânea de ensaios de Mário de Andrade intitulada *Aspectos da literatura brasileira*, publicada pela Editora Martins.

[4] Antonio Candido vai fazer um retrospecto da história da criação da revista no texto "Clima", incluído em sua coletânea de ensaios *Teresina etc.*, publicada pela Editora Paz e Terra em 1980.

[5] Cf. revista *Clima* n. 1, maio de 1941, p. 107.

[6] Cf. "Universidade e política" in *Encontros com a Civilização Brasileira*. Rio de Janeiro: Civilização Brasileira, n. 27.

[7] Cf. entrevista à *Trans-form-ação*. São Paulo: Faculdade de Filosofia, Ciências e Letras de Assis, n. 1, 1974.

[8] Cf. prefácio à 1ª edição de *Formação da literatura brasileira*.
[9] Cf. "Clima" in *Teresina etc*. Op. cit., p. 162-3.
[10] Cf. "Dialética da malandragem" in *O discurso e a cidade*. São Paulo: Duas Cidades, 1993. Publicado inicialmente na *Revista do Instituto de Estudos Brasileiros*, USP, n. 8, 1970.
[11] Cf. SCHWARZ, Roberto. "Pressupostos, salvo engano, da Dialética da malandragem" in LAFER, Celso (org.). *Esboço de figura: homenagem a Antonio Candido*. São Paulo: Duas Cidades, 1979.
[12] Uma análise detida da atividade intelectual de Antonio Candido encontra-se em PEDROSA, Celia. *Antonio Candido: a palavra empenhada*. São Paulo/Niterói: EdUSP/EdUFF, 1994.
[13] Cf. nota 2.
[14] Cf. "Crítica e sociologia" in *Literatura e sociedade*. São Paulo: Cia. Editora Nacional, 1980.
[15] COUTINHO, Afrânio. *A tradição afortunada* (o espírito da nacionalidade na crítica brasileira). Rio de Janeiro: José Olympio, 1968, p. XXII.
[16] Cf. "Uma literatura de dois gumes" in *A educação pela noite*. São Paulo: Ática, 1987.
[17] Cf. SCHWARZ, Roberto. "Duas notas sobre Machado de Assis" in *Que horas são?* São Paulo: Cia. das Letras, 1987.
[18] Essa imagem é utilizada por Candido para definir a atuação imprevistamente crítica do pensamento formulado na Universidade de São Paulo, de início concebida como centro de formação da elite oligárquica paulista. Cf. entrevista à *Trans-form-ação*.
[19] Op. cit., p. 178.
[20] Cf. "O olhar crítico de Ángel Rama" in *Recortes*. São Paulo: Cia. das Letras, 1993.
[21] Todos os autores aqui referidos estão abordados em *Uma literatura nos trópicos*. São Paulo: Perspectiva, 1978.
[22] Cf. os ensaios "Fechado para balanço" e "A permanência do discurso da tradição no modernismo" de Silviano Santiago, in *Nas malhas da letra*. São Paulo: Cia. das Letras, 1989.
[23] Cf. "A literatura brasileira em 1972" in *Arte em Revista*. São Paulo: Kairós, n. 1, janeiro-março de 1979.
[24] Cf. *Uma literatura nos trópicos*.
[25] Cf. SANTIAGO, Silviano. "As incertezas do sim" in *Vale quanto pesa*. Rio de Janeiro: Paz e Terra, 1982.
[26] Cf., de Costa Lima, o clássico *Lira e antilira* (Civilização Brasileira, 1968), onde a poesia de Mario de Andrade e Carlos Drummond é avaliada enquanto processo de depuração formal só atingida plenamente com o antilirismo cabralino.
[27] Cf. SANTIAGO, Silviano. "O Intelectual modernista revisitado" in *Nas malhas da letra*.
[28] Rio de Janeiro: Paz e Terra, 1981.
[29] Cf. seu livro *Ficção e confissão* (Rio de Janeiro, Ed. 34, 1992) e o ensaio "Poesia e ficção na autobiografia", incluído em *A educação pela noite*.

Conflito e integração. A pedagogia e a pedagogia do poema em Antonio Candido — notas de trabalho*

Italo Moriconi

Existiria na obra de Antonio Candido uma pedagogia do poema válida ainda para hoje, como sistematização de um repertório pertinente, e válida para o futuro próximo, como estímulo à criação significativa? Quero crer que na visão dos discípulos e dos discípulos dos discípulos do mestre uspiano, a resposta deve forçosamente ser afirmativa. Mas para os protagonistas do concretismo, desafiantes paulistas da hegemonia poética uspiana, assim como para seus êmulos diretos e indiretos, a resposta sempre foi um não rotundo. Para estes, pode até haver um discurso sobre poesia na lição de Candido, mas faltaria uma estética condizente com as condições contemporâneas da criação e circulação do poema. A pedagogia do poema seria um não-lugar, um grande vazio, no interior de um discurso literário marcado pelo viés sociológico e pela clara preferência pelo romance, supostamente dados pela escola uspiana como a forma básica do literário na modernidade ocidental. Ou seja, na severa avaliação concretista e pósconcretista, quem se forma literariamente na escola de Candido é cego e surdo para poesia. Não se reconhece sequer na voz que emana do mestre a presença, que é real, da simples retomada de uma maneira tradicional de ensinar poesia. Na visão pósconcretista, em suas incursões pelo poético, Candido nada mais faria senão projetar valores enraizados num projeto ideológico de cunho nacionalista e romântico. Haveria uma política ideológica exterior, mas não uma política intrínseca da linguagem no discurso de Candido sobre o poético.

Veremos que nem tanto ao céu, nem tanto ao mar. Mas antes de prosseguir, talvez seja interessante suscitar um outro aspecto do problema, levantar uma nova pergunta. De que outra pedagogia do poema dispomos hoje em língua brasileira para fazer face ao confronto eminentemente paulista entre Candido e seus discípulos, de um lado, e os irmãos Campos e seus aliados, de outro? A resposta é rápida, embora não definitiva: provavelmente nenhuma. As pedagogias paulistas subsumem a nacionalidade. E a força relativa de cada uma das duas pode ser avaliada também pelo tipo de conexões estabelecidas com outras fontes, regionais, locais, de produção de pedagogias do poema. Não consigo pensar em nenhum centro outro sobre o qual se possa dizer que desenvolveu alguma pedagogia alternativa do poema em nossa literatura, desde que se estabeleceu nos anos 50/60 o conflito paulista como divisor de águas nacional nessa área. Quem chegou mais perto disso foi o Rio de Janeiro, com uma seqüência de personalidades e movimentos que diversificam o contexto de hegemonia, mas, ao fim e ao cabo, não chegam a abalá-lo. Citem-se aqui, a trajetória fugaz de Mário Faustino, o neoconcretismo, a poesia Violão de Rua ligada à política cultural do PCB e *last but not least*, o movimento carioca da poesia de mimeógrafo, com seus congêneres nacionais e sobretudo seu coroamento semi-institucional na sempre com muita razão louvada antologia *26 poetas hoje*, de Heloísa Buarque de Hollanda.[1] É no Rio de Janeiro também que se encontra a Biblioteca Nacional, ponto de encontro dos guardiães de uma tradição poética mantida imune aos princípios mais decisivos da pedagogia modernista.

Esse conjunto pujante de marcas diferenciadoras, fez com que fosse sempre peculiar a relação entre os poetas cariocas ou estabelecidos no Rio e o conflito de pedagogias que se espraiava pelo país a partir de São Paulo. Mas no Rio o individualismo prevalece, trata-se de uma cidade em que grupos e fidelidades se desfazem com a mesma rapidez com que se formam. Se existe uma "escola carioca" de literatura, ela certamente não encontra nenhuma tradução institucional e portanto é incapaz de consolidar uma tradição auto-referida ou clonável por terceiros. Por outro lado, movimentos como o Armorial de Recife, restringem-se a uma política cultural defensivista e regionalista, não exercendo impacto maior sobre a configuração nacional da arena das linguagens. Essa limitação afeta outros centros ao norte, como a Bahia e o Ceará, ao passo que no sudeste e no sul (Minas, Paraná, Rio Grande do Sul) as alianças regionais são feitas com o centro São Paulo de maneira menos angustiada ou ressentida. Não há propriamente regionalismo defensivo no sudeste e no sul, embora culturalmente e literariamente esteja aí igualmente colocada a questão da relação centro/periferia.[2]

É com relação à anterior pedagogia modernista, tal como articulada pelos grandes mestres do século, todos homens (Mário, Bandeira, Oswald, Carlos, Murilo, João), apenas um *gay* (Mário), que se constituem as pedagogias hegemônicas a que me refiro. Por isso não cabe aqui incluir como objeto de consideração a pedagogia tipo Biblioteca Nacional, camoniana e ceciliana, embora, por uma dessas fortunas irônicas da história, ela hoje me pareça capaz de reciclar-se e posicionar-se como espaço possível de interlocução e fertilização, num contexto pós-modernista, ou seja, um contexto em que o conflito entre as pedagogias uspiana e pós-concretista perde força, presença, pertinência. Tal conflito se vê agora submetido à vontade eclética da mais recente geração de poetas e críticos, que prefere ver o problema da pedagogia do poema modulado não num ambiente bélico de ruptura e sim num ambiente civil de negociação. Mais uma vez, coube a uma antologia de Heloísa Buarque captar esse novo espírito do tempo, como fica patente nas páginas de *Esses poetas*.[3] Em última instância, o debate cultural sofre transformações que refletem e se articulam à passagem da sociedade estamental e autoritária para uma sociedade em processo de democratização.

Espaços pedagógicos

A pedagogia do poema em Antonio Candido (sim, ela existe) consolida-se na exata medida em que se consolida o sistema universitário brasileiro e, dentro deste, consolida-se a predominância da USP como fonte de um pensamento humanístico, disciplinar, nacionalmente presente. Não se trata da presença física de professores, comparecendo a bancas de tese na província ou atraindo orientandos vindos dos estados e do interior. Trata-se da presença formativa de um pensamento. É somente aos poucos que no campo das Letras essa presença uspiana vai se afirmando aos longos dos anos 60 e 70, tendo que, no caminho, enfrentar e momentaneamente vencer ou dobrar o desafio representado pelas dispersivas instituições cariocas (UFRJ e PUC). A hegemonia da pedagogia uspiana vai sendo conquistada de maneira quase sub-reptícia, principalmente através do que Candido escrevia e apresentava em conferências e através da reprodução ou clonagem dessa produção discursiva emanada da voz do Mestre, reprodução operada pelos novos mestres, seus discípulos, que iam assumindo postos de ensino e pesquisa na universidade paulista, incluindo-se aí os novos campus no interior do Estado — Assis, Campinas, São Carlos...

Em contraste com a pedagogia de Candido, a concretista se processa num espaço extra-universitário. Nos anos 60 e 70, para quem está fora do partido comunista, fora de uma faculdade, ou, estando na faculdade, fora da faculdade de Letras, a única pedagogia do poema que se apresenta disponível ao uso público é a do trio formado pelos irmãos Campos e Décio Pignatari e seus eventuais colaboradores e companheiros de viagem, entre os quais, em certa medida, deve-se incluir Mário Faustino, embora a pedagogia deste, assim como principalmente sua prática elevada do poema, nada tivesse a ver com a leitura que os concretistas faziam do repertório que tinham em comum.[4] O caráter extra-universitário, que na verdade dava naquele momento um poder de alcance maior à pedagogia concretista, ainda se reforçava pelas associações estabelecidas pelos concretos com o tropicalismo e com a marginália de um Hélio Oiticica, de uma publicação como *Navilouca*.

Eu mesmo posso servir de exemplo, evocando aqui meus tempos de estudante de Sociologia em Brasília, entre o início e meados dos anos 70, em que me dispus a paralelamente mergulhar fundo num processo de auto-formação poética, já que começava a ter meus primeiros textos publicados no velho suplemento literário da Tribuna da Imprensa, do Rio. Meus vade mecuns nesse início de périplo pelos meandros da auto-consciência estética foram *Metalinguagem*, de Haroldo de Campos e a tradução brasileira do *ABC da literatura*, de Ezra Pound, de cujas análises eu podia haurir alguma coisa com certo esforço por já estar bastante adiantado nos meus cursos de literatura francesa e anglo-saxônica, feitos também extra-universitariamente. Foi *Metalinguagem* que me introduziu conceitualmente na poesia brasileira, assim como foi a tradução do *ABC* de Pound (o gesto da tradução, mais que o livro em si) que me empurrou para uma segunda etapa nos estudos de poesia universal. Uma segunda etapa crucial, autônoma, pois pela primeira vez eu fazia estudos de maneira independente em relação aos inesquecíveis mestres franceses, ingleses e americanos que tive a sorte de ter naqueles meus tempos pós-adolescentes dos cursos de língua estrangeira em Brasília.

A ligação entre os concretistas e o tropicalismo foi também fundamental e fundadora, pois, como todos sabem, para a minha geração, a geração cuja formação inicia-se (graduação) nos anos 70 e completa-se (doutoramento) nos 80, a força do elemento musical e performático foi mais poeticamente formativa que qualquer pedagogia disponível. Havia ainda, juntando-se a *Metalinguagem* e ao *ABC* de Pound, as introduções de Haroldo de Campos a livros de Oswald,[5] mas fora isso, o que conta é a montagem de *O rei da vela* pelo Oficina, a adaptação fílmica de *O padre e a moça* e *Macunaíma* por Joaquim Pedro, assim como os filmes *Vidas secas* de Nélson Pereira dos Santos e *Matraga* de Roberto Santos e mais as encenações de *Morte e vida e severina* com música de Chico Buarque e da peça *Roda viva* por ele escrita, compondo o básico de um repertório formativo como horizonte de uma pedagogia possível do poema. Era isso que aprendia como sinônimo de "poético" quem não era aluno de Letras na USP naqueles idos de 60, 70.

Lá no silêncio arejado do Planalto Central do país, teve forte repercussão em 1973 a Expoesia, organizada por Affonso Romano de Sant'Anna, assim como a página de poesia por ele criada no *Jornal do Brasil*, que lançou poetas como Cacaso e outros da geração 70. O impacto renovador dessas ações do Affonso, conjugado às estimulantes polêmicas publicadas na imprensa alternativa, principalmente na página cultural do jornal *Opinião*, tendo por protagonistas Luiz Costa Lima e outros professores e alunos da PUC do Rio de Janeiro, foram decisivos na minha abrupta decisão de ir fazer pós-graduação em Letras nesta universidade e não na USP, invertendo o caminho que me parecera sempre natural ao longo do período em que elaborei a decisão, no último ano de minha graduação em Sociologia na UnB. Pois a USP era encarada como o grande templo a ser conquistado por quem estava começando a formar-se dentro da universidade brasileira naquela época, mesmo desconhecendo na verdade o tipo de pedagogia do poema que era ali processado e, mais grave, desconhecendo que tal pedagogia sustentava um conflito com a pedagogia pós-concretista.

Nas páginas que se seguem, tentarei sugerir elementos para delinear o contorno de tal conflito, ao mesmo tempo que estarei procurando revelar algo das determinações amplas do discurso pedagógico de Candido. No terreno do poema, tal discurso ao mesmo tempo ultrapassa e depende do conflito com o vanguardismo. Conflito que se dá em diversos planos, configurando uma disputa, discreta e elegante do lado de Candido, cheia de brio e fúria do lado de seus contendores, em torno (1) do *conceito geral* do poético, (2) da noção mesma e do valor concedido à *modernidade poética* e (3) do *espólio* do modernismo paulista, envolvendo uma disputa sobre os lugares relativos a serem ocupados no cânone brasileiro pelas figuras díspares de Mário e Oswald de Andrade. Por injunções do momento, serei um pouco mais detalhado com relação ao tópico (3) e mais sucinto nos tópicos (1) e (2), apresentados nas duas seções finais do presente texto à guisa de introdução para futuros aperfeiçoamentos, usando como apoio esclarecedor o contraste entre as idéias de Candido e a formulação clássica de Mallarmé sobre poesia moderna.

A PALAVRA DUAL

O discurso de Candido situa-se nos termos de uma dialética ou dinâmica do conflito e da integração, que funciona como moldura metodológica tanto na face historiográfica quanto na face estético-crítica.[6] Discurso marcado pela obsessão de fazer justiça às diversas dimensões das questões que aborda, mostrando sempre "os dois lados". Diante desses dois lados, dessa dualidade, às vezes antitética, às vezes complementar, inerente a todo objeto ou referente tematizado pelo discurso de conhecimento, sobrepõe-se o momento da totalização histórico-dialética, que busca integrar opostos numa gradação de matizes que pode ir do elogio à oscilação até a imposição de uma unidade conclusiva, seja como recolha de um argumento, seja como epílogo provisório numa teleologia processual. Aqui não está me interessando tanto identificar nesse jogo entre dualidade e integração um possível "rigor flexível" na fidelidade de Candido ao método dialético. Que não deixa de ser, com ênfase no flexível. Escrevo orientado pelo interesse de reconhecer a estratégia do *discurso de mestre*, que precisa ser capaz de englobar todas as nuances de um problema, conferindo-lhe um sentido unitário e abrangente, construído a partir do olhar panóptico e da palavra conclusiva. A palavra conclusiva do mestre é o clichê inaugural do discípulo.

É a existência desse discurso-mestre masculino, abrangente, panóptico e conclusivo, que permite a emergência e permanência das instituições de saber, entendidas como organizações sociais auto-referidas, ou seja, auto-reconhecíveis no espelho de uma tradição cujo começo tanto consciente quanto inconsciente é o discurso do mestre, concretizado por sua presença e voz nas salas de aula, nas conferências, disseminado por seus escritos, em coletâneas, em estudos monográficos. Escritos em torno dos quais se deve consolidar, pelo menos num primeiro momento de recepção direta, uma interpretação-padrão coletiva que limite e domestique o discurso-mestre enquanto palavra de imaginário garanhão desabrido, de tal modo que a escola possa existir e sobretudo reproduzir-se. No caso do discurso-mestre em Candido, existe toda uma estratégia de auto-limitação preventiva que pode ser vista também como opção deliberada por uma certa timidez ou modéstia intelectual, que Candido parece julgar adequada ao caráter periférico de nossa cultura intelectual.

Ainda no que diz respeito à *dualidade* constitutiva do enunciado pedagógico em Candido, cabe assinalar que o discurso do mestre precisa fazer justiça às vozes conflitantes que potencialmente podem corroê-lo enquanto discurso de autoridade. São vozes internas e vozes externas. Por um lado, divisões intrínsecas à ambigüidade de todas as questões que o mestre precisa fixar positivamente. Por outro, divisões nascidas dos desafios externos, que o mestre precisa derrotar para afirmar a identidade não só da instituição que comanda por sua palavra e seus gestos e sinais de afeto e desafeto, mas para possibilitar também a afirmação das identidades de seus discípulos que passam a encarar-se a si próprio como engajados em algum tipo de combate ideológico ou mesmo moral, como se o mundo fosse acabar. Com efeito, o embate entre a pedagogia uspiana e a pedagogia pós-concretista replicou-se de maneira bastante ostensiva e virulenta por parte dos discípulos de Candido e dos êmulos dos Campos.

A VOZ DO MESTRE

Como instrumento para rastrear a voz do mestre paulista, disponho de uma publicação preciosa, lançada pela USP em

1987, contendo a transcrição das notas preparadas por Antonio Candido para o curso de poesia que dera no 4° ano da disciplina Teoria Literária daquela universidade nos anos de 1963 e 1964.[7] O título da publicação é *O estudo analítico do poema*. São ricas de referências históricas as notas explicativas antepostas ao volume, uma referente à primeira publicação em 1967, devida à iniciativa de Marlise Meyer, e outra à segunda reimpressão em 1987, desta vez sob a chancela de Walnice Nogueira Galvão. Da mesma maneira, a introdução ao curso serve-nos de precioso documento sobre alguns pressupostos básicos na concepção geral de Candido a respeito do poético e do lugar do poético, inclusive indo de encontro ao mito difundido pelos irmãos Campos de que sua pedagogia minimizaria a poesia em detrimento da prosa e da sociologia. Com efeito, eis o que dizia Antonio Candido a seus alunos em 63, 64:

> Para o aluno de quarto ano, o estudo da poesia apresenta, nesta Faculdade, algumas vantagens positivas. A primeira é que os cursos de literatura que teve anteriormente se basearam de preferência em textos de prosa; assim, poderá agora variar e ampliar a sua experiência. A segunda é que o contato com os poemas o inicia num universo expressivo que tem sido alvo predileto dos estudos da crítica mais renovadora deste século. [...] há sem dúvida mais estudos sobre prosa do que sobre poesia, mas os estudos mais revolucionários e talvez mais altos dos nossos dias, até bem pouco, foram de crítica de poesia.[8]

Se a pedagogia do poema só chegava aos alunos de Letras da USP no quarto ano de formação graduada, é porque na verdade Candido a tinha em alta conta, considerando que a dificuldade da matéria impunha uma preparação prévia de terreno dada pelo estudo da prosa. E afirmava com todas as letras a superioridade crítica da poesia no contexto do século 20. Ao constatarmos que Candido caracteriza como revolucionária a crítica de poesia moderna, é que percebemos quão deliberado é o fato de sua pedagogia ter evitado a revolução na linguagem, apesar de não apenas reconhecê-la, mas também de respeitá-la, como indica a caracterização adicional: além de revolucionários, os estudos de poesia são "altos". Por que a timidez? Por que Candido evitou deliberadamente que sua pedagogia chegasse até os píncaros da linguagem mais revolucionária do século? Ou haveria ironia nesta afirmação, já em resposta à ousada arrogância dos vanguardistas?

A recusa de Candido é gesto decisivo, cuja motivação pode suscitar hipóteses refinadas. Aqui me proponho a destacar o já princípio fundamental de *modéstia* ao qual ele se manteve fiel em toda a sua trajetória de crítico, historiador e professor.[9] Candido tinha plena noção das carências intelectuais prevalecentes no meio cultural brasileiro (não tivesse ele sido aluno do autor de *Tristes tropiques*). Desde que em sua vida tornou-se mais importante o perfil de pedagogo universitário do que o do militante literário dos rodapés e da revista *Clima*, priorizou sempre a formação de uma base do saber em detrimento de uma valorização de ambições de pensamento. Nesse sentido, sua pedagogia voltou-se mais para a construção de uma erudição universitária de nível e menos para um estímulo aos talentos críticos ou criadores, sempre erráticos e idiossincráticos, sempre avessos à lei das instituições. Para Candido, a construção dessa base erudita institucional era a *conditio sina qua non* da existência de uma tradição intelectual auto-referida em nosso país. Sem ela, qualquer ambição de vôo intelectual seria sempre marcada pela superficialidade, diletantismo e descontinuidade.

Na trajetória de Candido, a ação da construção da base erudita nacional acontece em dois momentos/aspectos principais. Por um lado, no plano mais geral, voltado para a construção da tradição literária nacional auto-referida, remete a estudos e pesquisas sobre o processo de formação da literatura brasileira, que acabaram representando a contribuição solitária e monumental, enfeixada nas páginas imprescindíveis do *opus magnum*, a *Formação da literatura brasileira*. Por outro lado, e aqui nos adentramos pelo terreno específico do poema, temos a proposta de construção de uma erudição em torno do modernismo. Na obra-vida de Candido, a pedagogia do poema subordina-se aos interesses deste projeto estratégico de construção de uma *scholarship* literária universitária em São Paulo, para o Brasil.

São momentos profundamente diferentes na carreira de Candido. Os estudos que levaram à redação da *Formação*, e que frutificaram também em diversos importantes textos avulsos laterais publicados em periódicos e reunidos em coletâneas,[10] foram marcados, como se sabe, pelo gesto, que se revelou extremamente polêmico, de situar no arcadismo a origem da tradição nacional auto-referida, deixando no limbo difuso das dispersas "manifestações literárias" a produção colonial anterior.[11] Mas no sentido de uma tentativa de caracterização do tipo de trabalho pedagógico representado pela *Formação*, cabe registrar que não há propriamente avanço em termos concretos de erudição e pesquisa, pois o que aí Candido faz é sobretudo reler e sistematizar toda uma erudição já bem estabelecida e até mesmo complexa, recuperando para o plano da pertinência universitária o saber acumulado e a informação documental angariada pelas sucessivas gerações de historiadores da literatura brasileira atuantes desde o século 19.

O momento da *Formação* (anos 50) configura um primeiro e necessário passo na concretização do projeto delineado por Candido. Construir uma base erudita universitária implica em revivificar a base erudita já existente, acumulada na fase pré-universitária ou não-universitária de nossa tradição intelectual. Desenvolver ao longo de anos e finalmente escrever a *Formação* representa, paralelamente, o processo pelo qual se dá a *formação* (ou *auto-formação*) do futuro mestre de mestres. Já no segundo momento, da construção de uma base institucional para pesquisa sobre modernismo, a partir dos anos 60, temos um Candido dotado de poder institucional, professor titular da cadeira de Teoria Literária. Tendo chegado, como ele mesmo diz, "à maturidade dos anos e, com ela, às responsabilidades de direção e orientação",[12] efetivamente institui uma nova tradição de pesquisas e estudos, efetivamente institui o que se pode chamar de escola uspiana de estudos literários.

Assim, a "Nota Inicial" à republicação das aulas em 1987 resgata o interesse histórico da iniciativa da antiga aluna Walnice e assinala que fora no decorrer dos seminários de 63 e 64, desenvolvidos no âmbito dessas aulas, que surgira a idéia do levantamento das anotações marginais de Mário de Andrade ao poema "Louvação da tarde", poema este que já na época constituía uma das *pièces de resistance* na pedagogia do poema proposta por Candido, junto com a "Canção das duas Índias", de Manuel Bandeira. A "Louvação" andradina e a "Canção" bandeiriana são dois importantes fetiches na constituição da pedagogia do poema moderno (modernista) que se opera no interior do projeto maior de construção da base erudita. Nesse sentido, a análise do poema em sala de aula deve necessariamente ser complementada por trabalhos de cunho documental e historiográfico. No espaço pedagógico da sala de aula, a crítica do poema é o vestíbulo, e não a meta ou o horizonte último do trabalho historiográfico. Informa-nos Candido na "Nota" que o trabalho de levantamento da marginália do poema de Mário foi realizado por nada mais nada menos que Telê Porto Ancona Lopez,[13] junto com as colegas Maria Helena Grembecki e Nites Teresinha Feres. De passagem, diga-se que somente muitos anos depois, já em plena década de 80, é que a leitura do poema de Mário receberia a forma de ensaio para publicação, passando antes pelo estágio da conferência lida para um público acadêmico.[14] Pois assim se espraia a voz do mestre: da aula para a conferência, da conferência para o ensaio esparso, do ensaio esparso para a coletânea em livro.

Prossigamos acompanhando o fio rememorativo da "Nota inicial". Na tentativa de fixar em 1987 o lugar histórico do texto de suas aulas de 25 anos antes, Candido vê no antigo seminário de graduação e no trabalho de levantamento da marginália do manuscrito de Mário o embrião do processo de incorporação do monumental acervo do escritor ao Instituto de Estudos Brasileiros, assinalando ainda que logo depois esse trabalho viria a receber o apoio da Fapesp — Fundação de Amparo à Pesquisa de São Paulo. Para arrematar o depoimento, que para mim chega a ser emocionante, pois pertenço a uma geração posterior a isso tudo e que já leu os trabalhos de Telê como verdadeiro momumento canônico, Candido nos informa que antes ainda do financiamento da Fapesp ao trabalho de preservação dos papéis de Mário, conseguira ele a primeira bolsa da mesma agência jamais dada a um projeto de Literatura — no caso, uma pesquisa de Pérola de Carvalho sobre fontes inglesas de Machado de Assis. (Pretendia com isso Candido competir com Eugênio Gomes? Me sussurra no ouvido um demônio malsão...) Observamos também que se a USP foi pioneira e conquistou nos anos 60 e principalmente 70 a hegemonia na construção de uma *scholarship* literária universitária no país, foi porque contou desde cedo com o apoio da agência local de financiamento à pesquisa. Pode-se levantar a hipótese de que a área de Letras só conseguiu financiamento naquele momento inaugural pelo prestígio prévio de Candido advindo do fato de ser um *scholar* proveniente da área de Ciências — no caso, Ciências Sociais, a alma da USP enquanto instituição fundada nos anos 30 para deliberadamente criar uma elite intelectual de corte moderno no país. Não são apenas os pesquisadores e discípulos diretos e indiretos de Candido que o alçam à posição simbólica de mestre e modelo, mas também todas as demais cabeças pensantes e corpos dirigentes saídos do mesmo ninho paulista. A figura de Pai Fundador é, no caso, transdiciplinar.[15]

Nesse sentido, não há como negar razão ao tom de justificadíssimo orgulho com que Candido, na "Nota" de 1987, rememora e fixa como importantes tais acontecimentos de sala de aula e de cotidiano de pesquisa no processo de construção da base universitária de erudição e pesquisa sobre o modernismo paulista/brasileiro. E o mestre não se furta a acrescentar que desse esforço inicial no nível do acervo e do trabalho erudito, saíram alguns filhotes de peso: as três pesquisadoras mencionadas, e agora cito as palavras textuais de Candido, "elaboraram suas dissertações de mestrado sobre aspectos da obra de Mário de Andrade, que também foi objeto, em seguida, de suas teses de doutorado". E menciona "a dissertação e a tese de Vera Chalmers sobre Oswald de Andrade",[16] arrematando: "acho que esse conjunto de trabalhos foi semente de um ciclo de pesquisas, documentação, estudos, sobre os dois autores e o Modernismo em geral."

Gostaria de levantar aqui o argumento de que, ao enfatizar o trabalho de Vera com Oswald, Candido está preocupado em mostrar que não são apenas os concretistas que asseguram um lugar para o outro Andrade nos esforços de canonização literária. Trata-se de uma preocupação recorrente esta de Candido, no seu embate permanente com os irmãos Campos. Preocupação de reivindicar ele também o espólio de Oswald. No cânone concretista, sabemos todos, a figura heróica fundamental é Oswald, sacralizado como precursor e praticante de um vanguardismo autêntico. No cânone uspiano, nenhuma figura pode superar a de Mário. Mas como o discurso concretista e pós-concretista joga Oswald (o "precursor das vaguardas") contra Mário (o "nacionalista ingênuo e mau poeta"), retirando dele nos anos 60 o estigma de "menor" que o deixara eclipsado desde a morte de Mário em 45, torna-se importante para Candido encontrar uma forma de recuperar para o poeta da antropofagia um lugar em sua própria narrativização dos acontecidos.

Essa preocupação viria a se manifestar de forma explícita e escrita, em tom de declaração conclusiva, nos artigos e depoimentos sobre a vida e a prosa de Oswald que Candido juntou e publicou na coletânea *Vários escritos*, de 1970.[17] Trata-se de um gesto muito significativo na construção do discurso do mestre. Por um lado, Candido aí faz auto-crítica em relação a textos sobre os romances de Oswald que escrevera nos anos 40, reavaliando agora para cima as obras experimentalistas e mitificadas pelo concretismo e pelo clima tropicalista da época, *Memórias sentimentais de João Miramar* e *Serafim Ponte-Grande*. Por outro lado, os textos publicados em *Vários Escritos* são evocações pessoais que Candido faz de sua intermitente convivência com Oswald de Andrade, nos tempos heróicos de sua juventude. Reivindica assim Candido um lugar de protagonista no teatro das figuras mitificadas na época pelo movimento da neo-vanguarda pós-concretista-tropicalista, lutando contra ou tentando contornar a *exclusão* de seu próprio lugar de fundador e doador da palavra final naquele momento de apogeu do resgate da figura de Oswald. De quebra, Candido ainda estampa nas páginas de *Vários escritos* uma carta de agradecimento e desvanecimento que lhe fora enviada pelo próprio filho de Oswald.

Vemos como é importante para Candido afirmar-se como *contraparente*, e portanto único ou autêntico herdeiro do legado modernista-paulista, contra a *bastardia* representada pelos concretos e pela apropriação midiática e incontrolável do mito oswaldiano. Num certo sentido, as figuras dionisíacas e clownescas de José Celso Martinez Correa e de Caetano Veloso aparecem no cenário do espetáculo pós-moderno como verdadeiros avatares de uma figura oswaldiana que, no entanto, só existe como projeção desses mesmos avatares. O grave para Candido é que tais avatares potencializam a um nível insuportável de repercussão o roubo já anteriormente perpetrado pela transformação de Oswald em ícone vanguardista. Em nome de um certo restabelecimento da verdade, no interesse portanto de uma apropriação mais disciplinarizada do mito, é que Candido age e escreve nesse momento. Escreve agindo, age escrevendo. É o fato de ser contraparente de Mário, pelo casamento com Gilda, e de Oswald, pela certidão epistolar de Rudá de Andrade, que lhe permite autenticar sua reivindicação de pai, ou seja, de mestre geral dos discursos. O caráter de depoimento assumido pela recuperação de Oswald visa devolvê-lo a seu lugar próprio. Como veremos mais abaixo, essa operação de controle chegará a bom termo no final dos anos 70, que é quando se consolida definitivamente a hegemonia da escola uspiana no quadro dos estudos universitários de literatura no Brasil.[18]

Tudo a seu tempo

Por ora, detenhamo-nos noutro ponto, focalizando mais de perto a "Explicação" anteposta à primeira edição de *O Estudo analítico do poema*, de 1967. Aí a nota tem um outro teor. A nota escrita por Candido em 1987 parece reconciliada com o texto tão antigo, a partir de um dimensionamento de sua importância enquanto documento do bem-sucedido processo de construção institucional sob a égide de sua própria voz de mestre. Em brutal contraste, a "Explicação" de 1967 afirma, pelo contrário, uma enorme distância em relação a essas anotações para aulas que, afinal de contas, tinham acontecido apenas quatro anos antes. Visto de 1967, o ano de 1963 parece a Candido incrivelmente distante e ele declara peremptoriamente: "Não foi minha a idéia de mimeografar este texto superado...". Já quando visto de 1987, o ano de 1963 lhe parece muito próximo, muito pertinentemente ligado à atualidade de um trabalho cuja origem ele consegue discernir pelo distanciamento histórico. O que aconteceu entre 63 e 67 que faz com que estes dois momentos pareçam mais distantes entre si que os anos de 87 e 63? Sem dúvida, há o golpe militar de 64, não mencionado na Explicação de 67, talvez devido ao peso de alguma proibição ou situação opressiva. Apesar de não haver ainda censura total naquele momento, as universidades todas do país já passavam por expurgos seríssimos, como fora o caso de Brasília em 1966. É claro que quando Candido escreve em 67, suas discípulas ainda não terminaram as dissertações e teses que depois se transformariam em livros tão importantes na bibliografia sobre modernismo. Assim, ele, em pleno processo de viver a maturidade, sem bola de cristal e diante das incertezas que assolavam a vida intelectual do país, não podia mesmo dar-se conta do caráter profundamente seminal daquelas aulas de quatro anos antes.

Prefere qualificá-las de superadas. Por que superadas? Por que superadas em 1967 e resgatadas em 1987? A resposta começa a ser dada da seguinte forma, na "Explicação" de 1967:

> [...] desculpar-me por um texto fragmentário, cheio de buracos, referências incompletas, indicações sem continuação. Está visto que em aula a matéria ia sendo não apenas desenvolvida, mas completada por elementos que não aparecem aqui, por estarem registrados em notas manuscritas [...][19]

Depois de indicar os teóricos em que mais se baseara para montar aquelas aulas (o uruguaio Vaz Ferreira e o então popular crítico marxista Christopher Caudwell), Candido deixa escapar, através de uma fugaz menção ao nome de Roman Jakobson, que o fenômeno que fizera com que sua pedagogia do poema se tivesse tornado tão subitamente anacrônica fora a irrupção no cenário intelectual da definição estruturalista do poético. Releiamos o trecho:

> [...] depois de ter redigido o curso (como é meu costume), tomei conhecimento de obras que me teriam feito abordar de modo diverso certos problemas; haja vista o da sonoridade expressiva, tão bem proposto por Roman Jakobson. Aqui, ela tem por fulcro uma apresentação longa e desnecessária da velha teoria de Grammont, que já em 1964 reduzi a uma indicação breve, quando repeti o curso. Mais tarde, ao utilizar parte destas notas para seminários do 1° ano de Pós-Graduação, em 1966 e 1967, houve cortes, substituições e acréscimos ainda maiores.[20]

Desnecessário dizer que, por essa época, 67, Jakobson já figura no panteão de fetiches teóricos do paideuma pós-concretista, assim como a leitura do formalismo russo capitaneia o novo momentum adquirido pela revolução teórica na crítica poética, operado principalmente naquele momento pela crítica francesa e tão bem sistematizado num livro como *La révolution du langage poétique*, de Julia Kristeva. Verificamos portanto que Candido declara ter incorporado à sua pedagogia do poema aspectos da pedagogia revolucionária que considerou passíveis de uma passagem, de uma travessia, de um diálogo universalizante. Se for pertinente a hipótese de leitura aqui perseguida, porém, na tentativa declarada de absorver algo da poética estruturalista, o que está em pauta é uma resposta de Candido àquela outra relação, mais próxima, mais determinante na arena das linguagens onde se situa sua pedagogia: a relação tensa com o vanguardismo concretista e pós-concretista.

A frase de 1967 e a operação de resgate de Oswald anteriormente mencionada, com a publicação de textos sobre ele na coletânea de 1970, demarcam o período em que o discurso crítico-pedagógico de Candido mais se aproxima do campo desafiante. Podemos no entanto perguntar-nos até que ponto o alegado contato estabelecido com o que Candido chama de teoria da "expressividade sonora" em Jakobson exerce efetivamente algum impacto sobre sua pedagogia do poema. Seria interessante fazer uma pesquisa nos programas das disciplinas dadas por Candido na pós-graduação em Teoria da USP nos anos seguintes a 66, 67, assim como rastrear quem sabe cadernos de anotações de tantos de seus ex-alunos espalhados por aí, para ver em que medida os fundamentos do curso de 63-64 foram abalados pelo reconhecimento da problemática própria de uma abordagem formalista do poético.

A verdade é que não somos autorizados a pensar que tenha havido qualquer correção de rumo significativa, se levarmos em consideração as análises de poesia publicadas por Candido posteriormente a essa fase de virada dos anos 60 para 70 em que é quase impossível manter uma total imunidade ou neutralidade diante das propostas revolucionárias ou radicais. A pedagogia do poema manteve-se intacta. Nesse sentido, muito ao contrário do que ele declarava em 1967, as aulas de 63 e 64 jamais foram estética ou teoreticamente (doutrinariamente) superadas. Igualmente, passado o calor afetivo que marcou o resgaste de Oswald no mesmo momento em que ele era incensado pelo impacto do tropicalismo, com a cabeça mais fria, alguns anos depois, em 1979, a clara preferência por Mário de Andrade se manifesta de maneira eloqüente. Refiro-me aqui à famosa entrevista concedida por Candido, naquele ano, à revista dos estudantes de Filosofia da USP, *Trans-Form-Ação*.[21] Vejamos o que diz Candido nessa entrevista, a respeito do formalismo teórico:

> [...] hoje se fala sobre o estatuto epistemológico da literatura na medida em que ela está sendo estudada cada vez mais cientificamente. No entanto, como teor de criação, ela se apresenta cada vez menos como algo que seria epistemologicamente pertinente. No tempo em que não era

estudada cientificamente, era algo epistemologicamente mais pertinente, porque transmitia clara e deliberadamente uma visão de mundo, É um paradoxo curioso, ligado ao formalismo atual. [...] falso problema, porque na medida em que a literatura é ambígua, quando lemos um texto literário queremos simultaneamente nos absorver nele, como finalidade em si, e utilizá-lo como instrumento que comunica [...] daí não se poder concordar [...] com os formalistas.[22]

Na mesma entrevista, Candido caracteriza como "estruturalista" sua fase teórica mais recente, indicando porém os textos de *Literatura e sociedade*, livro publicado em 1965, como aqueles que contém sua formulação definitiva, peculiar e pessoal, sobre a relação entre dados externos sociais e dados internos textuais assim como sobre a própria questão da estruturalidade. São textos escritos desde fins dos anos 50 e que atingem a etapa livro depois de terem passado por publicação em periódicos e por apresentações em conferências. São textos que concluem em 65 um processo de reflexões iniciado no final do período auto-formativo, ou seja, começam a ser escritos e apresentados no final dos anos 50 e se concluem quando Candido se consolida na função de fundador de uma escola.

Se considerarmos que as formulações contidas nos ensaios de *Literatura e sociedade* efetivamente abordam o grosso daquilo a que uma poética deve ensaiar responder na modernidade (boa parte desses ensaios lida com poesia), e se as compararmos com tudo que Candido publicou nos anos 70/90, particularmente no tocante a poesia, facilmente verificaremos que muito pouco mudou no arcabouço básico das idéias, no sistema básico de conceitos que ele construiu para poder minimamente pensar e transmitir pensamento. Candido realmente não se deixou afetar pela revolução teórica capitaneada pelo aglomerado doutrinário formado pelas novidades vindas de França nos anos 60 — formalismo, semiologia, pós-estruturalismo. Manteve-se apegado a um privilégio do que ele chama de *referente* na relação entre linguagem e realidade. Jamais aceitou que esta tal realidade, enquanto realidade significativa (a única a que temos acesso, não temos acesso a uma suposta realidade "não-significativa"), nada mais é senão *efeito de discurso*. É por causa desta lacuna que o discurso metateórico, em suma, o arcabouço doutrinário mobilizado pelos discípulos diretos e indiretos de

Candido, por mais gloriosas realizações que tenham feito e continuem fazendo no campo da crítica prática, da historiografia e da documentação, com freqüência nos pareçam a nós outros, formados atabalhoadamente, dispersivamente (do ponto de vista institucional) fora da portentosa USP, às vezes um pouco ingênuos no plano dos pressupostos.[23]

Vejamos agora como Candido equaciona na entrevista de 79 o diferendo Mário-Oswald. Perguntado sobre qual seria dentre os dois o divisor de águas na literatura brasileira, Candido responde que o divisor de águas foi o movimento modernista como um todo, expresso simbolicamente pela data de 1922 e tendo ambos os Andrades paulistas por protagonistas. E acrescenta:

> Se vocês estão querendo saber qual dos dois acho mais importante, direi o seguinte: depende do momento e do ponto de vista. Para quem estiver preocupado com os precursores de um discurso em rompimento com a mimese tradicional, seria Oswald. Para quem está interessado num discurso vinculado a uma visão do mundo no Brasil, seria Mário. Quem construiu mais? Mário. Qual a personalidade mais fascinante? Oswald. Qual a individualidade intelectual mais poderosa? Mário. Qual o mais agradável como pessoa? Oswald. Qual o mais scholar? Mário. Qual o mais coerente? Mário. Quem explorou mais terrenos? Mário. Quem pensou em profundidade a realidade brasileira? Mário.[24]

Pode haver alguma dúvida quanto à figura que mais atrai o coração de Candido? No entanto, na sua mecânica de pensamento, tão importante quanto assinalar o campo do conflito e posicionar-se claramente dentro dele, é identificar o campo de integração, de inclusão conclusiva, que permite ao mestre-historiador olhar tudo de cima num gesto compreensivo e globalizador. Assim, para além da clara inclinação para Mário, é importante para Candido afirmar que na verdade o que interessa é que o modernismo repousa numa dialética fundamental Mário-Oswald. Mais importante ainda que declarar uma preferência por Mário, na estratégia discursiva de Candido interessa subsumir toda a vida intelectual brasileira ao diferendo paulista entre os dois Andrades. A luta pela hegemonia em São Paulo é decisiva porque o que está em pauta aí é a hegemonia em relação ao país todo. Confira-se:

> Essa dualidade Mário-Oswald é interessante e tem grande alcance cultural, porque permite à inteligência brasileira oscilar entre um e outro conforme a necessidade. No momento que estamos acabando de viver, a figura de Oswald foi mais importante e aglutinou as tendências gerais. Precisava-se de um padroeiro para as revoluções da forma e as grandes explosões de desafogo, tipo Tropicalismo, e ele encontrou o clima favorável para "funcionar" culturalmente, depois de morto. Se passarmos para outro momento dialético, Mário possivelmente avultará. Se se criasse aqui um Estado de tendência socialista, Oswald passaria por um eclipse, porque em Mário ressalta mais claramente a noção de serviço, de coletividade, de busca do popular. É preciso não esquecer que ele foi o único escritor brasileiro de primeira plana que procurou levar efetivamente a cultura ao povo, transformando-a em bem coletivo. Inclusive pela ação no Departamento de Cultura. [...] Mário prático, Oswald utópico, fazem um par admirável e culturalmente providencial. [...] Oswald queria criar a sociedade perfeita através de uma filosofia antimessiânica, segundo a qual as mulheres dominariam, com a substituição do pai pela mãe como instância decisiva. Esse mundo do matriarcado seria o da não propriedade, da não-violência. Enquanto isso, Mário traçava planos, organizava mais modestamente a transformação social pela cultura.[25]

Esta é uma fala premonitória, ou inaugural, pois nos anos 80 a figura de Mário voltou a predominar como tópico de interesse não só dos estudos literários, mas também da criação, através de montagens teatrais, etc. O espírito tropicalista e o realce da figura de Oswald entraram em declínio, embora os anos 80 e 90 tenham sido pródigos em publicações dele e sobre ele, Oswald. Na PUC do Rio de Janeiro, Silviano Santiago passou a desenvolver uma linha de pesquisas centrada em estudos da correspondência de Mário, praticamente pondo em prática uma proposta que, como se vê, era de Candido. A orientação de pesquisas dada por Silviano espraiou-se até Belo Horizonte, principalmente através de ações e publicações de Eneida Maria de Souza, da faculdade de Letras da UFMG, um trabalho que se desdobrou em toda uma orientação voltada para a coleta de acervos e para a montagem de uma base de pesquisas literárias documentais, ao estilo uspiano, mas enquadrado por outro paradigma doutrinário. A orientação de Silviano espraiou-se também para a ilha do Fundão, na UFRJ, onde Beatriz Resende e outros estimularam pesquisas sobre Mário, retomando um fio que no âmbito daquela universidade vinha dos anos 70, através das conexões estabelecidas entre Heloísa Buarque de Hollanda e a obra de Candido via Cacaso, que por sua amizade com Roberto Schwarz e Davi Arrigucci Jr. funcionava meio como *go between* entre duas instituições. Esse elo explica parte da ojeriza da geração carioca da poesia de mimeógrafo, ou poesia marginal, em relação ao concretismo. Cabe mencionar ainda o trabalho incansável de Raul Antelo com Mário de Andrade, tanto como discípulo indireto na USP quanto como mestre fundador (se é que a palavra se adequa a seu perfil e conjuntura) na UFSC. No Rio, paralelamente ao trabalho com Mário de Andrade, Silviano Santiago impulsionou pesquisas sobre a obra do próprio Candido (de que resultam os ensaios de Flora Süssekind e o livro de Célia Pedrosa), estimulando, através de sucessivos cursos de pós-graduação, a leitura crítica da crítica literária brasileira contemporânea.

Mergulho no verso (em tom de *rap*)

Considerando então o caráter seminal e não superado do texto de *O estudo analítico do poema*, em termos de uma história da pedagogia do poema tal como processada pela escola uspiana de literatura fundada por Antonio Candido, proponho-me agora a simplesmente indicar suas linhas de força no que toca ao *conceito de poesia* e à questão da *modernidade poética*. São esses os dois tópicos que devem ser respondidos por qualquer pedagogia do poema, enquanto parâmetro de interpretação e avaliação de um repertório recortado da tradição e guia para a crítica prática presente e para a criação/recepção futura. Toda pedagogia é discurso-prática: ação discursiva, discurso-gesto, voltado para possibilitar a inauguração do/da discípulo/a, cujo destino, por seu turno, é tornar-se mestre num sistema escolar (universitário) em permanente expansão e transformação, condicionada esta na pós-modernidade pelos vetores da descentralização, da invasão do sistema por classes sociais iletradas e da perda de autoridade e centralidade da figura do mestre fundador.

Espero ter deixado claro que, se o texto das aulas de Candido de 63-4 parece significativo para pensar o exercício de sua prática crítica, por outro lado, ele parece *estranho* para quem como eu se formou noutro contexto pedagógico, nutrido primeiro à distância pela *blitzkrieg* textual concretista e depois pela convivência com os mestres cariocas de minha geração acadêmica: Affonso Romano de Sant'Anna, Luiz Costa Lima, Heloísa Buarque de Hollanda e Silviano Santiago. O traço distintivo fundamental para mim, do ponto de vista da pedagogia do poema, não é o embate Oswald X Mário, ou seja, o embate Candido X irmãos Campos, até porque eu mesmo passei a pertencer ao campo mário-andradino, depois de ter escrito uma dissertação de mestrado sobre Oswald de Andrade, dentro mesmo da lógica (que é uma ética) proposta por Candido na entrevista de 1979. O traço distintivo situa-se no fato de que minha formação passa de maneira decisiva pelo discurso formalista/semiológico/pós-estruturalista. Encontro-me num espaço pedagógico que se relaciona de maneira ambígua tanto com a pedagogia uspiana quanto com a pedagogia pós-concretista. Ecleticamente me aproprio do que me interessa em cada uma dessas pedagogias. Só não abro mão do princípio fundamental: toda realidade é efeito de discurso, sendo discurso uma categoria *simultaneamente* lingüística e social. Discurso é prática, prática é discurso. Não existe realidade que não seja a priori realidade representada. Nesse sentido, o "social" no discurso são as *representações*, elas próprias discursivas. As representações emolduram, estruturam e energizam o discurso. O social não é externo aos discursos. Há social? O que é social? Temo que a categoria "social" não valha muita coisa para esclarecer o pensamento de Candido, a contrapelo do que ele mesmo diz nos ensaios doutrinários de *Literatura e sociedade*. Considero a categoria "história" mais pertinente.

Tirando essa linha divisória, todas as trocas e promiscuidades são possíveis, alegremente saltitando do tradicionalismo poético de Candido para o vanguardismo dos Campos, e de volta, novamente. Menos que uma "negociação", me interessa uma *bricolagem*, uma prática da linguagem como prática de liberdade, de investimento pulsional. Reinvindico portanto também certo movimento de singularização perversa no meio dessas pedagogias todas, no meio de todos esses discursos mestres, cultivando a ilusão boba de que seja possível uma fala livre de condicionamentos pedagógicos, institucionais, cultivando a ilusão da criança inocente e cruel no espaço saturado da linguagem poética. Que o poema seja você-língua, criança supererotizada no seio já usado da ciência do poema, quase-muito escultórica, pedaços. Cultivar o desejo no espaço mesmo de sua negação: o espaço autocrático, mecânico ("clônico") e sado-masoquista da escolarização. Não precisa dizer, eu já sei: esquece o desejo, você quer dizer. Só existe a negação do desejo, gozar é negar a negação, afirmar ainda que. Gozar é arriscar na linguagem. Só. Só, na lateralidade do desejo. O desejo se esconde inteiramente nas palavras do discurso-mestre, aguardado com ansiedade, messias retroflexo. Para lidar com isso eu existo como crítico de poesia, professor de poesia, praticante de poesia.

No que diz respeito ao *conceito de poesia* trabalhado nas aulas seminais de Candido, verificamos que ele é tradicionalista em dois sentidos articulados. Primeiro, porque toda a estrutura de sua pedagogia tem como ponto de partida a questão do verso e da versificação no sentido tradicional da palavra. A pedagogia do poema aqui se quer completamente alheia à questão da "crise do verso" colocada para a cultura letrada ocidental não anglo-saxônica desde o simbolismo francês e decisivamente esboçada por Mallarmé num pequeno texto canônico, intitulado justamente *"Crise de vers"*.[26] Em torno de leituras de Mallarmé gira toda a pedagogia francesa do poema que Candido recusa.[27] Como representantes dessa pedagogia francesa, temos não apenas a já mencionada Kristeva, mas também Barthes, Foucault, Derrida. Esses três igualmente definem o poema moderno a partir de apropriações do viés mallarmaico. É bem verdade que nestes tempos de pós-modernismo, o viés mallarmaico parece menos energizante que fenômenos como o *rap*, o multilingüismo, em suma, o poema como palco para a encenação de linguagens em processo de desestabilização no nível da fala. Mas isso não me parece trazer como corolário que se deva repetir o gesto de Candido de evitar a poética do pensamento 68. Mesmo quando nos desfazemos da bagagem mallarmaica, ainda sobra a imprescindível bagagem antropológica e lingüística.

Nesse sentido, considero bastante instrutivo, como exercício pedagógico avançado, comparar a teoria da versificação nas aulas de Candido com a teoria da versificação em *La révolution du langage poétique*, de Julia Kristeva.[28] Não se trata de uma comparação para ver quem é mais erudito ou complexo. Isso porque, se Kristeva é de uma sofisticação a toda prova, Candido também o é. Enfatizo. O nível de sofisticação, complexidade e extensão erudita no trabalho de Candido com a teoria da versificação é simplesmente estarrecedor. Nisso, Candido reina absoluto, sublime, tão sublime e absoluto quanto a meticulosíssima Kristeva. O ponto para o qual estou querendo chamar atenção é outro, diz respeito às diferenças de perspectiva, de olhar. A teoria da versificação é exposta por Candido a partir do olhar tradicional, salpicada de referências a teorias marxistas da relação entre ritmo e trabalho hoje completamente fora de moda, mas que não deixam de ter seu charme.[29] O grosso da exposição gira em torno das categorizações do verso tradicional, com as habituais distinções entre verso acentual e silábico e com um detalhado e ainda pertinente levantamento dos tipos de verso a partir Hdo conceito hoje perdido nas salas de aula brasileiras de *unidade rítmica*, haurido dos clássicos imprescindíveis Said Ali e Cavalcanti Proença.[30]

Ao passo que em Kristeva a descrição e tipologia da versificação não é o começo da história, pressupondo todo um saber lingüístico e antropológico. Num certo sentido, para Kristeva já existe uma poética das culturas como problema principal em função do qual é que adquire sentido uma discussão sobre versificação. A tipologia do verso é enquadrada por uma outra tipologia, referente à questão da subjetivação na cultura da modernidade, no interior da qual o discurso poético assume caráter idiossincrático, enquanto linguagem assinada autoralmente. Além disso, Kristeva pressupõe de cara o caráter anacrônico do verso tradicional dando como fato consumado na definição do terreno poético a *crise de vers* simbolista e mallarmaica.

Quero correr o risco de parecer contemporizador e assinalar que não estou valorando negativamente a pedagogia tradicionalista do poema em Candido, embora me reconheça de maneira mais imediata no olhar pós-modernista, pós-vanguardista, de Kristeva. Mas cabe realçar que no momento atual, em minha própria visão do poético, tornam-se estratégicas, portanto novamente relevantes, a dimensão da prosódia do poema e a relação entre poética e retórica, esta no sentido da relação entre o poema e a fala pública democrática. Nesse sentido, o espaço pedagógico do poema hoje já não é mais o espaço definido pelo simbolismo, que pretendia suplantar a prosódia do verso pelo ultrapasse da retórica pela música, mas também já não é o espaço de uma pureza trans-lingüística, em que sons e signos produziriam vibrações sensoriais num universo auditivo limitado pela utopia do silêncio, com tudo de hierático que isso implica.

Estamos num espaço pós-verso livre e pós-reverberativo, um espaço de algaravia fragmentada. Por isso, acredito que lições de versificação tradicional, pelo grau de consciência técnico-estética que elas trazem, parecem hoje menos anacrônicas que nos anos de minha formação inicial. Há também a questão da tradução, que se tornou central na poesia brasileira como resultado de uma vitória específica da pedagogia pós-concretista. É impossível traduzir razoavelmente poesia estrangeira metrificada sem conhecer a fundo as questões de versificação no português, tal como apontadas por Candido em suas aulas. Permito-me mencionar um exemplo próximo. Quanto mais Paulo Henriques Britto se desenvolve como tradutor de poesia em inglês, mais ele precisa estudar a fundo as teorias clássicas da versificação em português. Tenho sido testemunha desse processo de crescimento, de auto-formação, do Paulo.

No entanto, eu acrescentaria outro repertório e aqui deveria ainda seguir o modelo estabelecido por Candido em suas antigas aulas. Não basta conhecer a versificação em português, é preciso confrontá-la aos outros modelos de versificação silábica nas línguas neolatinas, assim como, em esforço ainda maior de excelência, aos diversos tipos de versificação acentual no inglês e no alemão. É por ter atingido esse grau de excelência máxima no campo da teoria prática do verso que Candido pode fundir os dois universos na noção de *unidade rítmica,* infinitamente mais complexa e acurada que a contagem silábica ainda hoje ensinada em aulas universitárias de "filologia e estilística", pelo menos nas graduações onde essa disciplina ainda existe.

Aqui me sinto novamente compelido a entoar loas e a reconhecer em Candido um mestre de primeiríssima categoria, em contraste com certa coisa pedestre ainda vigente nos estudos do tradicional em poesia no Brasil. Quero dizer que dentro do ponto de vista tradicional, a pedagogia do poema de Candido é revolucionária pelo simples fato de ser de altíssimo nível. Isto por causa da *perspectiva comparativista* em função da qual ele modula sua apresentação do problema do verso. Candido cita teorias e poetas em todas as línguas mais importantes, tanto neolatinas quanto anglo-germânicas. Assim, o comparativismo lingüístico-literário em Candido cruza a fronteira estabelecida pela antiga ordenação acadêmica do ensino de literatura no

Brasil. Diga-se de passagem: ordenação que foi lamentavelmente estraçalhada pela divisão do ensino da literatura segundo o critério das línguas nacionais, implantado na reforma universitária de 1969. Candido não é, de modo algum, um pensador provinciano, muitíssimo pelo contrário, no que diz respeito a esse território tão especializado e tão especioso que é o da pedagogia do poema, sua presença na universidade brasileira foi um fator de arejamento intelectual e abertura cosmopolita.

Relativizando o viés tradicionalista, observamos que a profundidade e a extensão dos conhecimentos poéticos de Candido manifestam toda sua potência crítica nos momentos em que ele parte com vontade para analisar... a boa poesia tradicional. Pois na poesia tradicional, imune ao poema em prosa romântico, anterior ao simbolismo e ao experimentalismo vanguardista, a questão fundamental de forma é a questão mesma do verso. Impressionam muito, me impressionaram muito a sofisticação e a agudeza com que Candido analisa as condições e conseqüências significativas das opções formais operadas pelos poetas brasileiros que ele analisa ao longo das páginas da *Formação da literatura brasileira*, com destaque para os capítulos dedicados a Cláudio Manuel da Costa e a Gonçalves Dias, que considero duas pérolas da história da crítica de poesia no Brasil.[31] Foi graças a esses capítulos que percebi o valor superior dos sonetos de Cláudio e da poesia indianista de Gonçalves Dias. Quem na língua brasileira pode viver sem esses ritmos quase neoclássicos depois de Candido? Só mesmo quem não leu Candido.

Quase neoclássico

O segundo motivo pelo qual afirmei no início da seção anterior que a poética de Candido é essencialmente tradicionalista se dá pela visão que ele tem da modernidade poética. Desde logo, fica patente nas páginas de *O estudo analítico do poema* que ele tem plena consciência de que esta é a questão central a ser enfrentada por qualquer pedagogia do poema. O tradicionalismo está no fato de que para Candido a questão central da modernidade é o verso livre. Para ele, o verso livre é um capítulo na história do verso ocidental, o mais recente, mas não necessariamente o último. É curioso observar que o valor crítico-histórico concedido por Candido ao verso livre à primeira vista se parece com a avaliação feita por Mallarmé em fins do século 19. Pois assim como o poeta francês, Candido também considera que o verso livre tende a refluir ao encontro do verso metrificado regular tradicional. A diferença, no entanto, torna-se gritante, quando verificamos a perspectiva a partir da qual cada um deles afirma esse destino. Em Candido, trata-se claramente de um desejo contra-revolucionário ao nível do poema, da linguagem. Nessa perspectiva, o verso livre representa um momento histórico de desabafo e libertação, destinado a ser substituído por um outro momento dialético, que levaria à superação do anterior, não no sentido de uma síntese qualitativamente diferente, mas no sentido de uma convivência equilibrada entre os dois pólos antitéticos, uma integração complementar, em lógica semelhante à avaliação do diferendo Mário-Oswald na cultura brasileira.

Usei a palavra contra-revolucionário, mas talvez ela seja excessiva. A palavra correta é "reformista", pelo menos num primeiro momento, como disposição inicial. Candido aceita o verso livre enquanto reforma no plano do verso tradicional, enquanto expansão de possibilidades do verso tradicional. Mas ao fim e ao cabo o que ele celebra mesmo, na modernidade poética, é o movimento de recuperação, de retorno ao verso tradicional. Candido elogia o *gesto* do retorno ao passado pelo poeta que na juventude foi vanguardista e experimental, mas do ponto de vista do texto o que ele gosta é que esse texto adote as formas legadas pela tradição. A demonstração cabal dessa perspectiva crítica, que devemos considerar como sendo o *núcleo* da pedagogia do poema em Candido, encontra-se na sua leitura do poema "Louvação da tarde", de Mário de Andrade. No entanto, para fazer justiça ao olhar de Candido sobre a modernidade poética, cabe ressaltar que a aspiração por uma volta do poema às formas regulares do verso tradicional não esgota o que ele tem a dizer ou criticamente fazer. O estudo a quatro mãos sobre o poema de Bandeira "Canção das duas Índias" mostra o esforço que Candido faz de esclarecer hermeneuticamente outro aspecto para ele perturbador do modernismo, a saber: o caráter cifrado, de alegoria aparentemente vazia, gratuita ou abstrata que o poema moderno apropria do hermetismo mallarmaico ou de sugestões de cunho surrealista, ou ainda, da combinação eclética entre essas duas informações.

É interessante contrastar aqui a visão que Candido tem do verso livre com aquela exposta por Mallarmé no estratégico "*Crise de vers*". Pois para Mallarmé o destino do verso livre é ser absorvido pelo verso metrificado tradicional porque ambos pertencem a uma dimensão do poético ligada a uma relação de diferença e semelhança com a retórica. Para Mallarmé, trata-se de ultrapassar a clausura retórica, o que, aliás, é um problema já posto pelo simbolismo francês. Na verdade, Mallarmé pretende declarar a insuficiência da proposta simbolista, partindo então para a idéia de *poesia pura* que ele busca concretizar no *Lance de dados* e que deu tanto pano para manga ao ser apropriada (e bastante desviada, deslocada) pelo paideuma concretista no Brasil. No que diz respeito à recusa da proposta simbolista por Mallarmé, a intuição genial é que tanto na poética tradicional quanto na poética simbolista, a poesia é concebida a partir de uma analogia com um significante externo — a retórica no caso da tradição, a música no caso do simbolismo. O que Mallarmé está propondo em "*Crise de vers*" é que o parâmetro da forma do poético seja *mental*, ou seja, interior, auto-reflexivo, metalingüístico (para voltar à palavra-chave da pedagogia concretista, que no entanto talvez pouco ou nada tenha a ver com sua prática estética).

No plano de uma lógica rigorosa dos conceitos, que de certo modo é o horizonte de qualquer discurso pedagógico enquanto discurso ordenador e disciplinador, a posição final de Mallarmé chega a ser insustentável ou mesmo absurda. Mas não há dúvida que pode ser inspiradora para a criação poética, no sentido da busca de um ritmo abstrato e silencioso, busca que no limite pode ser lida como uma aspiração a dissolver a linguagem no puramente pulsional ou energético. Nesse sentido, a decisão de Mário de Andrade de evitar Mallarmé, que Candido reduplica e replica (no sentido de replicante) quando evita o formalismo russo via franceses, representa a vontade de não permitir que a função do poético ultrapasse ou transcenda um horizonte esclarecedor ou pragmático. Um valor muito evidente quando Candido, na entrevista seminal de 79, valora positivamente o reformismo pragmático de Mário, contrastando-o com a inutilidade charmosa do utopismo revolucionário oswaldiano.

Estou afirmando aqui que a pedagogia do poema moderno em Candido deve ser depreendida a partir do olhar pelo qual ele constrói sua leitura de "Louvação da tarde". Como não poderia deixar de ser, essa pedagogia é perfeitamente coerente com a pedagogia do poético em geral. Por outro lado, ela é historicamente situada. E finalmente, ela se apresenta como sintoma do próprio romance de família que a formação intelectual de Candido vai tecendo a partir de suas obssessões existenciais e políticas. Vamos então por partes. Em primeiro lugar, deve-se assinalar que Candido tem "Louvação da tarde" em altíssima conta por um motivo principalmente formal: neste poema, Mário volta ao decassílabo, conseguindo colocar em prática um programa de superação do experimentalismo modernista que o obcecava desde meados dos anos 20. O que Candido louva neste poema de Mário é o equilíbrio obtido pelo poeta entre a modernidade da cena (um passeio ao volante de carro pelos cafezais paulistas ao cair da tarde) e as tradições representadas pelo poema de tom meditativo e pela forma do verso utilizado. Ora, não há como deixar de aproximar essa avaliação, com todo seu potencial esclarecedor no tocante ao sentido hermeneutico do poema, das avaliações apresentadas naqueles outros dois momentos altos de sua crítica prática, já mencionados aqui: os capítulos da *Formação* dedicados a Cláudio Manuel da Costa e a Gonçalves Dias. Em ambos, o critério fundamental que leva Candido à celebração canonizante é, exatamente como no caso do poema de Mário, o fato de se encontrar tanto no poeta arcádico quanto no romântico a combinação equilibrada entre uma poética passada e uma poética futura ou em vias de nascer. Em Cláudio, as formas tradicionais do quinhentismo e mesmo de um certo cultismo mitigado se combinam a formas e matérias modernas, neoclássicas. Em Gonçalves Dias, por seu turno, é o estro romântico que se deixa temperar pelo neoclássico, já agora como estética passada que sobrevive no gesto equilibrado do poeta de vanguarda (o indianismo é um vanguardismo em sentido lato). Em Mário, finalmente, é a volta do moderno ao mesmo neoclassicismo que, afinal de contas, é o traço comum que une as três leituras de Candido.

A estética poética de Candido é neoclássica, na medida em que valoriza o movimento de busca de integração e equilíbrio com o passado por parte de toda e qualquer modernidade disponível. Mas ela é *quase* neoclássica na exata medida em que, a partir do ponto de vista da tradição, abre-se para acolher, filtrando-os, desafios e rupturas trazidos por toda e qualquer modernidade. Se o moderno representa em poética a eclosão do conflito de formas, o horizonte apontado pela pedagogia de Candido é a integração das forças conflitantes num cenário que comporta a presença da duas, desde que a força moderna se dobre e se submeta aos imperativos da tradição, vista como fator capaz de impor o equilíbrio onde havia desconforto. O moderno é desafogo que precisa ser domesticado pela tradição. Mas não se trata de sucumbir ou de voltar totalmente à tradição. Trata-se de adaptar a *matéria* moderna à *forma* da tradição. Candido não está com Mallarmé, pois este advoga uma *forma* moderna. Nem com Kristeva, pois para esta *tanto forma quanto matéria* são decorrentes da subjetivação.

A pedagogia do poema em Candido corresponde à estética do modernismo canônico, ou alto modernismo, definido historicamente como aquele momento em que a geração dos pais modernistas se movimenta na direção de uma poesia mais tradicionalista, principalmente através da recuperação do decassílabo, de um tom meditativo e do soneto. Não há dúvida que Mário antecipou essa necessidade, que só seria sentida e posta em prática pelos demais poetas modernistas mais tarde. Em meados dos anos 30, com poucas conseqüências práticas, pela irrupção do "pós-modernismo" universalista e espiritualista de um Murilo Mendes, de um Augusto Frederico Schmidt. Mas de maneira cabal e coletiva na virada dos anos 40 para 50, com o livro *Claro Enigma* de Drummond (sem dúvida a melhor realização individual dentro desse paradigma) ou com o ciclo de obras poéticas sobre Ouro Preto de Cecília Meireles (bem, esta nunca chegou a ser moderna), Bandeira, o próprio Murilo, além de *Invenção de Orfeu*, de Jorge de Lima.

Ressalte-se aqui. Trata-se para Candido de uma questão de forma, de retornar ao império da forma. Portanto, não se trata de um conflito entre formalismo (russo, ou concretista, ou cabralino) e anti-formalismo de Candido. Trata-se sim de um diferendo entre formalismos. Para Candido, trata-se de submeter excessos de qualquer tipo, assim como os expressivismos tanto romântico quanto modernista, ao critério de equilíbrio que está disponível para uso público desde sempre, porque representa um legado incontornável deixado pela tradição secular, multilíngüe e multinacional (ocidental, eurocêntrica) do verso tal como definido em função e em contraste com a retórica.

Qualquer leitor, mesmo iniciante, da obra poética de Mário de Andrade, sabe que no plano da concretização textual "Louvação da tarde", se não chega a ser episódico enquanto esforço continuado (e podemos dizer: basicamente fracassado) de conseguir uma produção de fôlego (no sentido de poema longo e sustentado), está longe de ser representativo de uma obra tão polimórfica e irregular como é a dele.[32] Me parece que o gesto de Candido ao eleger neste texto (que não deixa de ter seu encanto, realçado pela análise competente que dele faz o mestre uspiano) o parâmetro moderno de sua pedagogia do poema, busca sacralizar o lugar do contraparente como lugar de uma origem. Se Candido é mestre (contraparente) de muitos, não pode restar dúvida que seu mestre maior, pelo menos em matéria de estética e poética, é o Mário construído por sua leitura e por seu imaginário à cata de uma linhagem em que se ancorar.

Rio, julho, 2001.

Notas

[1] HOLLANDA, Heloísa Buarque de. *26 poetas hoje*. 2ª ed. Rio de Janeiro: Aeroplano, 1998.

[2] O problema é que centros que no sul-sudeste são culturalmente periféricos em relação ao eixo Rio-São Paulo, no conjunto constituem na verdade satélites muito próximos ao eixo e por isso fazem parte do centro da nação como um todo, em relação ao qual nordeste-norte-oeste se configuram como periferias, dentro de uma divisão básica do Brasil em dois grandes pólos civilizacionais — o sul e o norte, divididos por uma imaginária linha longitudinal que vai da Bahia à fronteira entre os dois Mato Grossos.

[3] HOLLANDA, Heloísa Buarque de. *Esses poetas* — Uma antologia dos anos 90. Rio de Janeiro: Aeroplano, 1998.

[4] Cf. CAMPOS, Haroldo de. *Metalinguagem*. 2ª ed. Petrópolis: Vozes, 1970; FAUSTINO, Mario. *Poesia-experiência*. São Paulo: Perspectiva, 1977.

[5] Cf. CAMPOS, Haroldo de. "Miramar na mira" Prefácio a ANDRADE, Oswald de. *Memórias sentimentais de João Miramar*. 4ª ed. Rio de Janeiro: Civilização Brasileira, 1972; "Serafim: um grande não-livro" Prefácio a *Serafim Ponte-Grande*. 3ª ed. Rio de Janeiro: Civilização Brasileira: 1972; "Uma poética da radicalidade" Prefácio a *Poesias reunidas*. 4ª ed. Rio de Janeiro: Civilização Brasileira, 1974.

[6] Flora Süssekind diz com razão que se poderia aplicar a Candido a expressão que ele mesmo usa para falar de Sérgio Buarque de Hollanda: "metodologia dos contrários" (cf. *A voz e a série*. Rio/Belo Horizonte: Sette Letras/EdUFMG, 1998, p. 76). Nas leituras que Flora faz de Candido, sempre a preocupação de capturar os movimentos sutis da dialética (cf. *A voz e a série* e *Papéis colados*. Rio de Janeiro: EdUFRJ, 1993).

[7] Devo a Raúl Antelo o acesso a esta publicação.

[8] CANDIDO, Antonio. *O estudo analítico do poema*. 2ª reimp. São Paulo: FFLCH-USP, 1987, p. 11.

[9] Como bem observa Celia Pedrosa, essa modéstia é explicitada enquanto programa institucional já por Mário de Andrade, no texto "Elegia de abril" (In *Aspectos da literatura brasileira*. 6ª ed. São Paulo: Martins, 1978, p. 185-96). Diz Mário, citado por Célia: "[...] não me desagrada a modesta consciência técnica com que a escola de São Paulo se afirma em sua macia lentidão, na pintura como nas ciências sociais, ajuntando pedra sobre pedra, amiga das afirmações bem baseadas, mais amorosa de pesquisar que de concluir". Apud PEDROSA, Célia. *Antonio Candido: a palavra empenhada*. São Paulo: EdUSP, 1994, p. 50.

[10] Destaquem-se aqui os escritos de Candido sobre o *Uraguai*, de Basílio da Gama.

[11] As contestações mais importantes à periodização histórico-intelectual subjacente à noção de "formação" em Candido vieram de Haroldo de Campos (*O seqüestro do barroco na* Formação da literatura brasileira: *o caso Gregório de Mattos*. Salvador: Fund. Casa de Jorge Amado, 1989) e Luiz Costa Lima, ("Concepção de história literária na *Formação*" in *Pensando nos trópicos*. Rio de Janeiro: Rocco, 1991, p. 149-66).

[12] CANDIDO, Antonio. *O estudo analítico do poema*. Op. cit, p. 6.

[13] Cf. LOPEZ, Telê Porto Ancona. *Mário de Andrade: ramais e caminho*. São Paulo: Duas Cidades, 1972; *Macunaíma: a margem e o texto*. São Paulo: Hucitec, 1974.

[14] Refiro-me ao estudo "O poeta itinerante" in CANDIDO, Antonio. *Brigada ligeira e outros escritos*. São Paulo: EdUnesp, 1992, p. 257-78. Quanto à "Canção das duas Índias", constitui objeto de análise como parte importante da introdução escrita por Candido em conjunto com sua mulher (e sobrinha de Mário de Andrade) Gilda de Mello e Souza ao volume das poesias completas de Manuel Bandeira (cf. *Estrela da vida inteira*. 20ª ed. Rio de Janeiro: Nova Fronteira, 1993).

[15] Prova disso são os livros coletivos de homenagem a Candido, que transcendem sua figura literária e incluem políticos e cientistas de outras áreas, celebrando não apenas o intelectual como também o companheiro de viagem da atual elite governante do país, tanto pelo lado da centro-esquerda do PSDB quanto pelo lado dos socialistas do PT, partido do qual Candido é um dos fundadores. Cf. AGUIAR, Flávio (org.). *Antonio Candido: pensamento e militância*. São Paulo: Humanitas/

Fund. Perseu Abramo, 1999; VÁRIOS AUTORES. *Esboço de figura – Homenagem a Antonio Candido*. São Paulo: Duas Cidades, 1979; D'INCAO, Mª Ângela e SCARABOTOLO, Eloísa Faria (orgs.). *Dentro do texto, dentro da vida*. São Paulo: Cia. das Letras, 1992.

[16] Cf. CHALMERS, Vera. *3 linhas e 4 verdades*. São Paulo: Duas Cidades, 1976.

[17] Cf. CANDIDO, Antonio. *Vários escritos*. São Paulo: Duas Cidades, 1970.

[18] Trata-se de uma consolidação momentânea, pois se os anos 80 assistem à vitória universitária da pedagogia literária uspiana, por outro lado assistem também ao início de um processo irreversível de *descentralização* intelectual em termos nacionais, com o fortalecimento de novos centros regionais (com destaque para as faculdades de Letras de Minas Gerais, Rio Grande do Sul e Santa Catarina) ocorrendo paralelamente uma diminuição no poder de atração e presença da faculdade de Letras da USP por não terem os discípulos indiretos (os "netos e netas" de Candido) se alçado ainda à posição de mestres de pensamento original. Isso tem menos a ver com capacidades individuais que com problemas de contexto: as condições de trabalho intelectual hoje na USP são tão ruins quanto as das demais universidades federais importantes (a Fapesp não é mais aquela, pelo menos no que diz respeito às humanidades) e por outro lado pode-se levantar como tópico interessante para reflexão e pesquisa o próprio fato de que a estrutura do saber humanístico na cultura escolar globalizada passa por uma crise de transformação que pressupõe uma crise geral da autoridade dos mestres fundadores. Gostaria no entanto de destacar pelo menos três nomes na geração de discípulos indiretos cuja ação e/ou produção escrita considero digna de nota: Augusto Massi, como estudioso original da poesia de João Cabral, Murilo Marcondes de Moura, como estudioso da poesia imprescindível de Murilo Mendes e Marcos Antonio de Moraes, com seu trabalho ciclópico de edição da correspondência Mário-Bandeira. Em todos eles e certamente em muitos outros vejo o apuro com que mantêm vivo o projeto de construção de uma base erudita sobre modernismo.

[19] CANDIDO, Antonio. *O estudo analítico do poema*. Op. cit., p. 7.

[20] IDEM. Ibidem, p. 8.

[21] A entrevista foi recolhida numa coletânea relativamente recente que republica seu primeiro livro de crítica, *Brigada ligeira*, acrescido de outros escritos, esparsos ou originalmente publicados em edições já de há muito esgotadas.

[22] CANDIDO, Antonio. *Brigada ligeira e outros escritos*. Op. cit., p. 241-2.

[23] *Eppur si muove*, sussurraria no meu ouvido um *daimon* benfazejo. Sim, *eppur si muove*. Pois pode-se levantar como hipótese suplementar que se Candido permaneceu, na esfera da poética (ou seja, na esfera da pedagogia do poema), doutrinariamente estacionado nas concepções que consolidou ao longo da primeira metade dos anos 60,

por outro lado, não deixou de refinar-se e mudar no nível dos pressupostos historiográficos, na maneira pela qual operou sua particular e muito pragmática metodologia dialética.

[24] CANDIDO, Antonio. *Brigada ligeira e outros escritos*. Op. cit, p. 243-4.
[25] IDEM. Ibidem, p. 245-6.
[26] MALLARMÉ, Stéphane. *Œuvres complètes*. Paris: Gallimard (Bibl. de la Pléiade), 1945, p. 360-8.
[27] Pode-se dizer que Candido segue à risca o preceito que Mário de Andrade berra com letras garrafais em *A escrava que não é Isaura*: É PRECISO EVITAR MALLARMÉ!! (ANDRADE, Mário de. *A escrava que não é Isaura*. In *Obra imatura*. 3ª ed. Belo Horizonte: Itatiaia, 1980, p. 240.)
[28] Cf. KRISTEVA, Julia. *La révolution du langage poétique – L'avant-garde à la fin du XIXe. Siècle: Lautréamont et Mallarmé*. Paris: Seuil, 1974.
[29] Se poderia talvez pensar não na relação entre ritmo e trabalho, que deve ter mais a ver com certos tipos de canto, mas na relação entre ritmos do verso e ritmos das falas entrecruzadas na esfera pública multivocal, multifocal.
[30] A *unidade rítmica* é o conglomerado de uma sílaba tônica mais as átonas que a antecedem, formando algo como um "pé" na versificação silábica.
[31] CANDIDO, Antonio. *Formação da literatura brasileira (momentos decisivos)*. 6ª ed. São Paulo/Belo Horizonte: Martins/Itatiaia, 1981. (A primeira edição é de 1959.) V. 1, II, p. 4 (No limiar do novo estilo: Cláudio Manuel da Costa); v. 2, II, p. 5 (Gonçalves Dias consolida o Romantismo).
[32] É interessante notar que nas aulas transcritas em *O estudo analítico do poema* Candido se utiliza de diferentes trechos de poemas de Mário, alguns como exemplo de boa poesia, outros como exemplo de poesia ruim ou fracassada.

Los colaboradores

Gonzalo Aguilar es docente en la Universidad de Buenos Aires en la cátedra de Literatura Brasileña y Portuguesa. Publicó varios ensayos sobre literatura latinoamericana y actualmente prepara la edición de un libro sobre poesía concreta brasileña. Participó en el volumen colectivo *Historia de la vida privada en la Argentina* y realizó antologías de poesía concreta, Oswald de Andrade y Gregório de Matos. También escribió libros sobre cine.

Adriana Amante, profesora de la Facultad de Filosofía y Letras de la Universidad de Buenos Aires y de New York University, es investigadora en el Instituto de Literatura Hispanoamericana de la UBA, donde se ha especializado en el estudio comparado de las literaturas argentina y brasileña con becas de la misma Universidad, del Instituto Camões y del Fondo Nacional de las Artes. Colaboró en el volumen *Letras y divisas* (1998), sobre la literatura del rosismo, y es co-autora de *Absurdo Brasil: polémicas en la cultura brasileña* (2000).

Raúl Antelo es profesor titular de literatura brasileña en la Universidade Federal de Santa Catarina y ha sido visitante en las Universidades de Texas at Austin, Yale, Duke y Leiden. Autor de *Literatura em revista* (1984); *Na ilha de Marapatá* (1986); *João do Rio: o dândi e a especulação* (1989); *Parque de diversões Aníbal Machado* (1994); *Algaravia – discursos de nação* (1998) y *Transgressão e modernidade* (2001). Colaboró en obras colectivas tales como *Modernidade e modernismo no Brasil* (1994); *The future of Cultural Studies* (2000); *Brasil – culture and economies of four continents* (2000), así como en los catálogos *Roteiros. Roteiros. Roteiros. Roteiros* (Bienal de São Paulo, 1998) y *Fricciones* (Museo Reina Sofía, 2000). Editó *A alma encantadora das ruas* de João do Rio (1997) y la *Obra completa* de Oliverio Girondo (1999) para la colección Archivos de Unesco, donde también colaboró en las ediciones críticas de Mário de

Andrade y Henriquez Ureña. Dirigió la Associação Brasileira de Literatura Comparada (ABRALIC).

Antonio Arnoni Prado es profesor titular de teoría literaria en la Universidade Estadual de Campinas y autor, entre otros, de *Lima Barreto: o crítico e a crise* (1976); *1922 – itinerário de uma falsa vanguarda* (1983) y de *Retratos de fim de século* (en prensa), además de organizador, entre otros trabajos, de *Libertários no Brasil: memória, lutas, cultura* (1987) y *O espírito e a letra – estudos de crítica literária*, de Sérgio Buarque de Holanda (1996, 2 v.).

Ettore Finazzi-Agrò es profesor titular de literatura portuguesa y brasileña en la Facultad de Ciencias Humanas de la Universidad de Roma "La Sapienza". Investigador de la lírica galaico-portuguesa, la épica y la novelística del siglo XVI, se dedicó después al estudio de la obra de Fernando Pessoa (publicando el libro *O alibi infinito*. Lisboa: IN-CM, 1987). En el ámbito de la literatura brasileña, escribió libros y artículos sobre las crónicas del Descubrimiento y sobre la literatura del siglo XX. Acaba de salir un estudio suyo sobre la obra de João Guimarães Rosa (*Um lugar do tamanho do mundo*. Belo Horizonte: Editora da UFMG, 2001). Dictó conferencias y cursos en varias Universidades portuguesas y brasileñas. Es director de las revistas *Letterature d'America y Studi Portoghesi e Brasiliani* y miembro de la dirección de la Associação Internacional de Lusitanistas.

Jean Franco ha sido la primera profesora británica de literatura latinoamericana. Ha enseñado en Queen Mary College y King's College de la London University, en la University of Essex, y en la de Stanford, donde ocupó la cátedra Olive H. Palmer de Humanidades. Desde 1982 enseña en Columbia University; comenzó en el Departamento de Español y Portugués, luego en el de Inglés y Literatura Comparada. Ha sido nombrada profesora emérita de esa institución. Editora de la colección de Estudios Culturales americanos de Minnesota University Press y de la Biblioteca Latinoamericana publicada por Oxford University Press, es autora de *The modern culture of Latin America* (1967); *An introduction to Latin American literature* (1969); *César Vallejo: the dialectics of poetry and silence* (1976); *Plotting women: gender and representation in Mexico* (1989); *Marcando diferencias, cruzando fronteras* (1996) y *Critical passions*, una antología de sus escritos preparada por Mary Louise Pratt y Kathleen Newman. Ha sido presidente de la Latin American Studies Association (LASA).

Florencia Garramuño es profesora asociada de literatura brasileña y portuguesa en la Facultad de Filosofía y Letras de la Universidad de Buenos Aires, profesora de la Universidad de San Andrés, e investigadora del CONICET. Recibió su Ph.D. en Romance Languages and Literatures de la Universidad de Princeton, en 1995. Ha publicado *Genealogías culturales: Argentina, Brasil e Uruguay en la novela contemporánea (1981-1991)*; *Tango: una antología* y, junto a Adriana Amante, *Absurdo Brasil: polémicas en la cultura brasileña*, además de artículos sobre literatura brasileña y latinoamericana.

K. David Jackson es profesor de literatura y cultura luso-brasileñas en la Universidad de Yale. Fue orientado por Antonio Candido en el Instituto de Estudos Brasileiros de la Universidade de São Paulo en 1971-2, con una tesis sobre la prosa de vanguardia de Oswald de Andrade. Como profesor de la Fullbright, dictó clases en la Universidade Federal de Santa Catarina, editó libros de ensayos críticos y es co-traductor al inglés de las novelas *Serafim Ponte Grande* y *Parque industrial*. Es autor del ensayo sobre literatura y cultura para la *Guia do Estudo do Brasil nos EUA*, de la Embajada Brasileña en Washington, D. C., en prensa tanto en Brasil como en los Estados Unidos.

Italo Moriconi es profesor de literatura brasileña y comparada de la Universidade do Estado do Rio de Janeiro. Doctor en Letras por la Pontificia Universidade Católica de Rio de Janeiro com una tesis sobre la posmodernidad. Autor de *Ana Cristina Cesar – o sangue de uma poeta* (Relume Dumará, 1996). Organizador de *Os cem melhores contos* (2000) y *Os cem melhores poemas brasileiros do século* (2001) (Objetiva). Poeta, autor de *Quase sertão* (1996), algunos poemas suyos han sido incluidos en la antología *Esses poetas*, de Heloisa Buarque de Hollanda. Publicó ensayos, artículos y estudios en diversos periódicos académicos nacionales y extranjeros, así como en la prensa cultural brasileña. Miembro del Advisory Board de la *Luso-Brazilian Review*.

Celia Pedrosa es profesora de teoría literaria y literatura brasileña en el Instituto de Letras de la Universidade Federal Fluminense en Niterói. Autora, entre otros ensayos, de *Antonio Candido: a palavra empenhada* (1995) y editora de *Poesia hoje* (1998) e *Mais poesia hoje* (2000).

Ángel Rama, ensayista uruguayo fallecido en 1983, es el autor de clásicos como *La aventura intelectual de Figari* (1951); *La generación crítica* (1972); *Literatura y clase social* (1983); *Transculturación narrativa en América Latina* (1983); *La ciudad letrada* (1984); *La crítica de la cultura* *en América Latina* (1985), antología crítica preparada por Saul Sosnowski y Tomás Eloy Martinez; *Las máscaras democráticas del modernismo* (1985); *La novela en América Latina* (1986) y *La riesgosa navegación del escritor exiliado* (1996).

Pablo Rocca es profesor de literatura uruguaya y latinoamericana en la Facultad de Humanidades y Ciencias de la Educación (Universidad de la República). Responsable del Programa de Documentación en Literaturas Uruguaya y Latinoamericana de la mencionada Facultad. Crítico literario en diversos medios, desde 1985, ha publicado numerosos artículos de su especialidad en su país y en Argentina, Brasil, España, Estados Unidos y México. Entre sus libros figuran: *35 años en Marcha* (Crítica y Literatura en el semanario Marcha y en Uruguay), 1991; *Horacio Quiroga, el escritor y el mito*, 1996; *Historia de la literatura uruguaya contemporánea* (dos vols. a la fecha, 1996-97); la edición crítica, prólogo, notas y bibliografías de los *Cuentos completos*, de Eduardo Acevedo Díaz (1999) y *Enseñanza y teoría de la literatura en José Enrique Rodó* (2001).

Antonio Carlos Santos es profesor de Estética en la Universidade do Sul de Santa Catarina (UNISUL). Periodista en *Jornal do Brasil* y *O Globo*, con artículos en revistas culturales como *Babel*, obtuvo su doctorado en Teoria Literaria (UFSC) con una tesis sobre lo alto y lo bajo en la cultura posmoderna.

Beatriz Sarlo, ensayista argentina, es profesora de la Universidad de Buenos Aires. Sus últimos libros son: *Escenas de la vida posmoderna* (1994); *Instantáneas* (1996); *La máquina cultural* (1998) y *Siete ensayos sobre Walter Benjamin* (2000). Ha enseñado en varias universidades norteamericanas y ha sido *Guggenheim fellow*. Dirige, desde 1978, la revista *Punto de Vista*.

www.ingramcontent.com/pod-product-compliance
Lightning Source LLC
Chambersburg PA
CBHW071404300426
44114CB00016B/2176